数学与经济

史树中 ◎ 著

MATHEMATICS AND ECONOMY

04

数学科学文化理念传播丛书（第二辑）

大连理工大学出版社
Dalian University of Technology Press

图书在版编目(CIP)数据

数学与经济 / 史树中著. --大连：大连理工大学出版社，2023.1

(数学科学文化理念传播丛书. 第二辑)

ISBN 978-7-5685-4076-6

Ⅰ. ①数… Ⅱ. ①史… Ⅲ. ①经济数学－研究 Ⅳ. ①F224.0

中国版本图书馆 CIP 数据核字(2022)第 250911 号

数学与经济
SHUXUE YU JINGJI

大连理工大学出版社出版

地址：大连市软件园路 80 号　邮政编码：116023
发行：0411-84708842　邮购：0411-84708943　传真：0411-84701466
E-mail:dutp@dutp.cn　URL:https://www.dutp.cn
辽宁新华印务有限公司印刷　　大连理工大学出版社发行

幅面尺寸:185mm×260mm	印张:13.5	字数:216 千字
2023 年 1 月第 1 版		2023 年 1 月第 1 次印刷

责任编辑：王　伟　　　　　　　　　　　　责任校对：李宏艳
　　　　　　　　　封面设计：冀贵收

ISBN 978-7-5685-4076-6　　　　　　　　　　　定价：69.00 元

本书如有印装质量问题,请与我社发行部联系更换。

数学科学文化理念传播丛书·第二辑

编写委员会

丛书主编 丁石孙

委　员（按姓氏笔画排序）
　　　　　王　前　　史树中　　刘新彦
　　　　　齐民友　　汪　浩　　张祖贵
　　　　　张景中　　张楚廷　　孟实华
　　　　　胡作玄　　徐利治

写在前面[①]

一

20世纪80年代,钱学森同志曾在一封信中提出了一个观点.他认为数学应该与自然科学和社会科学并列,他建议称为数学科学.当然,这里问题并不在于是用"数学"还是用"数学科学".他认为在人类的整个知识系统中,数学不应该被看成自然科学的一个分支,而应提高到与自然科学和社会科学同等重要的地位.

我基本上同意钱学森同志的这个意见.数学不仅在自然科学的各个分支中有用,而且在社会科学的很多分支中有用.随着科学的飞速发展,不仅数学的应用范围日益广泛,同时数学在有些学科中的作用也愈来愈深刻.事实上,数学的重要性不只在于它与科学的各个分支有着广泛而密切的联系,而且数学自身的发展水平也在影响着人们的思维方式,影响着人文科学的进步.总之,数学作为一门科学有其特殊的重要性.为了使更多人能认识到这一点,我们决定编辑出版"数学・我们・数学"这套小丛书.与数学有联系的学科非常多,有些是传统的,即那些长期以来被人们公认与数学分不开的学科,如力学、物理学以及天文学等.化学虽然在历史上用数学不多,不过它离不开数学是大家都看到的.对这些学科,我们丛书不打算多讲,我们选择的题目较多的是那些与数学的关系虽然密切,但又不大被大家注意的学科,或者是那些直到近些年才与数学发生较为密切关系的学科.我们这套丛书并不想写成学术性的专著,而是力图让更大范

[①] "一"为丁石孙先生于1989年4月为"数学・我们・数学"丛书出版所写,此处略有改动;"二"为丁石孙先生2008年为"数学科学文化理念传播丛书"第二辑出版而写.

围的读者能够读懂,并且能够从中得到新的启发.换句话说,我们希望每本书的论述是通俗的,但思想又是深刻的.这是我们的目的.

我们清楚地知道,我们追求的目标不容易达到.应该承认,我们很难做到每一本书都写得很好,更难保证书中的每个论点都是正确的.不过,我们在努力.我们恳切希望广大读者在读过我们的书后能给我们提出批评意见,甚至就某些问题展开辩论.我们相信,通过讨论与辩论,问题会变得愈来愈清楚,认识也会愈来愈明确.

二

大连理工大学出版社的同志看了"数学·我们·数学",认为这套丛书的立意与该社目前正在策划的"数学科学文化理念传播丛书"的主旨非常吻合,因此出版社在征得每位作者的同意之后,表示打算重新出版这套丛书.作者经过慎重考虑,决定除去原版中个别的部分在出版前要做文字上的修饰,并对诸如文中提到的相关人物的生卒年月等信息做必要的更新之外,其他基本保持不动.

在我们正准备重新出版的时候,我们悲痛地发现我们的合作者之一史树中同志因病于上月离开了我们.为了纪念史树中同志,我们建议在丛书中仍然保留他所做的工作.

最后,请允许我代表丛书的全体作者向大连理工大学出版社表示由衷的感谢!

丁石孙

2008 年 6 月

读史树中教授的力作

汶川大地震次日上午,我生平第一次走进八宝山,为史树中教授送行.仪式简短,场面感人.第二天中午时分,大连理工大学出版社刘新彦博士来电,说得到丁石孙先生的支持,要重新出版史树中教授的力作《数学与经济》.我想,这应该是对史树中教授最快捷也是最好的一个文本纪念,对广大学子也会功德无量.考虑到史夫人张文楠女士正在巨大的悲痛之中,我就马上联络史教授的学生熊德华,嘱咐他们努力帮助刘新彦博士,把事情做好.

史树中教授学问精湛,功力深厚. 1979年初他作为首批公派访问学者前往法国巴黎法兰西学院从事研究工作,两年时间在《法国科学院报告》上发表了6篇很有影响的学术论文,后来又在法国《纯粹和应用数学杂志》上发表了详尽的结果,引发不少学者进一步的研究.史树中教授在凸分析、非光滑分析、集值分析等方面,都取得了国内外有影响的研究成果,1987年获得国家教委科技进步二等奖.1994年《凸分析杂志》($Journal\ of\ Convex\ Analysis$)创刊,他被聘为唯一的中国编委.近年来,史树中教授主要集注于金融理论工作,培养数学基础扎实、追踪现代经济学前沿的学生.他在北京大学光华管理学院开设的《金融经济学》《不完全市场理论》和《金融数学》课程,深受学生的欢迎和喜爱,引领许多有才华的学生进入现代金融经济学的领域.除了学术论文以外,2004年他在上海人民出版社出版的《金融经济学十讲》和2006年在高等教育出版社出版的《金融学中的数学》,都独树一帜,为我国金融学科的建设做出了独特的贡献.

难得的是,他还非常热心普及工作,曾经担任中国数学会传播工作委员会主任,参与主编《通俗数学名著译丛》,撰写和出版了《数学与经济》(湖南教育出版社,1990),《凸性》(湖南教育出版社,1991),《诺贝尔经济学奖与数学》(清华大学出版社,2002),《数学与金融》(上海教育出版社,2006)等普及读物,得到学界好评,引起热烈反响.

在史树中教授的普及著作当中,我觉得《数学与经济》最值得首先再版,以飨读者.该书甫出版,就在数学和经济学领域得到广泛好评,10年后,更被评为"科学家推介的20年来100部科普佳作"之中的一本.就则柯阅历所及,要想了解经济学与数学的关系,实在是没有比这本书更好的入门读物了.

现代经济学自亚当·斯密以来,经历古诺、埃奇沃思、马歇尔、凯恩斯、费歇尔这些以数学为职业生涯开端的经济学巨匠的发展,才形成坚实的学科基础,而奥地利学派的熊彼得移居美国哈佛大学以后,则对经济学运用数学方法做出了巨大的推动,萨缪尔森、列昂节夫、托平和索洛这些诺贝尔奖桂冠学者,都是他的真传弟子.

这里,我想特别挑出史树中教授对于瓦尔拉斯提出一般经济均衡理论的描述,作为样板,向大家介绍他的写作.从大名鼎鼎的古诺开始,史教授写道:

"古诺有今天的声誉,首先是与他的同年、同窗、几乎同名但不同姓的至交安东尼·奥古斯特·瓦尔拉斯的儿子勒翁·瓦尔拉斯分不开的.老瓦尔拉斯也算是个有过著作的经济学家,但由于他总是言行不合时宜,终生都未获得经济学教席.他对经济学最大的贡献,是培养了他的儿子.小瓦尔拉斯学过工程,写过小说,到了1858年才听从父教,决心献身经济学.……最后……开创了一代洛桑学派.……

"……熊彼得曾经不止一次地说过,瓦尔拉斯提出一般经济均衡理论,使他成为所有经济学家中最伟大的一个.一般经济均衡理论的观念可以追溯到亚当·斯密,甚至更早.但被表达成瓦尔拉斯的联立方程组的形式,则应归功于瓦尔拉斯所受到的那些工程和数学的教育.……

"……而在另一方面,后人或许同样要庆幸瓦尔拉斯数学知识有限,才使他毫不犹豫地提出了他的一般经济均衡理论.瓦尔拉斯虽然正确地提出了一般经济均衡的数学框架,但是他的数学论证则完全是不可信的.80年以后,当1954年第一个一般经济均衡模型的严格数学证明由阿罗和德布罗提出时,人们才明白,幸而瓦尔拉斯对数学不求甚解.如果他是一个完全彻底的数学家,或许(他的)一般经济均衡理论就会夭折.原来,用来证明一般经济均衡存在的数学工具,直到1911年才初露端倪,因为所谓布劳维不动点定理到那时才问世,而证明一般经济均衡存在所必要的布劳维不动点定理的推广,即角谷不动点定理,则是到了1941年才出现的.从1874年到1954年的这80年间,所谓数理经济学,几乎就等于一般经济均衡理论的数学研究.……"

你看,老瓦尔拉斯对经济学的最大贡献,是培养了他的儿子小瓦尔拉斯——小瓦尔拉斯天才地把亚当·斯密的信念描绘为数学形式的一般经济均衡模型,并且因为数学功底浅薄,不知深浅地就宣称解决了一般经济均衡的存在性问题——80年以后,一个基本可信的证明才由阿罗和德布罗提出,他们需要1941年即小瓦尔拉斯去世以后31年才出现的角谷不动点定理作为主要工具,这些工具属于拓扑学这一数学分支.

如果小瓦尔拉斯受过严格的数学训练,当时一定感觉在一般经济均衡存在性的证明面前束手无策,那就非常可能不会提出无法得到证明的一般经济均衡理论.幸亏他以为方程数目等于未知数数目的联立方程一定有唯一解,从而得意地把自以为已经相当完美的一般经济均衡模型公诸于众.他没有料到,人们很快看出他的理论的破绽,并且被深深吸引,终于在孜孜以求80年以后,出现了很有希望的论证.而80年以后的这个论证发表以后,人们又发现其中还有一个很大的漏洞,为了克服这个困难,德布罗他们又花费了10年时间.学问,就是这样在构想、演绎和纠错中前进的.

经济学流派和经济学思想史的著作很多,谁能够找到像树中教授那样精彩梳理人脉学脉的文字?

1985年春天我应邀北上到北京大学参加数学系组织的一个研讨会,途中顺访武汉大学,正好树中教授在那里讲学,而且考虑为暑期将在南开大学举办的数理经济学讲习班做准备. 在北大的研讨会上我预备介绍的, 是计算不动点的拓扑学方法. 因为不动点计算方法的突破, 正是在一般经济均衡的讨论中实现的, 树中就邀请我到讲习班就这个专题给大家讲几次.

自南开的两个星期开始, 23 年里我从树中那里学到许多东西, 他也一直给予我最大的鼓励和支持. 其中, 我特别钦佩的是他对学问全局的把握, 则柯虽不能至, 实在心向往之.

我后来之所以把经济学教育作为主业, 其学术脉络, 可以追溯到当年师从江泽涵先生和姜伯驹先生学习拓扑学, 其中的不动点理论是我们特别关心的一个方向. 从 20 世纪中叶开始, 以一般经济均衡理论的发展为代表, 拓扑学在世界主流经济学理论的研究中, 真可以说是大显身手. 但是反过来, 正是理论经济学研究本身的要求, 催生了不动点的有效计算方法. 还记得当初江泽涵先生听说耶鲁大学经济学系和考尔斯经济学研究委员会的经济学家已经提出方法, 可以把不动点计算出来了, 是多么激动. 另外一个因素, 是 1981 年秋天, 我受派赴美国普林斯顿大学访问进修, 邀请人是对于线性规划和非线性规划的理论和方法做出奠基性贡献的库恩教授, 而我对不动点算法和一般经济均衡理论入迷, 也自库恩教授的版本开始. 在普林斯顿, 我还结识了时任美国经济学会美中经济学交流委员会主席的著名经济学家邹至庄教授, 从此得到他宝贵的鼓励和帮助.

1988 年, 中山大学成立岭南学院, 邹至庄教授出任学院名誉院长. 邹教授策划的第一个项目, 就是挑选经济学专业和数学专业的部分学生, 以美国流行的教材为课本, 学习微观经济学. 邹至庄教授原来邀请华中理工大学的林少宫教授来校担负这次微观经济学课程的教学任务, 可惜那段时间林教授在自己学校已经有无法分身的任务. "蜀中无大将, 廖化充先锋", 则柯只好顶上.

对于我接受这项任务, 并且从此主要致力于经济学教育的工作, 树中教授的亲切鼓励, 真是举足轻重.

2000 年, 《经济与金融高级教程》丛书的主编邹恒甫教授邀请我写作《经济学拓扑方法》, 该书 2002 年在北京大学出版社出版. 我在不到两页的前言中, 特别指出, "北京大学史树中教授的著述, 使我们得到许多教益.在本书付梓的时候,谨向史教授表示由衷的感谢."

现在我想进一步说明,史树中教授对于我们写作《经济学拓扑方法》的许多教益,主要就是来自他的这本博大精深的普及著作《数学与经济》!

深切怀念我的学长和挚友史树中教授.

王则柯
志于戊子年初夏

前 言

这是一本数学工作者写的关于学习经济学的体会的书.作者很高兴它能跻身于这套"数学·我们·数学"丛书之中,并被冠以一本正经的大名《数学与经济》.但是如果让作者重新来取一个题目,我更想称它为《一名数学工作者在经济学王国中的漫游》.所谓漫游,就是说像个旅游者那样,作为他乡来客,闯进了一块不熟悉的土地;只见那里千岩竞秀、万壑争流,于是就四处乱走,尽兴观光;边走还边以他乡的眼光随发议论,有时虽也能招来本地居民会心的首肯,有时则不免惹出他们皱眉的耻笑.这本书就是作为数学工作者的作者在经济学王国多年"漫游"中所发议论的笔记,它原本不是深思熟虑的研究,也就不必做出一番专门的架势来.笔调自可以轻松些.对作者来说,写惯数学符号的笔忽然挣脱了抽象严格的羁绊,开始论古道今,谈东说西,已感十分愉快.倘若它还能成为一本"供数学工作者参考"的"经济学王国导游手册"(正如几乎所有的导游手册一样,都不是给本地居民看的),甚至还引得有些数学工作者去那里"扎根",那就是意外收获了.

然而,经济学毕竟是一门严肃的科学,它是不能容忍人们太放肆的.用马克思的话来说,搞得不好会"把人们心中最激烈、最卑鄙、最恶劣的感情,把代表私人利益的复仇女神召唤到战场上来".[①]既然要把随心所发的议论公之于世,就不能过分漫不经心.好在作者的数学职业习惯早已使自己十分迂腐,向来不敢道听途说、滥发高论.对一些论断虽不能都给出数学意义的严格证明,总希望做到有根据、讲道

---

① 马克思,《资本论》,第一卷第一版序言.《马克思恩格斯选集》,第二卷,人民出版社,1972年,第208页.

理.即使不能说处处都有第一手材料,也要尽力去对证史实和引文的可靠.至于数学上的准确,那属本行,自信还不会太离谱;只是为了有更多的读者,没有完全当正规的数学来写.有时为了强调数学上的复杂,不得不动用一些不常见的概念和符号,也尽可能把预备知识限制在最起码的高等数学以内.

世上常有些人认为经济学很容易.似乎谁都能对一些经济问题发表高见,谁都能摇身一变为"经济学家",侈谈各种"独创新原理"或"救世大宏图".对于书呆子才会去念的抽象艰深数学,想当然是与"经济学"不相干的,或者至多能拿来算算豆腐账.作为书呆子一员的本书作者则感到经济学越读越难,越读越不敢说自己读懂了多少经济学,甚至不敢说自己的数学根底足以对付各类经济学问题.本书在很大程度上要谈谈作者的这种感受.

把数学与经济学做比较,与人们日常生活密切相关的经济学似乎比数学"平易近人"得多.其实不然.真正"平易近人"的是数学,经济学更可能"拒人千里".数学虽然板着用符号装扮的面孔,令人生畏,但总是平等待人、恪守信义;一旦你与它搞熟了,它会对你特别亲热,并且从不与你翻脸.经济学天天跟人见面,却老是喜怒无常,叫人不可捉摸;你自以为已经有点了解它,它却说变就变,使你又陌生起来;你想听听它的朋友的看法,又常常是5位经济学家有7种不相容的意见.谓予不信,不妨看看古今中外关于通货膨胀的研究和讨论.这就是说,对数学的任何方面,我们清楚地知道我们知道些什么;而对经济学的许多方面,正如某位经济学大教授所说:"我们并不知道我们知道些什么."[①]这样的学问难道不是越学越难吗?

至于数学与经济学的关系,我们想提请人们注意:数学与经济学并不是有些人所想象的那样离得很远.历史已经证明,数学家与经济学家有非常紧密的联系.不少经济学家有过数学家的学术生涯,而数学家又常常会在经济学研究中出奇兵.最近半个世纪来,尽管有人赞赏,有人反对,经济学的"数学化"倾向是明摆的事实.本书将试图为这种越来越强烈的倾向描一张草图,并且还想说明,"数学化"并不是

---

① 这里指美国经济学家莱本斯坦(Harvey Leibenstein,1922—1994).这句话可参看丹尼尔·贝尔、欧文·克里斯托尔编,《经济理论的危机》,上海译文出版社,1985年,第137页.

使经济学变得难懂,恰恰是使一部分经济学容易理解了.

作者在当数学系的大学生时也曾爱好过经济学,甚至下决心啃过《资本论》,但真正闯进经济学王国还是近10年的事.10年前,当我在巴黎第九大学的"决策数学研究中心(CEREMADE)"进修时,开始接触一些数理经济学家.在许多学术报告的听讲中,我忽然发现我所关心的极为抽象的非线性泛函分析在经济学中大有用武之地,甚至不少问题还是源出于经济学.这当然使我十分感兴趣.由于意识到当时国内长期以来在苏联早年的影响下,这方面几乎完全是空白,我就花了点时间对国外数量经济学的理论与实际应用做了点调查,并向我所在的南开大学写了一份报告.这份报告当时很受各级领导的重视.当我1981年回国后,领导就鼓励我从事经济数学的教学科研工作.开始时我还甚为犹豫,因为这将意味着我要放弃大量的数学工作时间.恰好这时有一位美国经济学教授来访.他在一次座谈会上说,对我国曾有过的某些经济指标,他与他的同行不需5分钟就可断定是不可能的,因为这是计算需要多少钢、多少能源等等的数学.听了这席话真叫人不是滋味.但正是这位洋教授的"指教"和"促进",使我认识到应该尽我的绵薄之力,让中国多几个人来懂得这样的数学.

从此我不得不花大量时间来读经济学.其中虽然主要读"数学化"的西方经济学,但为了明辨是非,也读了不少马克思主义经典作家的原著以及苏联的、东欧的和国内的经济学著作.同时,也开始关心起国内外的经济动态来.尽管如此,我却始终没有成为经济学界的"局内人",而老是作为"局外人"在那里"漫游".在领导和国内外同行们(包括数学家和经济学家)的支持帮助下,近10年来,我的绝大部分研究生都成了经济数学的研究工作者.他们曾对许多实际经济问题做过数学模型,也对一些数理经济学理论问题做过数学研究.其中还有10来名后来在国外的大学攻读经济学博士学位.他们正在反过来成为我的经济学老师.我们甚至还在南开大学数学系办了一个经济数学专业.惭愧的是,我自己却还是只会搞数学.对我来说,再要立志去研究经济学看来已经太晚了.何况在国内的条件下,运用数学来研究经济学在很多方面需要"白手起家".不过既然已读了那么些经济学,不管读懂多少,至少在数学与经济学的关系上,总有不少话可说.当我接受了本丛书的约稿后,居然一下子写了那么多,并且还老感到言犹未尽.但愿它并未因此过多地浪费读者的时间,也望读者批评指正.

最后,作者还应感谢国家教委和国家自然科学基金委的长期支持.没有他们的科研基金,我的身边绝不可能积累那么多经济学资料.在国内的数学界中,我想我大概是少有的掌握大量经济学图书资料的人之一.这当然为写作本书带来莫大的方便.

史树中

一九九〇年二月

目　录

一　引言・历史的回顾　/1

二　可用数学研究的经济学和经济学研究中的数学　/16

三　生产的最优化・产出与成本的对偶性　/31

四　消费的最优化・效用与偏好　/49

五　计划与市场・资源的最优配置　/67

六　一般经济均衡・经济学的公理化方法　/81

七　福利经济学与社会选择　/97

八　商品交换中的竞争与互利　/114

九　经济学中的不确定性　/127

十　宏观经济模型　/145

十一　经济增长理论和经济控制论　/159

十二　结语・数学与经济学的共同未来　/178

诺贝尔经济学奖获得者名单　/189

人名中外文对照表　/192

数学高端科普出版书目　/195

一 引言·历史的回顾

经济学系统运用数学方法最早的例子,通常都认为是 17 世纪中叶英国古典政治经济学的创始人配第①的著作《政治算术》(有中译本). 但实际上,从 19 世纪中叶起,数学才真正开始与经济学结下不解之缘.

1838 年,作为拉普拉斯②和泊松③的数学学生,以概率论研究开始其学术生涯的古诺④,忽然发表了一本题为《财富理论的数学原理研究》(*Recherches sur les Principes Mathématiques de la Théorie des Richesses*)的经济学著作. 这本书中充斥了数学符号. 例如,记市场需求为 d,市场价格为 p,则需求作为价格的函数,就可记为 $d=f(p)$. 对于今天的经济系的大学生来说,这自然已是司空见惯的事. 但是在古诺的时代,经济学家则完全不能容忍这种"胡言乱语". 他们的反对迫使古诺对经济学沉默了 25 年. 1863 年古诺又用普通语言重写他的著作. 书名中的"数学"与"研究"都回避了,而变成《财富理论的原理》(*Principes de la Théorie des Richesses*). 但数学家的严谨思维方法仍使这本著作遭到了冷遇. 古诺的历史地位直到他去世 80 年以后才被充分肯定. 正如德布罗⑤在他 1983 年的诺贝尔经济学奖讲演中所说:

"如果要对数理经济学的诞生选择一个象征性的日子,我们这一行会以罕见的一致意见选定 1838 年……古诺是作

---

① William Petty(1623—1687),英国经济学家.
② Pierre Simon Laplace(1749—1827),法国数学家.
③ Siméon Denis Poisson(1781—1840)法国数学家.
④ Antoine Augustin Cournot(1801—1877),法国数学家、经济学家和哲学家.
⑤ Gérard Debreu(1921—2004),美籍法裔经济学家和数学家. 1983 年诺贝尔经济奖获得者.

为第一个阐明经济现象的数学模型的缔造者而著称于世的."①

古诺有今天的声誉,首先是与他的同年、同窗、几乎同名但不同姓的至交安东尼·奥古斯特·瓦尔拉斯的儿子勒翁·瓦尔拉斯②分不开的.老瓦尔拉斯也算是个有过著作的经济学家,但由于他总是言行不合时宜,终生都未获得经济学教席.他对经济学最大的贡献是培养了他的儿子.小瓦尔拉斯学过工程,写过小说,到了1858年才听从父教,决心献身于经济学.但他在法国同样未能获得教席.他当过记者,干过银行职员,都很不成功.最后在1870年到了瑞士的洛桑大学才成为经济学教授,并开创了一代"洛桑学派".由于其父亲和古诺的影响,以及他曾受过的良好的工程教育,小瓦尔拉斯经常从数学和工程的观点来考虑经济学问题.在研究目前通称为"边际效用"、他称为"稀缺性"的理论③时,他忽然感到自己的数学太差.于是努力向一位力学教授学习微积分.当他的有关边际效用研究的题为《交换的一种数学理论的原理》的论文发表时,他沮丧地发现杰文斯④已先于他在1862年,发表了一篇题为《政治经济学的一般数学原理的注记》的论文,同样阐述了边际效用(杰文斯称为"最后效用")的理论.不过沮丧之余,他又欣慰他毕竟在数学上下了功夫,使得他的表达形式比杰文斯要好,因为后者尽管后来大谈其"经济学如果是一种科学,它必须是一种数学的科学",⑤实际上其数学比他更不高明.

杰文斯和瓦尔拉斯两人都被认为是经济学的"边际效用学派"的奠基者.这个学派的先驱者是戈森⑥,而另一个奠基者则是门格尔⑦.但这两位经济学家竟由于他们的数学程度不同而有完全不同的遭遇.前者由于他的数学太好,在他的著作中写下了大量数学符号、公式、图表,再加上他的出言不逊、目空一切,自比"经济学上的哥白尼",结果

---

① 德布罗,数学思辨模式的经济理论,史树中译,王毓云校,数学进展,17:3(1988),251—259.
② Antoine Auguste Walras(1801—1866), Lèon Walras(1834—1910),父子两人都是法国经济学家.
③ 关于边际效用的讨论请参看第四章.
④ William Stanley Jevons(1835—1882),英国经济学家.
⑤ 杰文斯,《政治经济学理论》,郭大力译,商务印书馆,1984年,第30页.
⑥ Hermann Heinrich Gossen(1810—1858),德国经济学家.
⑦ Carl Menger(1840—1921),奥地利经济学家.

他的著作几乎无人理会.最后只是在他去世 20 年后的 1878 年,才被杰文斯和瓦尔拉斯尊为精神上的前辈.而门格尔则出于对数学的无知,居然完全无视牛顿和莱布尼茨[①]以来数学家和物理学家已经用了 200 年的微分法,而于 1871 年重新发明了所谓"边际分析法".这种方法包含着一种模糊的数学语言,但阐明着清晰的边际效用学派的经济学,因而使他在经济学界一举成名.到了后一代的经济学家才搞清楚,门格尔等所说的各种"边际",原来就是数学家所说的"导数"或"偏导数"!从此,微分学以至其他高等数学,也就开始在经济学中登堂入室.

然而,真正使今日意义上的数理经济学产生的还不完全是边际效用学派的研究,而是(小)瓦尔拉斯另一项备受称颂的经济学成就,那就是他在 1874 年前后提出的一般经济均衡理论.熊彼特[②]曾经不止一次地说过,瓦尔拉斯提出的一般经济均衡理论[③],使他成为所有经济学家中最伟大的一个.一般经济均衡的观念一直可以追溯到亚当·斯密[④],甚至更早.但被表达成瓦尔拉斯的联立方程组的形式,则应归功于瓦尔拉斯所受到的那些工程和数学的教育.商品的供给和需求及其与价格的错综复杂关系,一旦被一些数学方程来刻画后,由这些方程的解所形成的理想经济状态也就随之而生,而它就是所谓"瓦尔拉斯一般经济均衡".

尽管如此,后人一方面要感谢瓦尔拉斯的数学修养,使他懂得了用联立方程组来表达一般经济均衡;不管有多少人对这一理论有多少责难,这一理论是人类智慧最高结晶之一大概是无法否认的;而在另一方面,后人或许同样要庆幸瓦尔拉斯数学知识有限,才使他毫不犹豫地提出了他的一般经济均衡理论.瓦尔拉斯虽然正确地提出了一般经济均衡的数学框架,但是他的数学论证则完全是不可信的.80 年以后,当 1954 年第一个一般经济均衡模型的严格数学证明由阿罗[⑤]和

[①] Issac Newton(1642—1727),英国数学家和物理学家;Gottfried Wilhelm Leibniz(1646—1716),德国数学家和哲学家.微积分学是他们两人创始的.
[②] Joseph Alois Schumpeter(1883—1950),奥地利经济学家.
[③] 参看第六章.
[④] Adam Smith(1723—1790),英国经济学家.
[⑤] Kenneth Joseph Arrow(1921—2017),美国经济学家,1972 年诺贝尔经济学奖获得者.

德布罗提出时,人们才明白,幸而瓦尔拉斯对数学不求甚解.如果他是一个完全彻底的数学家,或许一般经济均衡理论就会夭折.原来,用来严格证明一般经济均衡存在的数学工具直到 1911 年才初露端倪,因为所谓"布劳维①不动点定理"到那时才问世.而证明一般经济均衡所必要的布劳维不动点定理的推广——"角谷②不动点定理",则是到了 1941 年才出现.从 1874 年到 1954 年的这 80 年间,所谓数理经济学 (Mathematical Economics),几乎就等于一般经济均衡理论的数学研究.其中还使冯·诺伊曼③这样的大数学家也投身进去,为它砌上一块基石.直到 1959 年,德布罗发表了他的《价值理论,经济均衡的一种公理化分析》(有中译本),正式宣告运用数学公理化方法的数理经济学的诞生.至此,数学在经济学中就不仅是一般的介入了,而干脆像它在物理学中那样,占领了一块理论物理学的领地.甚至这次占领比在物理学中还彻底,因为物理学还能用实验来检验,只要它的预言能证实,数学上的混乱是在所不惜的.在那些最新的理论物理研究中,我们总能看到许多没有一个数学家能懂的数学;有的甚至已让愿当辩护律师的数学家辛苦了几十年.但是在最新的数理经济学研究中,你绝对看不见这样的情况;没有一个经济学家像某些物理学家那样,狂妄地自称懂得数学家不懂的数学.因为经济学家无法以纯净的实验来作他的后盾,他们除了逻辑上一丝不苟,别无他法.

从 1874 年到 1954 年的 80 年间,数学当然是不断地在向经济学渗透.经济学界中不断地出现像古诺、瓦尔拉斯那样的人,不断地在被数学界打进来和拉出去.直至最后被德布罗那样的完全用布尔巴基④精神培养出来的数学家闯进经济学,并用布尔巴基的方式占据了一块领域.我们只要看看边际效用学派的第二代就可以知道此话不假.

英国边际效用学派的第二代中有两位代表人物.一是埃奇沃思⑤.这位牛津大学教授力图用抽象的数学来刻画边际效用理论.由

---

① Luitzen Egbertus Jan Brouwer(1881—1967),荷兰数学家.
② 角谷静夫(Kakutani Shizuo)(1911—2004),日本数学家.
③ John von Neumann(1903—1957),美籍匈牙利数学家.
④ Nicolas Bourbaki 是 20 世纪 20 年代起一批法国青年数学家所用的集体假名.他们企图把整个数学都严格公理化,并在这一精神下出版了几十卷著作.
⑤ Francis Ysidro Edgeworth(1845—1926),英国经济学家.

于他把效用看作完全主观的东西,以致他的最重要的经济学著作却有着一个《数学心理学》(*Mathematical Psychics*)(1881)的怪名称. 这本书被德布罗认为是对当代数理经济学最有影响的著作之一. 描述商品交换的所谓"埃奇沃思盒(Edgeworth box)",现在每本经济学教科书都会提到;而所谓"埃奇沃思猜想"则是20世纪70年代数理经济学研究最热门的课题. 另一位是名气更大的马歇尔[①]. 此人在1861年进入剑桥大学时首先是学数学. 1865年开始其学术生涯时,也是一名数学家. 但后来他则成了经济学的所谓"剑桥学派"的宗师. 今天的微观经济学教科书中的那些既直观易懂、又不失数学严谨的曲线图像,多半出于这位先生之手. 他的比他更有名的学生凯恩斯[②]应该称得上是对当代西方经济学和西方经济政策影响最大的人,而后者恰恰与乃师一样是以数学家的身份开始其学术研究的. 凯恩斯甚至还在1921年写了一本《概率论》,它完全可称得上那个时代最重要的概率论和或然逻辑方面的著作之一.

洛桑学派的第二代是个出生在巴黎的意大利人——帕累托[③]. 作为经济学家他真是大器晚成. 他有过20年地地道道的铁路和采矿工程师的生涯,甚至还当过意大利钢铁公司的总经理. 一个比他年轻的经济学家潘塔莱奥尼[④]使他对经济学发生了兴趣,并使他用心研究了瓦尔拉斯的一般经济均衡理论. 1891年他会见了瓦尔拉斯,使后者大为惊讶自己竟有这样一个知音. 瓦尔拉斯当即决定遴选帕累托作为他在洛桑的继承人. 1893年起帕累托就正式从工程师变为洛桑大学的经济学教授. 洛桑学派应该说是到了那时才正式形成的,并且在相当长的时间里,帕累托的影响远超过瓦尔拉斯. 人们认为帕累托是对理论经济学引进科学思想和方法最多的一人. 他在这方面的成就完全可以与庞加莱[⑤]在自然科学方面的成就媲美. 这似乎耐人深思,其实只因为他是个在数学上训练有素的工程师. 他的科学思想也好,科学方法也好,说到底首先是数学. 他对一般经济均衡的研究几乎完全是数

---

① Alfred Marchall(1842—1924),英国经济学家.
② John Maynard Keynes(1883—1946),英国经济学家.
③ Vilfredo Pareto(1848—1923),意大利经济学家和社会学家.
④ Maffeo Pantaleoni(1857—1924),意大利经济学家.
⑤ Henri Poincaré(1854—1912),法国数学家和物理学家.

学研究.由此导得的所谓"帕累托最优条件"在今天似乎也与经济学文献中同样频繁地出现在数学文献中.他对效用的基数和序数的明白区分与集合论的基数和序数的研究[1]几乎是同步的.所谓描述社会收入不均的"帕累托法则"无非就是一个幂函数表达式:$N=Ax^{-\alpha}$,其中 N 是收入高于 x 的人数,而 A,α 是常数.提出这个法则也为后来的计量经济学开创了范例."数理经济学"这个名词是他在1911年为法国《数学百科全书》写的文章的题目.今天这篇文章已成了经典,而从杰文斯开始提出的数理经济学,也从这时起作为一门学科的名称流传开来.

美国版的边际效用学派是由克拉克[2]奠基的.在这个学派的第二代中,打进了一个真正的数学家.他就是欧文·费歇尔[3].费歇尔是耶鲁大学的数学教授,写过好几本数学书.也同样是在一个经济学家的影响下对经济学发生兴趣的.1892年他写了一本叫作《价值与价格的数学研究》的书,颇为成功;1895年以后就正式转向经济系任教.在经济学中引进数学方法方面他与帕累托齐名,而对于后来蓬勃发展的计量经济学,他更是一位先驱者.他对货币理论的研究甚至被凯恩斯看作"精神上的祖父".

奥地利边际效用学派的第二代倒是没有数学家的份.门格尔的两大门徒庞巴维克[4]和魏赛尔[5]既是同年,又是同窗,甚至还是连襟.他们使门格尔开创的奥地利边际效用学派发展得尽善尽美,但是在方法上则与他们的老师一样,还是继续闭门炮制他们的边际分析方法.然而,门格尔晚年则得了一个后来成为颇有影响的数学家的儿子.小门格尔[6](与他父亲一样也叫卡尔,但是有 Carl 和 Karl 之别)早年曾去荷兰当过布劳维的助教,后来的主要研究也是拓扑学.但他对经济学(甚至哲学)也并非外行.除了整理出版他父亲的著作外,他本人最大的贡献是对带不确定性的经济学的研究[7].他出道甚早,并不拘一格

---

[1] 基数和序数的讨论请参看第四章.
[2] John Bates Clark(1847—1938),美国经济学家.
[3] Irving Fisher(1867—1947),美国经济学家和数学家.
[4] Eugen von Böhm-Bawerk(1851—1914),奥地利经济学家.
[5] Friedrich Freiherr von Wieser(1851—1926),奥地利经济学家.
[6] Karl Menger(1902—1985),美籍奥地利数学家.
[7] 参看第九章.

地培养学生.其名下最著名的两个学生,一是当代最伟大的数理逻辑学家哥德尔①,我们后面还会提到他;另一个是罗马尼亚出生的犹太人沃尔德②.正是在小门格尔的建议下,沃尔德在 1933—1936 年成为第一个试图给出一般经济均衡存在性严格数学证明的人,后来又在第二次世界大战期间成为开创统计学新局面的大统计学家.还有一个摩尔根斯顿③,虽然作为奥地利学派嫡传弟子,他只能算是庞巴维克的学生,但受小门格尔的影响甚大.一次他在研究一个经济学问题时在数学上遇到了困难,他去请教一位数学家切克④.切克告诉他这样的问题正是冯·诺伊曼最近研究过的对策论问题.就这样使冯·诺伊曼与摩尔根斯顿走到了一起,开始了数十年有关对策论及其在经济学中的应用的合作研究,并在 1944 年写出了一本在德布罗的《价值理论》(这是一本小开本的仅 114 页的小书)以前最重要的数理经济学巨著:《对策论与经济行为》(有中译本,原版是一本大开本的长达 640 页的大书).这本书一问世就被认为是 20 世纪前 50 年人类最伟大的科学成就之一.过去的 45 年又进一步证实了这点.正如德布罗所说,这本书的出现,"宣告了经济理论的深刻而广泛的转变"⑤.有一个有趣的现象值得注意.没有人认为由冯·诺伊曼在 1928 年创立的对策论不是一门数学,但是今天在西方大学里的对策论教授几乎都是经济系教授,而且学生想学对策论似乎也只能去经济系.此外,冯·诺伊曼投身于经济学的研究看来也是在他与奥地利学派打成一片时进行的.他用德文写的一篇有关一般经济均衡模型和经济增长极重要的论文,正是于 1937 年发表在小门格尔编的数学文集中.后来在 1945 年译成了英文而轰动一时,被认为开创了当代经济增长理论的新纪元⑥.

奥地利学派的另一位声名显赫的后裔是我们前面已经提到过的熊彼特.作为对当代经济学最有影响的经济学家之一,由于他的思想更为精辟,视野更为开阔,人们早已不把他当作奥地利边际效用学派

---

① Kurt Gödel(1906—1978),美籍奥地利数理逻辑学家.
② Abraham Wald(1902—1950),美籍罗马尼亚数学家、统计学家和经济学家.
③ Oscar Morgenstern(1902—1977),美籍奥地利经济学家.
④ Edward Cech(1893—1960),意大利数学家.
⑤ 德布罗,数学思辨模式的经济理论,史树中译,王毓云校,数学进展,17;3(1988),251-259.
⑥ 参看第十一章.

的代表.他的"创新"理论、经济周期理论也很难说有多少数学.但他对经济学中运用数学方法的促进则是比谁都大.没有他的推崇,洛桑学派和数理经济学的地位或许还不会像现在那样高.他1932年移居美国后,在哈佛大学任教,培养、熏陶了美国几代经济学家,例如,萨缪尔森[①]、列昂节夫[②]、托平[③]、索洛[④]等.1937—1941年熊彼特当选为美国经济学会主席.而在1930年成立的国际性的计量经济学会和1932年开始出版的《计量经济学》(*Econometrica*)杂志,也是与他的创导所分不开的.那本杂志虽然称为"计量经济学",但实际上至今还是刊载大量数理经济学的论文,即使从1974年开始又出现了另一本《数理经济学杂志》(*Journal of Mathmatical Economics*),也仍是如此.它对数理经济学和计量经济学的发展的作用是无法估量的.许多具有历史意义的文献,例如1954年阿罗与德布罗的一般经济均衡的存在证明,都是在那里刊登的.

说起计量经济学,应该先对它做点解释.虽然它也同样用数学方法来研究经济学,但与数理经济学不同的是:它是从实际数据出发,用数理统计方法,建立经济现象的数学模型;而数理经济学则是从一些经济假设出发,用抽象数学方法,建立经济机理的数学模型.前者用的是归纳法,后者用的是演绎法.例如,一般经济均衡就是数理经济学的机理模型;而社会收入不均的帕累托法则,则应认为是一种计量经济学的现象模型,因为它说不出更多的道理来,完全是由统计数据来证实的.计量经济学和数理经济学之间很难划出一条明确的界线.但真正使计量经济学能基本独立于数理经济学外,那还是从20世纪20年代开始的.

"计量经济学"(Econometrics)这个词是弗瑞希[⑤]在1926年仿照皮尔逊[⑥]发明的"计量生物学"(Biometrics)这个词而发明的.正是首先由于弗瑞希的一手创办,计量经济学会才能在1930年得以成立.开

[①] Paul Anthony Samuelson(1915—1999),美国经济学家.1970年诺贝尔经济学奖获得者.
[②] Wassily Leontief(1906—1999),美籍俄裔经济学家.1973年诺贝尔经济学奖获得者.
[③] James Tobin(1918—2002),美国经济学家.1981年诺贝尔经济学奖获得者.
[④] Robert M. Solow(1924—),美国经济学家.1987年诺贝尔经济学奖获得者.
[⑤] Raynar Frisch(1895—1973),挪威经济学家和统计学家.1969年诺贝尔经济学奖获得者.
[⑥] Karl Pearson(1857—1936),英国数理统计学家.

始时会员仅十来人,但是包括凯恩斯、熊彼特、费歇尔等头面人物.《计量经济学》杂志也是在弗瑞希的努力下,由考尔斯委员会(Cowles Commission)资助,而得以出版.弗瑞希还任这个刊物的主编达 22 年之久.

计量经济学在数学上看来似乎就是数理统计方法在经济学上的应用,但是如果仔细考察一下计量经济学的数学内容,就会发现由皮尔逊和罗纳德·费歇尔[①](此费歇尔非那个欧文·费歇尔,他们两人与另一些费歇尔的名字都常出现在数理统计的文献中)奠基的主要用于生物学和工业的数理统计与计量经济学中的数理统计之间,还是有很大的不同.计量经济学中用得最多的联立方程模型在一般数理统计书中很少研究.由此引出的"共线性""异方差"等数学名词会使不接触计量经济学的数理统计学家也感到陌生.这就是说,计量经济学也大大推动了数理统计学的发展.今天出现的由成百上千个方程组成的计量经济模型的运用,无疑更为数理统计学家提出许多新课题.而这类问题正是弗瑞希首先研究和初步解决的.虽然弗瑞希有很深的数学功底,但他一开始就以经济学家的身份走上学术舞台.于是我们又有了一个经济学家发展数学的出色例子.

诺贝尔奖原来是既没有数学也没有经济学的份的.但是从 1969 年起,瑞典开始颁发诺贝尔经济学奖.其实这项奖只是借了诺贝尔的名,掏钱的是瑞典的中央银行.为了纪念该行创办 300 周年,特设立诺贝尔经济学奖,旨在奖励"以科学研究发展静态的和动态的经济理论,以及对提高经济学分析水平有积极贡献的人士."首届诺贝尔经济学奖就奖给了弗瑞希和另一位瑞典邻国的经济学家丁伯根[②].虽然说,他们两人都有点近水楼台之嫌,但他们对创立计量经济学的贡献是无可争辩的.丁伯根又是一个经济学界的外来户,他是个物理学博士.但是当了博士后却去荷兰的中央统计局任职,并把物理和数学的研究方法带进了经济学.他与弗瑞希一样被看作计量经济学的奠基人.在 1939 年,他编制了世界上第一个宏观计量经济模型.对宏观经济模型的缺陷虽然总有种种议论,但它对宏观经济发展的中长期预测的巨大

---

① Ronald Aylmer Fisher(1890—1962),英国数理统计学家.
② Jan Tinbergen(1903—1994),荷兰经济学家.1969 年诺贝尔经济学奖获得者.

作用是不能抹杀的①. 因此,1980 年的诺贝尔经济学奖颁给了另一位宏观计量经济模型的大家克莱因②. 而 1989 年的诺贝尔经济学奖又奖给了弗瑞希的学生哈维尔莫③,他恰好是丁伯根与克莱因之间的一位承上启下的计量经济学家.

由于诺贝尔经济学奖强调科学性和分析水平,自然使经济学家中的数学家大大沾光.事实上,这个奖的一半以上都发给了这样的人.我们来介绍其中的几个代表.

1970 年的得主是萨缪尔森.这是位兴趣广泛、才气横溢的大经济学家,25 岁就当了麻省理工学院的经济学教授.他对经济学贡献之广会使每个学习西方经济学的学生感到萨缪尔森无处不在.他写的经济学教科书从 1948 年出版起,年年再版,并且有几十种文字(包括中文)的译本.虽然人们对他的所谓"新古典综合派"(凯恩斯主义与一般经济均衡思想的"综合")主张有很多批评,但这本教材影响之广已远超过曾再版 30 年的马歇尔的《经济学原理》(1890,有中译本). 我们不能说他是完全因数学而得奖,然而他的数学造诣确实也是非同一般. 他在 1937 年作为学位论文写出、1947 年正式出版的成名作《经济分析基础》是一本用严格的数学总结的数理经济学的划时代著作. 他与多夫曼④和索洛合著的《线性规划与经济分析》(1958)是又一本数理经济学的经典著作. 他与索洛等一起合作研究的经济增长的数学理论,甚至成了使索洛获得 1987 年诺贝尔经济学奖的主要原因之一. 他的另一个得诺贝尔奖的大弟子就是那个只比他小 5 岁的克莱因. 数学界把萨缪尔森也看成一名数学家. 我们可以看到他被一些应用数学杂志邀为编委,偶尔还能读到他的数学研究论文.

1972 年的得主是希克斯⑤和阿罗. 希克斯是牛津大学经济学教授. 他虽然看来不如阿罗更数学化,但他的成名作《价值与资本》(1939,有中译本)被萨缪尔森称为可与古诺、瓦尔拉斯、帕累托、马歇尔的著作媲美. 他与阿罗得奖的主要原因之一是对一般经济均衡的研

---

① 参看第十章.
② Lawrence Robert Klein(1920—2013),美国经济学家.1980 年诺贝尔经济学奖获得者.
③ Trygve Haavelmo(1911—1999),挪威经济学家.1989 年诺贝尔经济学奖获得者.
④ Robert Dorfman(1916—2002),美国经济学家.
⑤ John Richard Hicks(1904—1989),英国经济学家.1972 年诺贝尔经济学奖获得者.

究.阿罗则是又一个打进经济学界的数学家(1951年的数学博士).他与德布罗在一般经济均衡研究上的成就我们在前面已提到.但阿罗在数理经济学上的成就远不止此.他的学位论文《社会选择与个人价值》(1951,有中译本)开创了一门新的数理经济学(或者说是数理社会学)分支:社会选择.所研究的是经济学中、甚至社会中的"非市场"决策问题.它的一个"直系亲属"叫作公共选择(也有人对这两者不加区别,但通常前者是指理论,后者是指实用).一位公共选择的专家布坎南①还成了1986年的诺贝尔经济学奖的得主.社会选择理论中的奠基定理就是所谓"阿罗不可能定理"②.粗糙地说,阿罗不可能定理或许可说成是:"绝对民主是不可能的."其实这完全是一条数学定理,它证明了一系列反映"民主原则"(例如,一致通过原则等)的数学公理放在一起可证明它们是互相矛盾的.此外,阿罗也不使数学家感到陌生,他对数学规划的研究也是很经典的.

1973年的诺贝尔经济学奖的得主是列昂节夫.他的投入产出现在几乎已成了经济学常识.但这种方法无非是把瓦尔拉斯的一般经济均衡思想用简单的线性模型具体化.由于它有很大的应用价值,有人就去考证说,它的原型就是当年列昂节夫的父亲在苏联计划部门工作时的某某方法.实际上苏联在列昂节夫出走后30年又请他回去讲投入产出.还有人由此论证出列昂节夫本人所说的投入产出方法以一般经济均衡理论为基础是错误的,真正的基础应该是马克思的再生产理论,以保证我们在应用时不被资产阶级经济学家所侵蚀.其实,投入产出不过是一种数学方法.而数学应用的普遍性并不在乎用它的人是资产阶级还是无产阶级.

1975年的诺贝尔经济学奖的颁发大大出人意料,因为它的得主之一是个完完全全的数学家.他就是苏联的康托罗维奇③,一个在实变函数、泛函分析和计算数学等多方面有开创性贡献的大数学家.1949年他还因数学成就得过斯大林奖.但是他没有成为一个专业的经济学家的原因并不在他自身.实际上,他从1938年起就因对经济问

---

① James Magill Buchanan(1919—2013),美国经济学家.1986年诺贝尔经济学奖获得者.
② 参看第七章.
③ Leonid Kantorovich(1912—1986),苏联数学家和经济学家.1975年诺贝尔经济学奖获得者.

题感兴趣开始研究线性规划,而这正是使他后来获得诺贝尔奖的原因之一. 以后他也不断地进行经济学的业余的,甚至地下的研究. 只是因为长期以来,苏联一直认为,在经济学中运用数学方法是大逆不道的追随资产阶级经济学家的做法,从而使斯鲁茨基[1]那样的真正的数理经济学家还不得不到数学研究所去研究纯数学,何况科班出身的数学家康托罗维奇. 幸而在 20 世纪 50 年代以后,苏联的这方面状况有所改变,使康托罗维奇在 1942 年写的《经济资源的最优利用》一书在 1959 年得以出版;1965 年还因此与另两位运用数学方法的经济学家一起获得列宁奖金;1971 年他又主持国家科委国民经济管理学院的研究室;1976 年(显然与他得到诺贝尔经济学奖有关)他又成了国民经济最优预算使用科学研究理事会主席、国家物价管理局所属物价形成科学研究理事会副主席、交通运输理事会副主席等.

使人感到有意思的是康托罗维奇的工作与和他同时得奖的库普曼[2]的工作竟非常相似,即都是用数学规划理论来研究资源的最优利用和经济的最优增长. 而一联系到价格,他们的工作又似乎与边际效用学派的后裔——新古典主义经济学如出一辙. 这没有什么别的可解释,只能说是数学在里面起了本质作用.

关于诺贝尔经济学奖我们就说到此. 再说下去大概会把大部分得奖者都列举一遍. 我们不但还要重提德布罗,还会举出开创管理决策理论研究的西蒙[3],中学时代就热爱数学的货币主义学派头头弗里德曼[4],其姓氏与数学名词"Tobit"[5]连在一起的耶鲁学派的托平,以研究价格理论著称而提出"信息经济学"的斯蒂格勒[6],建立国民核算标准化体系的斯通[7],以严格的数学形式提出"生命周期假说"的莫迪利阿尼[8],等等.

---

[1] Eugen Slutsky(1880—1948),苏联经济学家和数学家.
[2] Tjalling Charles Koopmans(1908—1985),美籍荷兰经济学家. 1975 年诺贝尔经济学奖获得者.
[3] Herbert A. Simon(1916—2001),美国经济学家和管理学家. 1978 年诺贝尔经济学奖获得者.
[4] Milton Friedman(1912—2006),美国经济学家. 1976 年诺贝尔经济学奖获得者.
[5] bit 是二进制位数的单位,Tobit(Tobin+bit)是一种特殊的回归分析模型的名称. 这种模型是托平研究消费理论时首先提出的.
[6] George Joseph Stigler(1911—1991),美国经济学家. 1982 年诺贝尔经济学奖获得者.
[7] John Richard Nicholas Stone(1913—1991),英国经济学家. 1984 年诺贝尔经济学奖获得者.
[8] Franco Modigliani(1918—2003),美籍意大利经济学家. 1985 年诺贝尔经济学奖获得者.

值得注意的是，许多诺贝尔经济学奖的获得者都与一个叫作"考尔斯（经济学研究）委员会"的组织有关．这个委员会是考尔斯[①]在1932年建立的基金组织，专门用来资助经济学研究．1955年起又改称为考尔斯基金会（Cowles Foundation）．考尔斯本人虽然在经济学上成就不大，但他建立的这个委员会实在对经济学界功德无量．我们已提到它所做的第一件大事是资助《计量经济学》杂志的出版．后来，考尔斯委员（基金）会就成了诺贝尔经济学奖获得者的沃土．阿罗、德布罗、库普曼、克莱因、托平、西蒙、莫迪利阿尼、哈维尔莫等人都在这个委员会中工作过．人们普遍认为，在这个委员会工作过的还有好几名有实力竞争诺贝尔经济学奖的候选人．是什么使考尔斯委员会如此强大？如果选择"数学"两个字作为答案，大概不会有很多人反对．

作为这本称为《数学与经济》的小书的引言，我们原只想简单回顾一下数学与经济学结合的历史．谁知这样一来也回顾了相当部分的经济学发展史．实际上，经济学中数学的运用与经济学本身的发展已在一定程度上不可分割，并且这种程度正在越来越深．有人做过一次统计：1972—1976 年在《美国经济评论》上发表的各类文章中，没有任何资料的数学模型要占到 50.1%，而到了 1977—1981 年，这个数字又上升到 54.0%；相反，在同一期间，没有任何数学公式和资料的分析却从 21.2% 下降到 11.6%．这一倾向是十分引人注目的．

为什么数学会如此深入到经济学中去呢？对此，德布罗的回答是：

"坚持数学严格性、使其公理化，已经不止一次地引导经济学家对新研究的问题有更深刻的理解，并使适合于这些问题的数学技巧用得更好．这就为向新方向开拓，建立了一个可靠的基地．它使研究者从必须推敲前人工作的每一细节的桎梏中脱身出来．严格性无疑满足了许多当代经济学家的智力需要，因此，他们为了自身的原因而追求它，但是作为有效的思维工具，它也是理论的标志……还有另一个方面，经济理论的公理化已经向经济工作者提供他们能接受的高度有

[①] Alfred Cowles(1891—1984)，美国经济学家．

效的数学语言.这使得他们可以互相交流,并以非常经济的方式进行思考.与此同时,经济学家和数学家之间的对话已经变得更加频繁.像冯·诺伊曼那样,把他的研究精力的相当一部分放在经济问题上,这种第一流数学家的例子已经不是独一无二的了.同样,经济理论也开始影响数学.其中最明显的例子是角谷定理、集值映射的积分理论、近似不动点计算的算法以及方程组的近似解的算法."①

当然,对于数学在经济学中的作用,即使在西方,也是一个始终有争论的问题.在美国也有像加尔布雷思②那样的与数学半点都不沾、但著作甚丰的经济学家.诺贝尔经济学奖的得主中,也有像哈耶克③那样的奥地利学派的后裔,在其诺贝尔奖演说中猛烈攻击经济学家的来自自然科学的"科学"态度和数学方法④.甚至连凯恩斯、列昂节夫等都对经济学的过分数学化颇有微词.在苏联等社会主义国家中,相当长的时期里,在经济学中应用数学方法更是几乎被看作罪孽.我国在苏联的影响下,大学的经济系近 30 年都不设数学课,造成许多经济工作者都只能做"定性分析"(算"政治账"),而不能做"定量分析"(算"经济账").一谈起经济学中的数学研究总是批判第一.即使在今天,或许还会有人说我们回顾的与数学有关的经济学都是"资产阶级庸俗经济学".对这种来源于 20 年代的苏联的责难,我们将在下一章中略作回答.这里我们只想提一下马克思在 1858 年(这正是古诺发表他的书以后 20 年)1 月 11 日给恩格斯的一封信,以说明数学对于马克思主义的政治经济学同样是至关紧要的.马克思写道:

"在制定政治经济学原理时,计算的错误大大地阻碍了我,失望之余,只好重新坐下来把代数迅速地温习一遍,算术我一向很差,不过间接地用代数方法,我很快又会计算正确的."⑤

本书无意花大量篇幅去讨论与意识形态过分紧密的问题,诸如如

---

① 德布罗,数学思辨模式的经济理论,史树中译,王毓云校,数学进展,17:3(1988),251-259.
② John Kenneth Galbraith(1908—2006),美国经济学家和作家.
③ Friedrich August von Hayek(1899—1992),英籍奥地利经济学家.1974 年诺贝尔经济学奖获得者.
④ 参看《诺贝尔经济学奖金获得者讲演集,增订本(1969—1986)》,王宏昌,林少宫编译,1988 年,219-230.
⑤ 《马克思恩格斯全集》,第 29 卷,第 247 页.

何在政治上评价帕累托,如何揭露萨缪尔森的阶级本性,不讲数学分析的加尔布雷思是否算真正的经济学家,哈耶克对经济学的"科学"态度的攻击又是否真有道理,等等;也不准备过多地涉及西方经济学各学派的论战和社会主义经济改革的理论和实践的探索.我们在本书中想阐述的仅仅是:首先,经济学中究竟哪些部分确实能用数学来研究;然后,再以一个数学工作者的眼光来看看它与数学究竟有多深的关系,以及它对经济学的总的发展究竟可能起多大作用;最后,再来考察和展望经济学的这部分究竟如何与数学的发展相互推动.

其实作者只是一名对经济学有兴趣的数学工作者,能谈的仅仅是近年来的一些读经济学书的体会,并且主要是与数学联系上的体会.若能被一些读者认为,本书所提出的一些看法和所收集的一些材料对人们还有点启发,而不是一无是处,作者也就满足了.

二　可用数学研究的经济学和经济学研究中的数学

关于数学与经济学的关系问题的讨论,首先涉及怎样看待数学和经济学.对数学来说,尽管也有过诸如罗素①所说的数学是"不知说的是什么,也不知说得对不对"的学科那样的奇谈怪论,但总的来说,认为数学是研究数(量关系)和(空间)形(式)的科学,还是人们的共识.看法上的其他分歧,例如,数量关系是客观存在的还是人为制造的,数学是发现还是发明,等等,与这一共识相比,几乎是无关紧要的.数学家时常会对某种数学理论的评价意见不一,但绝不会对数学命题的真伪争论不休.然而,对经济学来说,情况就大不相同了.即使对最模棱两可的经济学定义,例如说"经济学是研究人类社会经济活动规律的科学",也还是会有许多人反对;他们会说经济学根本不是有规律可循的科学,而人类的经济活动只是一种历史现象.持此观点的经济学家还有"历史主义""制度主义"等.这就是说,连什么是经济学的问题都有大相径庭的观点,那就更不用说数学在经济学中的作用等问题了.

我们不妨来做点学究气的考证."经济学"②(Economy,Economics)这个词可追溯到亚里士多德③时代.Economy 的希腊文 Oikonomia 的词源是 Oikos(意思是房子)和 nomos(意思是规律),连起来也就是"家务管理科学"的意思.到了 17 世纪,蒙克莱斯钦④又提出"政治经济学"(Économie Politique,Political Economy)一词,这里"政治

---

① Bertrand Russell(1872—1970),英国哲学家和数学家.
② 严格地说,Economy 与 Economics 也是有区别的.前者是名词,后者是形容词的复数名词化(但当单数用),意为有关经济的各事项.目前欧洲大陆的"经济学"用前一个词(Économie,ökonomie),英美的"经济学"则用后一个词.
③ Aristotle(前 384—前 322),古希腊哲学家.
④ Antoine de Montchrestien(1575—1621),法国经济学家和剧作家.

(Political)"的希腊文词源是 Politicos(意思是社会). 于是"家务管理"就上升到"国务管理"了. 不过,这里的"国务"是指"国家的经济事务"或"国家的财富". 这一名词一直沿用至今,尤其是在马克思主义的文献中. 在 19 世纪末以前,只有德国人用的"国民经济学"(National ökonomie, National Economy)是它的同义词,而"经济学"(Economy)多半还是停留在更窄的意义上. 直至 1890 年,马歇尔出版了《经济学原理》(The Principles of Economics)一书后,"政治经济学"这一词才被许多人(但并非全部)用"经济学"(Economics)来代替. 这就是说,"政治经济学"也好,"国民经济学"也好,都是"经济学"的同义词. 有人望文生义地把"政治经济学"理解为"政治学与经济学的交叉";还有人说马歇尔去掉"政治"是要"抹杀政治经济学的阶级性"如此等等. 这类说法都没有多少根据. 我们如果翻阅一下美国出版的《政治经济学杂志》(Journal of Political Economics),就会发现,它非但谈不上有多少政治,反而更像是一本理论物理或数学的刊物. 其实它与另一本美国出版的《理论经济学》,甚至和《数理经济学杂志》《计量经济学》都是同类刊物.

那么起源于"国务管理"或"国家财富管理"研究的政治经济学或经济学今天又是研究什么的呢？以往马克思主义经济学的文献总是援引恩格斯的经典定义:

> "政治经济学,从最广的意义上说,是研究人类社会中支配物质生活资料的生产和交换的规律的科学."[①]

以及斯大林的进一步引申扩张的定义:

> "政治经济学的对象是人们的生产关系,即经济关系,这里包括:(一)生产资料的所有制形式;(二)由此产生的各种不同社会集团在生产中的地位以及它们的相互关系,或如马克思所说的,'互相交换其活动';(三)完全以它们为转移的分配形式. 这一切共同构成政治经济学的对象."[②]

但是我们可以在西方的经济学(注意:这与政治经济学是同义词!)教科书上读到非常不同的定义. 例如,萨缪尔森说:

[①] 恩格斯,《反杜林论》,人民出版社,1970 年,第 144 页.
[②] 斯大林,《苏联社会主义经济问题》,人民出版社,1961 年,第 58 页.

"经济学研究人和社会如何做出最终抉择,在使用或不使用货币的情况下,使用可以有其他用途的稀缺的生产性资源来在现在或将来生产各种商品,并把商品分配给社会的各个成员或集团以供消费之用.它分析改善资源配置形式所需的代价和可能得到的利益."[1]

我们不准备在这里参加关于(马克思主义)政治经济学的研究对象问题的讨论.前几年,这曾经是引起经济学界激烈争论的大论题,据说分歧的意见多达 5 种[2].我们也不准备在这里对西方经济学的形形色色的定义进行批判[3].说实在的,作为一名数学工作者,作者常常对这类争论感到困惑.对一个人们认为有必要研究的对象,尽管去研究就是,研究者与旁人何必去管它是否属于规定范围.其研究的意义全应由研究的成果本身来说明.如果真是反映客观规律的、能满足人类社会实践需要的研究,它绝不会由于这一对象不属于经典定义划定的范围而被抹杀,也不会由于研究者的主观认识而被否定.否则科学将如何发展?难道牛顿的微积分会因为不是经典数学的研究对象而不被承认?难道牛顿会因为声称他的研究全是为了证明"上帝的伟大"就一无是处?显然不是.起根本作用的都在于微积分本身被社会实践的检验,而不是别的什么.

因此,我们应该注意的是在"政治经济学"或"经济学"的大旗下,已经和将要研究什么以及其已有和将有的研究成果是否符合人类社会实践的需要.或许人们可以说某人的经济学不是××主义或××学派的经济学,但是不能说因为不是××主义或××学派的经济学就一定不是经济学.如果容许这样来看问题,我们也就很难说对经济学的不同定义或不同见解必然是水火不相容的.应该说,这只是不同的人从不同的角度来看待研究经济学.事实上,也正如有些人所说,有多少个经济学家就有多少种经济学,甚至更刻薄地说,5 个经济学家可能有 7 种经济学.其价值只应由人类社会实践来检验,而不是看是否经典所指或根据人们的阶级属性、政治态度来"划清界限".

---

[1] 萨缪尔森,《经济学》,上册,高鸿业译,商务印书馆,1979 年,第 5 页.
[2] 参看:党校政治经济学教材联合编写组,《社会主义经济理论若干问题争论》(试用本),新华出版社,1984 年.
[3] 对萨缪尔森定义的批判,参看例如:宋涛主编,《政治经济学》,上卷第一分册,人民出版社,1984 年,第 40-42 页.

我们不妨就以这样的态度来比较一下上面提到的三个定义. 首先,恩格斯的一般定义应该说是能被广泛接受的. 它与以下的两个定义很难说有多大的矛盾. 但是斯大林的定义与萨缪尔森的定义确实有很大的分歧. 在斯大林的定义中,经济学的研究对象被限制为仅仅是生产关系,排除了经济学中的人与物的关系和物与物的关系研究,一切都归结为人与人的关系研究. 而在萨缪尔森的定义中,则更多的是指人与物的关系和物与物的关系的研究. 以前批判资产阶级经济学家的最主要论点就是说他们"见物不见人",抹杀阶级矛盾,掩盖资产阶级对无产阶级的剥削. 这是完全正确的. 问题在于由此并不能得出不需专门研究经济学中的人与物的关系和物与物的关系,更不能得出这类研究必定是无益的、甚至反动的,尽管这些关系和人与人的关系不能截然分开. 国内有些经济学家主张经济学要研究生产力,甚至还提出了一个"生产力经济学"的学科名称. 他们的主张与上面所说的意思很相近. 不过我们不大赞同他们中有的人为此就一定要说斯大林的定义"有缺陷". 作为学术问题来说,应该是谁都能为自己(不是为别人)定出研究范围,而谁又都可不在别人指出的研究范围内进行研究.

其实这样的争论在西方经济学界同样也是存在的. 凯恩斯的父亲,老凯恩斯①曾建议过用两个已被后人广泛采用的名词来区别这两类不同的关系. 一个叫"规范经济学"(Normative Economics),它研究经济学中涉及道德规范、价值判断的问题;另一个叫"实证经济学"(Positive Economics),它研究经济学中可用事实验证的问题②. 例如,一种经济关系是否意味着人与人之间的不平等就是一个规范经济学的问题,而一种经济关系能否促进总产值增长较快则是一个实证经济学的问题. 前者主要是指对人与人的关系研究,后者则主要指对人与物或物与物的关系研究. 由此观点来看,斯大林的定义实际上认为经济学主要是规范经济学,而萨缪尔森的定义则包含了相当部分的实证经济学的内容.

---

① John Neville Keynes(1852—1949),英国逻辑学家和经济学家.
② "规范"的原始含义是研究"what should be(应该是什么)",而"实证"的原始含义是研究"what is(是什么)". 但对于它们的进一步含义,人们常常有不同理解. 我们的理解与有些文献中的理解是不一致的. 例如,对一个目标函数不做具体解释的抽象最优生产计划问题,有人把它当作规范经济学问题,因为它回答了"应该是什么". 但我们则把它看作实证经济学的问题,因为问题本身尚未涉及道德规范,而在有了具体解释后它又是可以"实证"的.

有些走得更远的西方经济学家干脆认为只有实证经济学才是经济学. 其中最著名的大概是罗宾斯①. 正是他竭力强调规范经济学与实证经济学的区别,主张在经济学中排除价值判断. 他在 1935 年发表的一篇题为《关于经济科学的本性与含义的随笔》中写下的一句名言,曾几何时,在西方还成了经济学的标准定义. 这句名言说:

"经济学是把人类行为看作目的与有可供抉择用途的稀缺手段之间的关系来研究的科学."②

这里尤其强调的是经济学是科学,而科学是不考虑价值判断、对谁有利等问题的. 马林沃③嫌这个定义中的"目的""手段"还可能被理解为政治性的,而提出更彻底的经济学定义:

"经济学是研究如何利用稀缺资源来满足在社会中生活的人类需要的科学;它一方面关注财富的生产、分配和消费的本质作用,另一方面关注以便利这些作用为目的的机构和活动."④

这个定义几乎完全不涉及价值判断和人与人的关系,如果作为整个经济学的定义势必有许多人反对. 但是如果说这个定义仅是指研究经济学中的人与物和物与物的关系的"实证经济学"部分的定义,则还是会有许多人赞同的. 按照这一说法,实证经济学研究的主要是:怎样通过各种经济手段和经济机构来充分利用稀缺资源以满足人类社会的需要. 以前,我们在苏联的影响下,几乎完全排斥对实证经济学的研究,甚至还扣上"资产阶级庸俗经济学"的帽子,但是现在随着以经济建设为中心的改革开放政策的不断深入,人们越来越认识到如上所述的实证经济学的研究对于发展社会主义经济建设同样是必需的. 我们面临的能源、交通、物价、工资、金融、税收、经济管理、对外贸易等问题哪一项不与实证经济学有关?

我们谈得似乎有点离题. 其实不然. 我们想说明的是:如果经济学

---

① Lionel Robbins(1898—1984),英国经济学家.
② 这句话在国内一些译著中有不同的翻译. 我们采用了自己的翻译. 后半段的原文为:"The science which studies human behaviour as a relationship between ends and scarce means which have alternative uses." 常见的一些翻译都把 means 译成"资源"(它应该是 resource 的翻译),我们认为不妥.
③ Edmond Malinvaud(1923—2015),法国经济学家.
④ 马林沃,《微观经济学讲义》(*Leçons de Théorie Microéconomique*),Dunod,1984 年,第 1 页.

就等于规范经济学,那么数学在经济学中确实用处不大.尽管我们在一定条件下也可用数学来研究生产关系和其他人与人的关系,但一般来说,或者是其中的数量关系十分简单,小学生的数学就能解决;或者是其中的变化过程过分复杂,今日的数学还远不足以把握其关键;或者是,或许永远也不可能产生诸如能精细刻画阶级斗争的数学、能严格论证人的本性的数学、能确切预测社会未来的数学等.对于规范经济学提出的课题,硬要去套上似是而非的数学框架,搬弄什么"函数""方程""系统""超稳定"之类的术语(请注意,它们都是有明确数学含义的术语),多半只能故弄玄虚,大搞文字游戏,得不到任何真正的科学结论.当前国内外都有不少这类充斥各种古怪名词、符号和图表,但无任何深入数学分析和真知灼见的"经济学著作".有些人以为那些古怪名词、符号和图表就是数学,以此来否定数学在经济学中的作用.其实一方面这本来算不上是运用数学,另一方面,真正的数学目前也没有企图进入那些完全属于规范经济学的领域.

然而,对于上面所说的经济学中的实证经济学部分,那么数学就会大有用武之地.在这一领域内,有人(例如库普曼)甚至说经济学就是"稀缺资源的最优利用",而这样一来,它就与一门应用数学——运筹学成了同类型的学科.事实上,美国的《数学评论》(*Mathematical Reviews*)所做的数学主题分类中,数理经济学与运筹学也确实被归在同一个大类内.与它们在一起的还有数学规划和对策论.由此可见,我们不能笼统地来谈数学与经济学的关系.数学仅仅与经济学中的一部分有非常密切的关系;而这一**可用数学研究的经济学**的部分,即主要涉及人与物或物与物的关系的实证经济学,它曾经长期以来并不被认为是经济学,或者说仅仅是"资产阶级庸俗经济学".而以人与人的关系为研究对象的有关道德规范、价值判断的规范经济学,是很难、甚至不可能应用数学的.

再回顾上节提到的数学在经济学中的渗透,我们就会发现,更确切地说,应该是:数学在实证经济学中的渗透.在我们提到的那些经济学家中,我们确实可以批评他们中大多数人的意识形态的出发点,或者说那是就他们的规范经济学的观点而言的.而这并不妨碍他们在实证经济学方面,尤其是我们感兴趣的数理经济学、计量经济学(这些学

科本身实质上并不牵涉道德规范和价值判断的问题)方面做出极大的贡献. 列宁说过:

"……政治经济学教授虽然在实际材料的专门研究方面能够写出极有价值的作品,可是一旦说到政治经济学的一般理论时,他们中间**任何一个人所说的任何一句话**都不可相信……"[1]

这完全可以理解为:我们尽可以对这些经济学家在规范经济学方面所说的任何一句话都不信,但是我们同样应该看到他们在实证经济学方面的极有价值的成就.

为了进一步说明我们的观点,我们来读一段杰文斯的《政治经济学理论》:

"快乐与痛苦是经济学计算的研究的对象. 经济学的问题,是以最小努力获得欲望的最大满足,以最小量的不欲物获得最大量的可欲物,换言之,使快乐增至最高度."[2]

如果就事论事,谁都能不费力地对此写出一篇振振有词的批判文章:把"快乐与痛苦"来作为经济学的根本不是岂有此理吗? 道道地地的唯心主义! 完完全全抹杀阶级矛盾! 等等. 但是如果再认真读一下后面几页,发现杰文斯由此论证出:当一种商品能有数种用途时,对商品的分配数量必须使它们有相等的"最后效用程度"(边际效用);使用价值=总和效用,估价=最后效用程度,购买力=交换率,如此等等. 尽管我们还可继续对它们批判,但应该说其中已不乏有价值的结果,尤其是从数学的观点来看. 实际上,上述的各种相等绝大部分都是由关于数学上的极值问题的费马[3]原理和拉格朗日[4]乘子法则得出的. 这里杰文斯成功地在经济学中应用了数学. 由于他的出发点不能使人接受,得出的结论当然也有问题,但这并不等于一无可取. 其实我们只需把杰文斯的研究结论另做解释就是极有意义的. 我们可以不接受他所说的"以最小努力获得欲望的最大满足",但是可把他的"最小-最

---

[1] 《列宁选集》,第二卷,人民出版社,1972 年,第 349 页.
[2] 见郭大力译本,商务印书馆,1984 年,第 51 页.
[3] Pierre de Fermat(1601—1665),法国数学家.
[4] Joseph Louis Lagrange(1736—1843),法国数学家.

大"换成例如孙冶方①提出的:"以最小的耗费,取得最大的效果"②等有意义的内容.这时我们可以看到,杰文斯研究中的数学和逻辑并不需要有任何改变.最后,需要改变的仅仅是杰文斯所得到的结论中的各个量的解释.而杰文斯著作极有价值之处也正在于此.

不仅如此,如果再进一步联系一个经济学的具体问题,我们甚至还会发现我们的结论与杰文斯的结论几乎完全没有区别.原来杰文斯所说的令人不可捉摸的"欲望的最大满足"等,极像牛顿著作中的那个上帝,一到了人间就自动消失得无影无踪.因此,这些学者研究的真正精髓并不在他们自己披上的那件外衣上,而是在那层外衣的里面.如果我们光顾着去批判那件外衣,不知道去揭开那件外衣,那并不是一种高明,而恰恰是一种无知.人类在继承前人的科学文化遗产时,不管那位前人有多伟大,不是或多或少都有这样的过程吗?当然,在继承这点上,自然科学与社会科学有很大区别.但是应该看到,如杰文斯那样的有关实证经济学的研究,很大程度上只是引进了一种新的数学分析方法,其本质更接近于自然科学.重要的是,要透过其外衣来抓住其内在的根本性的规律,并应用到我们的思想体系和具体研究中去.在这里,仅仅因为我们对他们的研究成果给出了另外的具体解释,就声称又"创立"了与他们有"根本区别"的理论等,都是不可取的态度.

上面我们提出了对什么是可用数学研究的经济学的看法.顺便也谈了与此有关的如何看待表面看来"一句话也不可信"的"极有价值"的经济学家的著作.以前,尤其是以后,我们在行文中所提到的经济学将主要指这部分可用数学研究的经济学.在我们看来,这部分经济学一方面同样重要,另一方面其实质更接近于自然科学.现在我们来谈谈反过来的问题:什么是经济学研究中的数学.

经济学研究中的数学是否都是现成有的?在19世纪和20世纪初可以说确是如此.杰文斯和瓦尔拉斯的数学知识都相当有限.他们除了勉强地用一下现成的数学,不可能有更多的建树.他们的前辈古诺是个真正的数学家,但他的基于经济学的新的数学观念是到了20世纪50年代才得到发扬光大的.至于门格尔似乎是真正发展了一

---

① 孙冶方,原名薛萼果(1908—1983),中国经济学家.
② 孙冶方,《社会主义经济的若干理论问题》(续集修订本),人民出版社,1982年,第203页.

套称作"边际分析法"的数学方法,可惜他不知道这是牛顿和莱布尼茨在 200 年前已做过的事. 到了 19 世纪末,边际效用学派在英国剑桥的马歇尔那里汇合成新古典主义学派. 其出发点被归结为仅仅是:消费者追求最大效用,生产者追求最大利润. 于是在数学上似乎只要会解极值问题即可. 而这恰恰是微分学的经典应用领域,因此,经济学中的数学几乎成了微分学的同义词. 这一态势持续到 20 世纪 40 年代前后,直到我们在上节谈到的希克斯和萨缪尔森的著作问世,而发展到最高峰.

在此期间,微分学之所以几乎是经济学研究中的仅有的数学,一方面有数学自身发展的原因,另一方面看来还有在西方文化深处的哲学的、甚至神学的原因. 事实上,上千年来,上帝创造了世界和人类是西方社会的统治思想. 既然一切都是上帝创造的,自然一切都是最优的,并且是唯一的. 这一观念后来被莱布尼茨所发展,而被莫培督①在力学上具体化. 经过后来许多学者的努力,整个力学最后被归结成一条"莫培督-哈密尔顿②最小作用量原理". 这条原理说,一个力学系统的运动轨迹一定使某个称为"作用量"的物理量达到最小. 后来力学与物理学的发展还指出,不但是经典力学如此,光学也是如此(事实上哈密尔顿也正是从力学和光学的相似中进一步总结出最小作用量原理来的),相对论力学、量子力学、量子场论等全是如此. 为什么我们的世界有如此的最优化特性呢? 当年莱布尼茨是把它作为上帝存在的一个证明来看待的. 不接受这一解释的人,除了把主观的上帝改为客观的规律外,也找不到更好的回答,因为无数事实证明,这条"最小作用量原理"是确实成立的,至多只需把"小"字改成某种意义上的"优"字. 由于这样一条根本原理在力学、物理学以至整个自然科学中起作用,边际效用学派和新古典主义的经济学家在他们的经济学中引进"最优化原理"也就不令人感到奇怪. 应该说,这一引进在一定条件下还是相当成功的. 有为物理学准备的现成的数学工具可用还不是主要的,在许多情况下可以实证,才是使它上百年不衰的根本原因. 为解决生产管理、资源最优利用等问题,在完全不同的意识形态的环境下研究的

---

① Pierre Louis Moreau de Maupertuis(1698—1759),法国数学家.
② William Rowan Hamilton(1805—1865),英国数学家和物理学家.

康托罗维奇,最后竟得到与西方的新古典主义经济学家几乎完全一样的结论,也充分说明了这一点.

然而,到了20世纪的40年代末,套用"最优化原理"和现成的数学工具这一状况开始被有力地打破.其实古诺当年就没有认为经济学等同于最优化.在他的著作中,就已讨论过"双头垄断"(Oligopoly)问题.所谓双头垄断是指某一个行业完全被两个大厂商所垄断.于是对这两个大厂商来说,有了你的最优,就不能再有我的最优.当今世界上,美国的可口可乐与百事可乐的对抗可以看作这种双头垄断的典型例子.在这种情况下,两个大厂商如何动作、如何形成稳定状态,那是传统数学从未研究过的,而古诺则做了初步考虑.瓦尔拉斯以至其100年前的前辈亚当·斯密也没有认为经济学就是最优化.他们认为每个经济活动者虽然都要追求自身的最优化,但他们的活动都受到其他人活动和全社会的约束.亚当·斯密认为这些人会在社会上受到一个"看不见的手"的引导,最终会导致全社会的最优;而瓦尔拉斯则认为会存在一个一般经济均衡价格体系,来使每一个经济活动者只需考虑在这一价格体系下的最优活动.很明显,这类问题都不是像力学和物理学那样可归结为"最小作用量"问题,从而,实际上当时的由研究最小作用量原理类型问题而逐步形成的(高等)数学,是很难击中它的要害的.

首先认识到这一问题的是冯·诺伊曼.当他在1928年写出对策论的奠基论文时,他就已清楚地认识到,他所创立的这门新学科将成为经济学的主要数学工具,因为对经济学来说,更重要的并非是各自的最优,而是相互间的对策.这促使他与摩尔根斯顿长期合作,在1944年写出了那本划时代的《对策论与经济行为》.这本书不但使对策论从此树立了其历史地位,并使古诺、瓦尔拉斯等人曾孕育过的观念明确化;同时还为经济学准备了一系列新的数学工具,例如凸集理论、不动点理论等.没有这些准备,阿罗与德布罗的一般经济均衡的存在性证明是不可能出现的.由于求最优的问题被代替为求平衡状态的问题,在经济学中形成了一系列与微分学很不相同的数学方法.在数学上目前常把它归入非线性分析范畴.

另一方面,第二次世界大战以后,又由于应用的需要和实际计算

(出现了电子计算机)的可能,线性规划、投入产出、计量经济模型等方法也在经济学领域中蓬蓬勃勃地发展起来.与非线性分析可相对比的是这里涉及的数学基本上是线性的.但即使像线性规划那样的仍是最优化问题,在数学上却并不属于经典的微分学范畴.具体地说,它不可能用微分学中的通过求导数的零点的方法来求解.于是大量的涉及向量、矩阵运算及其几何形态(超平面、线性流形等)的线性代数进入了经济学,并在经济学的推动下,也使线性代数展现了新姿.

进入20世纪的60年代后,数学就开始向经济学全面渗透,而经济学也迫使数学不断改变面貌.这是因为德布罗把数学公理化方法引进经济学后,为数学在经济学中开辟了无限的驰骋天地,而反过来经济学也可尽量根据自身的需要向数学定制武器,而不必非得再向物理学家去借用.阿罗和德布罗的经典证明是这方面的一个开创性的典范.数学的应用已不再像静力学中那样去求势能最小的状态,也不像动力学中那样去求作用量最小的轨迹,于是也就不再像过去那样把一切归结为去求解某个微分方程.而是一上来就是一个称为商品空间的线性空间框架.在这个空间中活动的经济活动者,则都由该空间的集合及其上的函数或关系来刻画;如生产者由生产集来刻画,消费者由消费集和其上的偏好关系或效用函数来刻画等.接着在这里出现了一个物理学家从未想到过要采用的观念:集值映射.尽管对每一个经济活动者个体来说,依然有似乎是上帝给予的"最优化"意图,但它已不再像物理中那样由上帝独一无二地确定(决定论,唯一性),或由上帝掷骰子来确定(非决定论,随机性),而是让上帝扮演了商贩的角色,拿了大把都属最优级的商品,由经济活动者自行挑选.这就是说,一对一的单值映射概念被发展成一对多的集值映射概念.这一概念虽然在数学中早已出现,但在此之前从未在应用领域中被重视过.最后,在种种明确的数学条件下,在这些经济活动者的完全竞争下,可使所有这些复杂的关系都得到协调,而存在(也可能不止一个)一般经济均衡价格体系.

这样来应用数学的确是别开生面的.既然这个框架可由人们来精心设计,而不是像物理学中那样几乎完全是由上帝强加于人们的,各种数学工具都可在形形色色的经济模型中趁势而入.为刻画有大量经济活动者参与、而每个个体的作用是不足道的经济,有人用了"无原子的测度空间",即在这个空间中的一个点的测度总是零;有人则用了"非标准无限大",自然数 1 与这个无限大相比当然就是无限小. 为刻画带不确定性的经济,由于每一步骤都有多种可能,以一个出发点作为根部,会演变出一个反映所有可能的树形图,于是图论的知识就必不可少;而在有无限不确定性时,商品的种类就可看作有无限多种,从而对应的商品空间也变成是无限维的,于是泛函分析就成了当然的工具. 为刻画政策对经济的作用,一个最优控制的模型当然极为自然;而为刻画多层次的经济体中的信息流通,信息论的必要性更突出. 当德布罗在加利福尼亚大学伯克利分校的同事、一位得过菲尔兹奖[①]的数学家斯梅尔[②],在德布罗的鼓动下,也投入了这场铸造经济学的数学武器库的运动时,数学向经济学的渗透被推向高潮. 这位以研究动力系统著称的拓扑学家或许出于对微分方程的迷恋,首先致力于把阿罗和德布罗的研究"动力系统化",而回到微分方程的形式上来. 接着又与德布罗等一起把经济学"光滑化",提出所谓"正则经济学"的研究. 在这种经济学中,所涉及的函数、映射等都是正则的,从而经典的数学分析工具都能随意使用. 而对于这位拓扑学家来说,自然就驾轻就熟地用起微分拓扑和代数拓扑来,使得经济学中的数学深度一下子就发展得能与物理学一比高低. 至此,人们几乎可以说,经济学中已经没有用不到的数学分支,并且由于经济学的需要和推动,人们还正在专门发展一系列新的数学理论;例如,集值映射的微积分学、不动点的算法理论、微分包含理论、非光滑分析等. 这就是今天的经济学研究中的数学的现状.

　　许多人都会问,经济学(不管它是哪一部分经济学)既然已经像物理学一样数学化,它是否也能像物理学预言日食或新的基本粒子那样做出危机或高潮的经济预测?像工程师利用物理学原理设计出原子弹或宇宙飞船那样设计出能爆炸或起飞的经济?很遗憾,直到现在为止,还没有一个数理经济学家或计量经济学家敢自夸,他能把经济的

[①] 菲尔兹奖是以加拿大数学家菲尔兹(John Charles Fields,1863—1932)命名的国际数学界的最高奖. 从 1936 年起,每隔 4 年评奖一次. 得奖者必须在 40 岁以下.
[②] Stephen Smale(1930 年生),美国数学家. 1966 年菲尔兹奖获奖者.

预测或设计问题回答得非常完美,甚至都不能说他们的见解一定远超过其他人. 在看得见的将来,似乎也无此可能. 就他们的影响而言,在这方面有时他们还比不上博古通今的史学家、海阔天空的幻想家、阅历丰富的记者、花言巧语的政客,甚至蛊惑人心的江湖骗子. 各种经济数学模型所做出的预测和设计有时反而还会像气象预报的失误那样受到讥讽嘲笑. 这是因为对于经济活动来说,在一定情况下,社会政治因素、民族历史因素、意识形态因素等会比经济本身的因素起更大的作用. 即使撇开这些因素不说,它也是与物理运动本质上完全不同的运动. 正如我们前面已经提到,至今并未发现有一条像物理学中的最小作用量原理那样的准则来完全把握经济学. 在经济学中代替这条"最优化原理"的是什么?是亚当·斯密的"看不见的手"?是瓦尔拉斯的"一般经济均衡"?是凯恩斯主义的"国家干预"?是斯大林体制的"计划经济"?历史已经证明,这些已有的理论全有很大的理想性与局限性. 那么,是达尔文[1]的"适者生存"?是普利戈津[2]的"从无序到有序"?是托姆[3]的"突变"?是哈肯[4]的"协同"?这些自然科学理论似乎都对经济学抛来诱人的格言,也确实使不少人试图拿这些理论来向经济学出异军. 但看来谁也无法主宰经济学. 经济学对于它们来说是高大得太多了. 或许经济学中根本就没有这样的终极规律;或许经济学这头巨象对人类来说过分庞大,每个人似乎永远只能触及它的一小块表皮,使得人们通常对物理学的期望在它那里将永远是个可望而不可即的奢望. 既然如此,在经济学中要弄如此深奥的数学把戏又是为什么呢?

对于这个问题做空洞的回答是没有说服力的. 在以后的几章中,我们将用经济学中的具体问题来描述数学的作用. 我们将看到对于有些经济学问题,尤其是一些局部性的问题,没有数学将永远说不清楚. 而数学给予的答案有时会比它通常给物理学的答案还要漂亮,但是对于有些很一般的经济学问题,目前的数学能起的作用还是很有限的.

---

[1] Charles Darwin(1809—1882),英国生物学家,生物进化论的创始人.
[2] Ilya Prigogine(1917—2003),比利时俄裔物理学家,耗散系统理论创始人,1977 年诺贝尔化学奖得奖者.
[3] René Thom(1923—2002),法国数学家,突变理论的创始人,1958 年菲尔兹奖得奖者.
[4] Hermann Haken(1927 年生),德国物理学家,协同理论的创始人.

虽然人们也已构造了一些精致的数学模型,但它们多少有点像虚无缥缈的神话故事.爱者信其有,贬者斥其无.即使如此,人们看来也很难否认,数学给出的简化了的机理分析是发人深省的启迪.

至于对前述问题的一般性的回答,自然也已有许多学者做过.我们在这里更乐意援引数学家斯梅尔的下列回答来作为本章的结束:

> 我首先想对经济学中的数学主题和一般的经济理论说几句话.理论的作用事实上不大需要辩护.理论可以对任何主题给出更深的理解,看到精细的关系,揭露不一致的观念,显示新的视野.
>
> 一种经常会对经济理论做出的指责,是说它没有预料到国家的经济危机,或者没有正确地预见失业或通货膨胀.为了回答,我们必须警惕把社会科学与物理学相提并论.然而,与生理学科的某些比较似乎可用来与上述的指责挂钩.在这类学科中,理论本身远没有达到完美的地步,其局限性看来与经济理论很相似.例如一个特定的个人的个体是按照生理学原理运行的,但是没有一个生理科学家企图预言一次心脏病发作.生理理论仅仅是在非常理想的条件下,来阐述人体运行的各个方面.生理学的各种理论有时在培养医生时起某种作用,使得医生们对病人的心脏病发作、预防和医治常常能说出些道理来.
>
> 世界的经济、甚至一个国家的经济是像人体一样的非常复杂的现象,其中包含许许多多因素,既有经济的,也有政治的,就像一个生理科学的理论家不能预言一个个人的未来健康那样,没有更多的理由来期望经济理论家预言一个国家的经济前景.
>
> 关于数学在经济学中的需要问题已被提出.事实上,数学在经济学中的成功几乎并没有像物理学中那样激动人心.但货币与价格的概念早把数学引进了经济学;伴随着供给与需求相等的均衡方程,数学变得更为深刻.当人们考虑对于

多个相互依赖的市场的供给等于需求的方程时,所引起的数学问题已经是相当意味深长的了.①

---

① 斯梅尔,《时间的数学,关于动力系统、经济过程和有关论述的随笔》(*The Mathematics of Time*, *Essays on Dynamical Systems*, *Economic Processes and Related Topics*),Springer-Verlag,1980 年,第 106 页.

三 生产的最优化·产出与成本的对偶性

从本章开始,我们将讨论数学在经济学的一些具体问题中的应用.从中可以看出数学在这些经济学问题中能起什么作用,以及经济学又对数学提出什么样的要求.正如我们在上一章末已经提到的,对于不同的经济学问题,数学的作用是不一样的;人们的看法也是不一样的.对于有些问题,可能不会引起多大的意见分歧;但对于另一些问题则可能引起很大的争论.在这一章中,我们将讨论一个可能是分歧最小的问题,即生产最优化问题.

生产最优化在西方经济学中属于微观经济学的问题.微观经济学和宏观经济学这两个名词是弗瑞希最早提出的.顾名思义,微观经济学研究企业和个体的经济行为;宏观经济学研究国民经济整体的经济行为.但是这里的界线并不很严格.例如,对市场问题的微观和宏观的研究,虽然可有不同的侧重点,界线则是划不清的.宏观经济学这一名称是从 1936 年凯恩斯出版他的名著《就业、利息和货币通论》(有中译本)后开始流行的.凯恩斯的这本书也被认为是第一本系统的宏观经济学著作.而从亚当·斯密开始到凯恩斯以前,虽然不能说没有人研究宏观经济学,但西方经济学的主流确实都是研究微观经济学的.我国经济学界以前不大愿意接受由凯恩斯开始的微观经济学、宏观经济学的提法,近年来也逐渐习惯了.其实这里没有多大的原则问题.不过如果从这个角度来看马克思的著作,马克思似乎基本上是个宏观经济学家,他不大研究企业和消费者的经济行为.

虽然微观经济学中也有不少不同的观点,但是到现在为止,最成熟的微观经济学还是属于新古典主义的,即它是建立在"消费者追求最大效用,生产者追求最大利润"的"最优化原理"上的理论.尽管对它可提出不少异议,例如,多数公用事业企业,即使在资本主义社会中,也不追求最大利润.又如,西蒙提出,何必非得最优,"令人满意"不就行了吗?此话一点不错,但是要由此建立起一套能与目前的微观经济学旗鼓相当的理论来,那又谈何容易.其中原因之一在于数学.建立在"最优化原理"上的微观经济学可以借用现成的为物理学家所准备的数学工具,而建立在"令人满意原理"上的微观经济学在数学上要重起炉灶.西蒙虽然已做了不少工作,但是企图以此来完全取代目前的微观经济学,那还不知是何年何月的事.

与微观经济学相反的是,西方的宏观经济学一直处于学派林立的状态.对宏观经济学的一些基本问题,各学派众说纷纭、莫衷一是.学派间的吵吵嚷嚷、口诛笔伐从未平息过.争论的焦点常常是国家应对经济严格控制、横加干预,还是政策宽松、自由放任.一会儿是控制干预派得势,一会儿是宽松放任派上台;一会儿说某学派已破产,一会儿说某学派又再生.各个派别还不断变化招数、玩弄花样,让人真是眼花缭乱、不知所措.有人说,亚当·斯密来听今天的微观经济学,他还能听得明白;但凯恩斯来听今日的宏观经济学,他肯定听不懂.宏观经济学的这种变化无常当然首先是由于国民经济这头巨兽太难驾驭,并受国际大气候和国内小气候的影响太大.同时,在这里,规范经济学所起的作用也比在微观经济学中要大得多.有些争论实际上是一种道德规范的争论,例如,应追求平等、还是应追求效率,应让当代人多得益、还是应为子孙多造福等.但是从理论本身来找原因,我们也可看到,无论是哪一派的宏观经济学家,都没有一套像新古典主义的微观经济学那样的建立在"最优化原理"上的完整结构,从而在数学的应用上,也相当松散.宏观经济学家往往是非常随意地假设一些经济量之间有这样那样的线性关系或别的关系,于是理论的变更也就十分容易.由于机理性的模型都不够深刻,人们更多地求助于建立在统计数据基础上的计量经济模型①.

总之,出于数学发展的历史原因,今日数学主要还是在微观经济

---

① 参看第十章.

学中起较大的作用. 我们将看到以后各章大多只涉及微观经济学, 涉及宏观经济学问题的篇幅相当少.

现在我们回到这章的问题上来. 首先我们来看看一个生产最优化的问题是如何表达的. 其出发的原则用新古典主义的说法是: *生产者追求最大利润*. 如果希望讨论针对我国的问题, 这样的提法, 似乎叫人不大舒服. 因而需要换一个说法. 例如, 我们可采用孙冶方的提法: 以最小的耗费, 取得最大的效果. 这样一来, 似乎问题解决了. 其实是换汤不换药, 所导出的理论实质上是一样的[1]. 作者这里所说的"实质"是以数学工作者的眼光来看的. 对于一名习惯于现代数学公理化方法的数学工作者来说, 重要的是各个量之间的关系, 而不是这些量叫什么. 就如希尔伯特[2]所说的那样, 在他的几何公理体系中, 把点、线、面改称为桌子、椅子、啤酒杯, 并不会使理论有什么改变. 从这样的观点来看, 我们会发现经济学界的有些争论完全是无聊的名称之争. 例如, 曾经有过连企业的"利润"都不能提的时候, 而需代之以"经济效益"等实质上一样的名称.

上面所说的还仅仅是一个原则. 下面我们要由此进一步把它具体化, 考虑一个十分简单的生产问题. 在这个问题中只有三个因素和一个关系. 三个因素是投入量(例如劳力)、投入的价格(例如单位劳力的报酬)和产值; 一个关系是产值与投入量的关系, 即多少投入可有多少产值. 或者用数学的语言来说, 这里已知产值与投入量的函数关系. 我们要问, 在上述原则下, 应怎样组织生产? 对于这个问题来说,

$$\text{利润} = \text{产值} - \text{投入价格} \times \text{投入量} \tag{3.1}$$

这里产值是投入量的函数, 它通常称为"生产函数". 我们的任务是如何选择投入量, 使得这个利润最大.

如果产值与投入量是成正比的, 这个问题很好解决. 我们只要把这个比值, 即单位(投入量的)产值, 与投入价格比较一下即可. 单位产值如果不大于投入价格, 则生产是得不偿失的, 那就完全不必生产; 单

---

[1] 我们在这里绝不是说孙冶方的社会主义经济学等同于新古典主义经济学. 而是仅就一个企业的生产最优化问题而言, 说这两句话所导出的数量关系在实质上是一样的. 关于孙冶方的经济理论体系, 请看经济日报出版社 1987 年出版的《孙冶方经济理论研究丛书》.

[2] David Hilbert(1862—1943), 德国数学家.

位产值如果大于投入价格,那就尽可能多生产,因为这时利润是直线上升的.但在通常情况下,产值与投入量的关系并非如此简单,经常会遇到的是:在投入量非常少的时候,生产可能是得不偿失的;在投入量达到一定水平时,利润是直线上升的;而当投入量过大的时候,会出现利润的增加又下降了.因此,这个问题的答案也就不那么容易说清楚了.到了这个关口,我们可以发现,日常的语言已不足以来表达这个问题.仅利用式(3.1)这样的简单数学公式也远不够,而必须引入比较像样的数学语言.下面我们来叙述一下这里所经历的数学化过程.虽然这个过程人们早已习惯,但正由于习惯了,也使人常常忘记它的局限性.

第一步,我们先用符号来代替投入量、投入价格和产值.例如,设投入量为 x,投入价格为 p,产值为 y,利润为 r.而产值 y 与投入量 x 的关系为 $y=f(x)$,这里 $f(x)$ 表示 x 的函数,即所谓生产函数.于是式(3.1)可写成:

$$r=r(x)=f(x)-p\cdot x \tag{3.2}$$

第二步,我们需对各个变量确定一个变化范围.为了便于应用数学,我们需假定这些变量都取实数值.虽然经济学上所遇到的变量,实际上只取整数值或有理数值,但是当它们的变化值与它们本身的数值相比很小时,我们可以认为它们的变化是连续的,从而假定它们取实数值并不会使最后结果有很大误差.这点与数学在物理学中应用时相比并无本质不同.物理量取实数值并非是天经地义的,因为我们今天已经知道,物质是由分子、原子和更小的基本粒子所组成的.许多物理量实际上也只能取整数值,同样因为上述原因,我们认为它们可取实数值.不过应该注意的是,有不少经济学问题中的变量是很难被认为其变化是连续的.这时在应用处理连续变化的数学时自然要特别小心.

第三步,我们需对生产函数 $y=f(x)$ 做一定的假定.通常都假定函数是光滑的,即它可以对自变量求导数.这个假定的合理性似乎更少.举一个例子来说,在运用数学讨论经济增长问题时,常假定国民生产总值是时间的光滑函数.但实际上国民生产总值只是年份的函数,它的变化是离散的.因此,更合理的假定应是把它看作一个数列,而不是连续函数.然而,如果把它当数列来处理,一方面数学上的困难大为增加,因为微积分的工具就不能再应用;另一方面,我们还可发现,有时费尽力气把它当数列来处理所得的结果,往往与把它当光滑函数轻易而得的结果,在说明趋向性时并无本质上的区别[1].因此,暂且把它当光滑函数来考虑也未尝不可.当然,不管怎么说,这个假定更多的是由于数学的局限性所造成的.我们必须时时注意它可能引起的误差.

有了这些假定后,我们就可用微分学来处理上述问题.现在的问题变为求利润 r 关于投入量 x 的函数 $r(x)$ 对 x 求最大值的问题.我们还要假设投入量 x 是正的,否则会出现无意义的情况.这样一来,我们的问题可写成下列形式[2]:

$$\begin{cases} \max f(x) - p \cdot x \\ \text{s.t.} \quad x > 0 \end{cases} \tag{3.3}$$

众所周知,问题(3.3)有解 $x = \bar{x}$ 的必要条件为 $\bar{x}$ 满足下列方程:

$$r'(\bar{x}) = f'(\bar{x}) - p = 0$$

即
$$f'(\bar{x}) = p \tag{3.4}$$

这里"′"表示函数的导数.方程(3.4)并不一定有解.即使有解,这个解也不一定就是问题(3.3)的解.例如,如果对于任何 $x > 0$,总有

$$r'(x) = f'(x) - p > 0 \tag{3.5}$$

那么这说明 $r(x)$ 是 x 的递增函数,从而只要不断增加投入总能增加利润.因此任何一个固定的 x 都不能使 $r(x)$ 达到最大.如果式(3.5)中的不等号反向,那么 $r(x)$ 是 x 的递减函数,即增加投入反使利润减少.因此最好不生产,即取 $x = 0$.但 $x = 0$ 并不属于我们的取值范围.如果存在一些 x 能使 $r'(x)$ 异号,那么在两个异号点之间,方程(3.4)一定有解(这在数学上叫作"连续函数的介值性定理"),且这些解中一定有问题(3.3)的解.如此等等,一切都归结为函数 $r(x)$ 或 $f(x)$ 的性态讨论.而这在数学上都是熟知的事.

我们把所得到的结果再用经济学的术语来表达.首先我们得给 $f(x)$ 关于 x 的导数 $f'(x)$ 取一个经济学名称.因为 $y = f(x)$ 是产值,沿用边际分析学派的习惯,凡是数学上的"导数"在经济学上一律改名

---

[1] 参看第十一章.
[2] 下式中的 s.t. 是 such that 或 subject to 的缩写,表示"在以下条件下".

为"边际". 于是 $f'(x)$ 就被冠之以"边际产值"的名称. 而对于上面得出的结论,则可概括为

(A)生产者(对于上述简单问题)为得到最大利润,应使他的边际产值与投入价格相等.

从上面这个简单例子的讨论中,我们可以看出数学与经济学是如何发生关系的. 首先,数学在这里企图为经济学回答的是一个具体的局部性的问题. 在这个具体问题中应该说并不涉及任何经济理论和道德规范问题. 虽然这里出现了价格、利润等术语,但丝毫不涉及对这些概念的本质探讨. 实际上如果把它们换为费用、收益等,问题同样可讨论,而且实质丝毫未变. 其次,在应用数学时,有许多必要的前提. 我们必须时时注意这些前提的局限性,即在对所得的结果做经济学解释时,要注意它们并不是无条件的"一般规律",而仅仅是在承认那些前提有效时的逻辑结论. 再次,一旦转化为数学问题后,我们就有许多数学的已知结果可以运用,就如我们前面做过的那样,每一个数学结果的运用都可以有一定的经济学解释,甚至我们还可以直接用这些解释来阐明我们用数学得到的最后结果. 事实上,当年边际效用学派的有些人以及目前有些想避免运用数学的微观经济学教科书中也是这样做的. 但是我们可以看到,用这些日常语言来论证,远不及数学语言来得有效. 对数学较熟悉的读者一定会感到我们前面的有些经济学解释甚为啰唆,并且还会指出我们的解释不完整、不严格等. 但对于不熟悉数学的读者来说,要理解那些解释可能还会感到不太容易,并且很难发现这些解释在逻辑上并不完整. 数学在这里的作用是十分明显的. 最后,我们得到了如上述(A)那样的结论. 对这一结论切忌做任意夸大的解释. 既不要像前面所说的那样把它说成是经济学的"一般规律",也不必以为这里揭露了经济学的什么"本质". 它的含义仅在于这是对一个希望利润达到最大的生产者来说的行为准则. 如果事实证明实际上是这样的,那也只是说许多生产者的确是这样做的,而并不是说每一个糊涂的生产者也一定自发地这样做.

如果我们把问题就局限于一个企业的生产最优化的问题,上述的讨论在一定条件下显然对企业的生产管理很有参考价值. 但任意夸大它的作用,那也会产生谬误. 例如,我们不能指望它来回答价值和价格

的形成和更一般的宏观经济问题.以萨缪尔森为代表的新古典综合派企图用总量生产函数和这类最优化方法来建立凯恩斯宏观经济学的微观基础就受到许多批评.有的马克思主义者认为这样的分析使价格与边际产值(报酬)等同起来,否定了劳动价值论.以罗宾逊夫人[①]为代表的新剑桥学派则认为作为生产函数的自变量的资本概念中有太多的异质的东西被混为一谈.另一位新剑桥学派的代表斯拉法[②]更是写出了他的名著《用商品生产商品》(1960,有中译本),完全摒弃了"用资本生产商品"的生产函数的概念.他们与新古典综合派的争论(常称"两个剑桥之争",因为萨缪尔森所在的麻省理工学院(MIT)的所在地也叫"剑桥"[③])以后我们不断要提到.但是这是人们勉强用生产函数和最优化方法去回答它们所回答不了的问题所造成的.而我们回顾一下得到上述结论(A)的过程,就会看到,如果人们把问题仅局限在一个具体的生产企业,问题何至于如此严重.一般来说,局限在微观经济学的范围,新古典主义的分析并无多大不妥之处.我们完全不必因为听说其头上可以扣上一些很可怕的帽子而不敢碰它.这或许也可算作"整体否定,局部肯定"吧.

上面这个简单例子只是为了说明问题.但是就从这个例子出发,如果我们再进一步发挥数学的威力,由此可以得到一系列非常一般的结论.数学的威力所在之一是它的抽象.拿最简单的例子 $1+1=2$ 来说,虽然这无非是人类创造的一些抽象的数学符号,但是它的内涵无比丰富,概括了人们对所有事物的计数规则.今日数学,即使是那些在教科书中写烂了的内容,也比 $1+1=2$ 不知要深奥多少倍,其抽象概括能力当然就更为惊人.下面我们就利用数学的抽象把我们所得到的结论再进一步一般化.

一种简单的推广是把公式(3.1)中的"投入价格×投入量"抽象为一般的"成本".定义成本 c 为投入量 x 的函数 $c(x)$.那么在同样的假设和推理下,式(3.4)被代替为

$$f'(\bar{x}) = c'(\bar{x}) \tag{3.6}$$

[①] Joan Robinson(1903—1983),英国经济学家.
[②] Piero Sraffa(1898—1983),英籍意大利经济学家.
[③] Cambridge,美国剑桥通常译作"坎布里奇",以区别于英国剑桥.

而一般结论(A)则被代替为

(B)生产者(对于上述简单问题)为得到最大利润,应使他的边际产值与边际成本相等.

这是几乎在任何一本西方微观经济学的教科书中都要论述的结论.当然,名称可以有其他的叫法.例如,产值和成本也可改称为收益和费用等.

这个结论还可推广.一个在数学上毫不费力的推广是把前面的 x 理解为一个 n 维空间的向量

$$x=(x_1,x_2,\cdots,x_n) \tag{3.7}$$

这时式(3.6)中的"′"将被理解为函数的梯度,即

$$f'(\bar{x})=\left(\frac{\partial f}{\partial x_1}(\bar{x}),\frac{\partial f}{\partial x_2}(\bar{x}),\cdots,\frac{\partial f}{\partial x_n}(\bar{x})\right)$$

$$c'(\bar{x})=\left(\frac{\partial c}{\partial x_1}(\bar{x}),\frac{\partial c}{\partial x_2}(\bar{x}),\cdots,\frac{\partial c}{\partial x_n}(\bar{x})\right)$$

从而式(3.6)中的等式被理解为

$$\frac{\partial f}{\partial x_i}(\bar{x})=\frac{\partial c}{\partial x_i}(\bar{x}) \quad (i=1,2,\cdots,n) \tag{3.8}$$

这在经济学中意味着什么呢?这说明我们已经把一个只有一种投入的生产最优化问题推广为有多种投入的问题.$x=(x_1,x_2,\cdots,x_n)$ 表示 n 种投入(例如,劳力、厂房、设备、电力、燃料、原料等)的量分别为 x_1, $x_2,\cdots,x_n$.一般结论(B)到不必改变,但其中的"边际"应理解为数学上的梯度或偏导数.在这种情况下,连式(3.2)、式(3.3)也是有意义的.只是其中的投入价格 p 也应理解为是向量

$$p=(p_1,p_2,\cdots,p_n) \tag{3.9}$$

它的各个分量分别代表各种投入的价格.而 $p \cdot x$ 则应理解为两个向量的数量积,即

$$p \cdot x = \sum_{i=1}^{n} p_i x_i = p_1 x_1 + p_2 x_2 + \cdots + p_n x_n \tag{3.10}$$

它恰好是使用各种投入后的总成本.结论(A)也是成立的.只是应理解为:每种投入的价格应与它相对应的边际产值相等.

上述推广在数学上是不费吹灰之力的,但对于这个经济学问题讨论的推进则十分可观.我们很难想象不用数学能得到同样的结论,因为在那种多投入的情形,用日常语言几乎是无法来说明此中的推理过

如果再把上述数学表达式中的自变量重新解释,那么我们又得到另一些经济学结论. 例如, 我们现在认为自变量不再是投入量, 而是产出量. 那么我们后面得到的这些结论全都成立. 所不同的仅仅是所有的"边际"将都是对产出量而言的. 为了不引起混淆, 我们把自变量由 x 改为 y. 从而相应的结果将是 $f'(y) = c'(y)$. 在这种情况下, 如果产出的价格为 p_y, 则产值 $f(y)$ 应为

$$f(y) = p_y \cdot y$$

这里 y 与 p_y 是否要看作向量悉听尊便. 而由此我们又得到另一个重要结论:

(C) 生产者(对于上述简单问题)为得到最大利润, 应使他的边际成本与产出价格相等.

这个结论比前面的结论(A)更有用些. 它的意义在于对一个生产者来说, 在规定了或了解了其产品的市场价格后, 为得到最大利润, 应使其边际成本(再增产一个产品时所增加的成本)与市场价格相等. 通常, 在生产能力许可范围内, 产品的边际成本基本上为常数, 即因增产所增加的成本与增产的量是成正比的. 但当超过许可范围时, 边际成本就要大大增加. 对于边际成本太高的生产是不合算的. 而最合算的产量应是边际成本恰好为产品的市场价格的时候.

如果希望把这个结论真正用起来, 那么只需要把企业的边际成本曲线 $MC(y) = c'(y)$ 画出来(图 3.1). 这里坐标横轴代表产量 y, MC 就代表边际成本曲线. 如果产品的市场价格为 $\bar{p}$, 那么在图上作高度为 $\bar{p}$ 的直线, 它与曲线 MC 的交点 A, 就可用来确定使利润最大的"最优产量" $\bar{y}$. 这时卖出产品后的收获为 $\bar{p}\bar{y}$, 即图 3.1 中的矩形 $O\bar{y}A\bar{p}$ 的面积.

如果我们希望在这张图上也表示出成本和利润来, 只需在这张图上添上平均成本 $AC(y) = c(y)/y$ 的曲线 AC(图 3.2).

平均成本曲线 AC 与 $A\bar{y}$ 交于 B. 因为成本 $c(\bar{y}) = \bar{y}c(\bar{y})/\bar{y}$, 所以图中的 $O\bar{y}BC$ 的面积就是成本. 而矩形 $CBA\bar{p}$ 的面积就是企业的利润. 这样, 如果能把企业的 MC 曲线和 AC 曲线画出, 其成本和利润在图上都是一目了然的.

图 3.1　　　　　　　　图 3.2

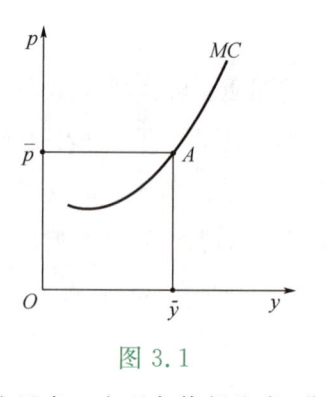

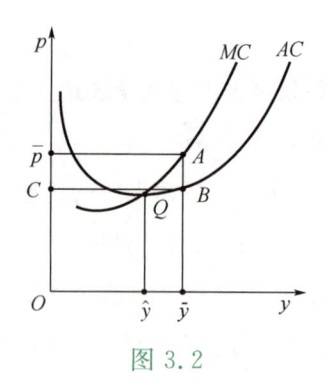

这里有一个现象值得注意：曲线 AC 和 MC 的交点 Q 恰好是 AC 的最低点。这并非是由于我们随意画了一张图而得到的巧合。事实上，用简单的计算就可证明这点，即平均成本最小时，边际成本与平均成本相等。这是因为 Q 点的横坐标 $\hat{y}$ 就是函数 $AC(y)$ 的最小值点，所以它满足

$$AC'(\hat{y}) = \left(\frac{c(y)}{y}\right)'_{y=\hat{y}} = 0 \tag{3.11}$$

但

$$\left(\frac{c(y)}{y}\right)' = \frac{yc'(y) - c(y)}{y^2} \tag{3.12}$$

由式(3.11)和式(3.12)立即可得

$$c'(\hat{y}) = \frac{c(\hat{y})}{\hat{y}} \tag{3.13}$$

式(3.13)恰好就是我们要证明的。

这段论证对于粗通微分学的读者当然毫无困难。但由于这个结论特别重要，在初等的微观经济学中都是必须要论述的。可是初等的微观经济学不能假定读者懂高等数学，于是那些教材编写者就得想出一套不用高等数学的论证方法。读读这样的论证真叫人大长见识。作者第一次读到这种论证时简直惊讶得目瞪口呆。当然，我们前面说到的那几个结论也有同样问题，但是不及对这个结论的论证那么精彩。谓予不信，请看以下这段摘录，它取自雷诺兹[①]的《微观经济学》[②]：

"MC 与 AC 在其**最低点**上交叉，这不是偶然的，我们能

---

① Lloyd G. Reynolds(1910—2005)，美籍加拿大经济学家。
② 马宾译，商务印书馆，1982 年，第 154-155 页。为与上面的名词统一，我们把原译中的"费用"改译为"成本"，SATC (短期平均总费用)改为 AC，实际上是一样的。

够指出,它必然是这样. AC 告诉我们的是,正在生产的所有产品单位的平均成本; MC 告诉我们的是,对总数多增加一个单位的成本,只要 MC 低于 AC,也就是说,只要增加的一个单位的成本比先前单位平均成本少,它总是使平均数下降,因而 AC 一定下降. 但是,当 MC 上升到 AC 之上,增加的一个单位的成本高了,开始使平均数上升,因而 AC 一定上升. 因此, MC 一定与 AC 在其最低点上交叉.

"如果这点令你迷惑不解,可以这样想一想:一支篮球队的队员,身高平均6英尺4英寸. 新增加的一个人为6英尺,队员平均身高现在将比过去低些. 但是,如果我们增加的人身高6英尺8英寸,平均数就上升了. 正是这个道理,可以帮助对平均成本和增加成本的理解."

不知读者读了这段论述有何感想. 反正作者深信,如果他自己事先没有学过高等数学,大概费尽九牛二虎之力后仍将是"迷惑不解"的. 而作者也同样深信,能写出这样的一段论证的雷诺兹教授绝对不可能是不懂高等数学的,也不可能是真的这样来论证的. 实际上,这位教授是在做着一件简直不可想象的把高等数学翻译成普通语言的工作. 他的辛勤劳动可真能使数学工作者感叹万分. 但是正如我们上面所看到的,这仅仅是只有3行的数学推导,如果是一个有5行、10行甚至几页的数学证明,那又该如何翻译呢?

人们常说数学是抽象的、困难的,数学的语言是极难理解的. 然而,这个例子却说明了,如果没有数学的抽象,人们关于数量关系的逻辑思维将变得更加困难,有时甚至变为不可能. 数学的语言对于从未学过这种语言的人是不可理解的,但是对于已经熟悉了的人来说,它往往能比普通的语言容易理解得多.

为了进一步说明前面这些讨论的意义,我们来举一个具体的生产函数的例子. 最有名的生产函数莫过于柯布-道格拉斯生产函数. 它是经济学家道格拉斯[①]和数学家柯布(Charles W. Cobb)合作的结果. 这一函数的形式如下:

---

① Paul Howard Douglas(1892—1976),美国经济学家.

$$Y = AK^\alpha L^{1-\alpha} \qquad (3.14)$$

其中,Y 是产值,K 是资本,L 是劳力,他们的论文是在 1928 年发表的.当时道格拉斯希望测定一下美国的经济增长中资本和劳力各起了多大的作用.为此他请教了数学家柯布.柯布建议他选用上述形式的函数.这个函数有以下一些特性:如果对式(3.14)的两端取对数,我们就得到

$$\ln Y = \ln A + \alpha \ln K + (1-\alpha)\ln L \qquad (3.15)$$

即 $\ln Y$ 是 $\ln K$ 和 $\ln L$ 的一次函数;如果 Y,K 和 L 都看作时间 t 的函数,我们对式(3.15)的两端关于 t 求导,又得

$$\frac{Y'}{Y} = \alpha \frac{K'}{K} + (1-\alpha)\frac{L'}{L} \qquad (3.16)$$

最后得到的式(3.16)又可作如下解释:

产值的增长率 Y'/Y 由资本的增长率 K'/K 和劳力的增长率 L'/L 所组成,其中 $100\alpha\%$ 是由资本的增长率 K'/K 所提供的,$100(1-\alpha)\%$ 是由劳力的增长率 L'/L 所提供的.

道格拉斯根据美国 1899—1922 年的统计资料用数理统计的方法估计出对于美国的国民生产总值来说,$\alpha \approx 0.25$.这就是说,可以认为,美国的这一时期的经济增长,1/4 是由资本的增长引起的,而 3/4 是由劳力的增长引起的.

不管人们对生产函数在经济理论上有多少不同的看法,作为一种简单的衡量生产发展的手段,柯布-道格拉斯生产函数显然是很有用的.虽然后来人们考证出在 20 世纪初威克塞尔[1]也已用过类似的函数,但这并不妨碍人们继续称它为柯布-道格拉斯生产函数,并且在经济学研究中风行至今.

为了适用于更一般的问题,后来人们提出更一般的生产函数形式如下:

$$Y = A x_1^{\alpha_1} x_2^{\alpha_2} \cdots x_n^{\alpha_n} \qquad (3.17)$$

它称为广义柯布-道格拉斯生产函数,或柯布-道格拉斯型生产函数.其中 $x_1, x_2, \cdots, x_n$ 为 n 个生产投入变量,$\alpha_1, \alpha_2, \cdots, \alpha_n$ 分别为它们对生产发展所做的贡献比例,$\alpha_1 + \alpha_2 + \cdots + \alpha_n$ 可以等于 1,也可以不等

---

[1] Knut Wicksell(1851—1926),瑞典经济学家.

于 1.

有人就用这样的广义柯布-道格拉斯生产函数测算了我国 1964—1982 年的技术进步对我国工业生产发展的贡献,其中变量个数 $n=3$,它们分别为资本、劳力和技术进步(技术投资),并且 $\alpha_1+\alpha_2+\alpha_3=1$. 得到的结果如下[①]:

x_i	技术进步	资本	劳力
$100\alpha_i$	20.01	21.38	58.61

这就是说,我国的工业发展主要是靠劳力的增加而发展的,技术进步和资本的增加都只各起 1/5 的作用. 这种状况与国外发达国家的差距可由下表中看出:

	技术进步	资本	劳力
日本(1953—1971)	55.16	23.84	21.00
美国(1948—1969)	47.75	19.75	32.50
西德(1950—1962)	55.66	22.49	21.85
法国(1950—1962)	73.62	16.81	9.57
英国(1950—1962)	53.36	21.43	25.21

现在我们来对柯布-道格拉斯生产函数运用前面所说的一些结论,看它由此能得出什么结论来.

由式(3.14),我们可以得到

$$\frac{\partial Y}{\partial K}=\alpha A\left(\frac{L}{K}\right)^{1-\alpha}=\alpha\frac{Y}{K} \tag{3.18}$$

$$\frac{\partial Y}{\partial L}=A(1-\alpha)\left(\frac{K}{L}\right)^{\alpha}=(1-\alpha)\frac{Y}{L} \tag{3.19}$$

按照前述结论(A),式(3.18)应该与资本的价格相等,式(3.19)应该与劳力的价格相等,劳力的价格比较好理解,它就是工资;资本的价格不太好理解,实际上它是与利润率、股息等相联系的量. 新古典综合派把这两个公式用到宏观经济学中去,从而得出 α 就是对整个国民经济而言的利润率 $\left(\approx\dfrac{\Delta Y}{Y}\bigg/\dfrac{\Delta K}{K}\right)$,$(1-\alpha)$ 就是对整个国民经济而言的工资率 $\left(\approx\dfrac{\Delta Y}{Y}\bigg/\dfrac{\Delta L}{L}\right)$,这看来是走得太远了. 但是如果把问题局限在一个

[①] 刘桂苏,《国民经济有序结构的优化设计》,经济科学出版社,1986 年,第 128—129 页.

企业中，这两个量就是很好的投入决策判据．当企业管理者面临从银行贷多少款[①]购置设备和雇用多少劳力的配置问题时，如果他要追求最大利润，就应该把银行的利率和雇员的工资与上述的对应的判据作比较．对于社会主义企业来说，类似的问题实际上也是存在的．

上面所述的数学的应用还仅仅是一些十分平凡的应用．如果我们再稍稍用一点"不太平凡"的数学，那么由此得出的经济学结论就将更为可观了．我们下面将以产出与成本的对偶性为例来说明这点．

对偶性是个多义的数学名词．这里主要取其极值问题成对出现之义．例如，"求周长一定、面积最大的四边形"与"求面积一定、周长最小的四边形"就是一对对偶的极值问题．它们的答案都是正方形．事实上，对于一对对偶极值问题来说，只要其中之一得到解决，另一个也迎刃而解．如果这对极值问题还带有可变的参数，对偶极值问题的值作为参数的函数又成了一对对偶函数．它们在一定条件下可互相确定．对偶性在数理经济学中有大量应用．我们在这里只能拾其一鳞半爪，远不能反映对偶性理论的面貌．

我们前面已提出了生产函数的概念：$y=f(x)$，它表示某产品在投入量为 x 时的产出量 y．在前面我们是以货币来作为产出量的衡量单位的，因而它就是产值．但我们也可以用它原来的计量单位或其他单位．现在我们再提出由此派生出来的以产出量 y 和投入价格 p 为自变量的成本函数 $c=c(y,p)$ 的概念．它是这样定义的：

$$c(y,p)=\min\{p\cdot x\mid f(x)\geqslant y\} \quad (3.20)$$

其含义为在指定的投入价格 p 下、至少得到产出量为 y 时的最小费用．与此同时，我们再提出间接生产函数的概念．间接生产函数定义为

$$g(c,p)=\max\{f(x)\mid p\cdot x\leqslant c\} \quad (3.21)$$

它的含义是在指定的投入价格 p 下，成本不大于 c 时可能有的最大产出量．间接生产函数 $g(c,p)$ 是成本 c 和 p 的函数．我们可以看出，成本函数与间接生产函数都是用极值问题来定义的．而这对极值问题有一种很明显的"对偶性"（它可以被粗糙地理解为有"对偶的对偶就是自己"的一种性质）；尤其是如果我们记 $h(x)=p\cdot x$，这种"对偶性"就

[①] 即使是自己的资金也应把它看作银行贷款，因为它在银行中也是会生息的．

更加清楚.

生产函数、成本函数和间接生产函数都是用来刻画一个企业的生产能力的.于是可以提出下列问题:它们能否互相确定?尤其是能否用成本函数来确定生产函数?

这个问题有明显的实际意义.在理论和实际应用上,生产函数的概念自然十分重要.但是生产函数的测定则不是那么容易,因为它必须对各种可能的投入情况来做试验.而成本函数虽然在理论上属于由生产函数所派生出来的,但它却可由会计的方法来确定.如果生产函数能用成本函数来确定,这就得到了一种新的确定生产函数的方法.用数学来严格讨论这个问题自然超出了本书的范围.下面我们准备用图解的方法来指出,在一定条件下这是可能的.

我们首先要说的是,如果只有一种投入,上述问题的讨论将是比较简单的.对此我们留给感兴趣的读者自己去考虑.我们下面提出的图解方法其实不受投入种类的多少或者说自变量的维数的大小所限制,但为了把图画出来,我们只能假设投入量 $\boldsymbol{x}=(x_1,x_2)$ 是二维的,即只有两种投入.这时与此相对应的价格 $\boldsymbol{p}=(p_1,p_2)$ 自然也是二维的.在这种情况下,生产函数 $y=f(\boldsymbol{x})=f(x_1,x_2)$ 的图像应该是三维立体的.但是我们也可以如同在地图上画高山那样,用等高线的办法来画它的图像.对应生产函数的等高线自然可以称为等产量线.另一方面,在固定的价格体系 $\boldsymbol{p}=(p_1,p_2)$ 下,满足 $\boldsymbol{p}\cdot\boldsymbol{x}=p_1x_1+p_2x_2=c$ 的 $\boldsymbol{x}=(x_1,x_2)$ 全体构成 (x_1,x_2) 所在平面上的一条直线,它自然可以称为是等成本线,在图 3.3 中,$PQ,P'Q'$ 是等产量线,而 $AB,A'B'$ 是等成本线.

我们假定等产量线有大致如图 3.3 中的 PQ、$P'Q'$ 那样的形状,并且右上角所指方向是产出增加的方向(例如 $P'Q'$ 所规定的产出量大于 PQ 所规定的产出量),而所有等产量线不向产出方向鼓出[1].不妨设 PQ 的方程为

$$f(x_1,x_2)=y \tag{3.22}$$

AB 的方程为

---

[1] 严格的数学表述应是:生产函数是拟凹函数.

图 3.3

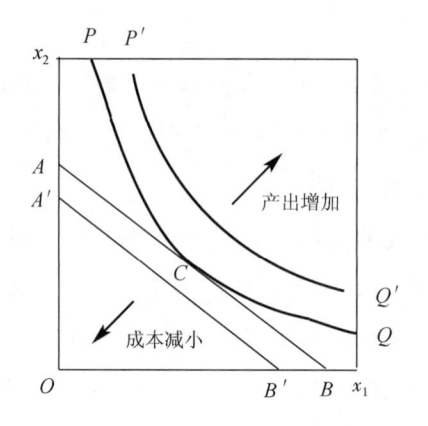

$$p_1 x_1 + p_2 x_2 = c \tag{3.23}$$

则当已知生产函数 $f(x)$ 时,为了求出成本函数 $c(y,p)$ 的值以及它所对应的极值问题的解 $(\bar{x}_1, \bar{x}_2)$ 在图 3.3 中将经历这样的过程:从成本为零的原点 O 出发,逐渐增加成本,一直到等成本线触及等产量线 PQ 为止. 这时的成本 c 就是所求的 $c(y,p)$ 的值;等成本线 AB 与等产量线 PQ 的切点 C 的坐标就是所求的 $(\bar{x}_1, \bar{x}_2)$. 而为了求出间接生产函数 $g(c,p)$ 的值则是一个相反的过程:从很远的高产量的等产量线出发,把等产量线往等成本线 AB 方向移动,一直到等产量线触及等成本线 AB 为止. 这时的产量 y 就是所求的 $g(c,p)$ 的值. 不难理解,由于所求的两个函数的值在同一个图上对应同样的状况,我们应该有以下的等式:

$$c(g(c,p),p) = c \tag{3.24}$$

$$g(c(y,p),p) = y \tag{3.25}$$

其含义是:在投入价格 p 不变的情况下,要生产以成本为 c 时可能生产的最大产出量 $g(c,p)$ 的最小成本一定是 c;要以可能生产 y 的最小成本 $c(y,p)$ 为成本来生产的最大产出一定是 y. 这两句像绕口令似的话或许有人会以为是想当然的. 其实它们并非无条件成立. 而要证明它们比证明"周长一定、面积最大的四边形"与"面积一定、周长最小的四边形"都是正方形要复杂得多.

那么如果已知成本函数 $c(y,p)$ 或间接生产函数 $g(c,p)$,能否求出生产函数 $f(x)$ 呢? 在上述条件下,回答是肯定的. 事实上,对于固定的 y 和 p,我们可求得 $c(y,p) = c$. 于是我们就可画出等成本线 AB

来,并且知道产量不小于 y 的点一定在这条线以上,而在这条线上一定有一点 C 位于等产量线 $PQ: f(x)=y$ 上. 由于对于不同的价格 p 我们都能进行这样的过程,而不同的价格对应有不同斜率的等成本线. 于是这些等成本线就围成了一个其上有 $f(x) \geqslant y$ 的 x 的区域①. 这一区域的边界,或者说这些等成本线的包络,就是等产量线 $PQ: f(x)=y$. 如图 3.4 所示. 这样,再通过变动 y,就可得到所有等产量线,从而就完全确定生产函数 $f(x)$. 如果已知间接生产函数,类似的过程同样可以进行.

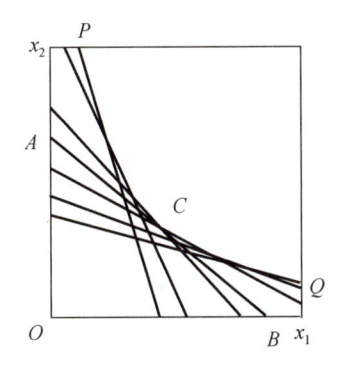

图 3.4

这一段产出与成本的对偶性的讨论或许能给人对数学在经济学中的应用有更深刻的印象. 尽管它对于不习惯数学思维的读者来说可能已经太晦涩难懂,但是问题的提出和解决还是非常明确和容易理解的,即它说明计算最大产出是可以通过计算最小成本的办法来进行的. 一说起计算,人们常以为经济学中所涉及的计算无非是通常会计要做的那些事,即用算盘或计算器就能解决的事. 这个例子说明远非如此.

我们对生产最优化问题的讨论到此就告一段落. 虽然在这一问题的讨论中,也会引起诸如是否符合劳动价值论之类的问题,但总的来说本章中所提到的内容谁都会感到是有用的. 不管是哪一种企业,不管这一企业是唯利是图的、还是一心为公的,都有生产最优化的问题. 而这类问题的抽象模式都会有类似我们所提到的那种形式. 所不同的

---

① 这种可以用直线(在高维时是"超平面")围成的集合称为凸集,生产函数 $f(x)$ 称为是拟凹的,是指对于任何 y,集合 $\{x \mid f(x) \geqslant y\}$ 是凸集.

只是对最优的目标有不同的具体理解.曾经有人认为这类问题算不上是经济学问题,但从 20 世纪 40 年代起,已很少有这样的看法. 1975 年,以研究这类问题起家的康托罗维奇和库普曼一起得了诺贝尔经济学奖,更是肯定了生产最优化问题在经济学中的地位.

四 消费的最优化·效用与偏好

这一章讨论消费最优化的问题.所谓消费最优化,是说消费者的经济行为是以追求其消费效用最大为准则的.由于其出发点仍是"最优化原理",因此,我们又能很方便地用现成的数学工具来导出消费理论.然而,与生产最优化问题有很大不同的是:消费最优化问题无论从哪一方面来看都会引起很大的争论.我们暂且不管这些争论,先承认有所谓效用函数的存在,并认为消费者确实追求这个效用函数的最大,我们将看看由此导出的消费理论是怎样的.至于那些引起争论的问题则放到后面去讨论.

假设商品量 x 对某消费者所产生的效用是 $u(x)$.这里效用的含义以及为什么它可用数值表示等都到以后再说.$u(x)$ 就是所谓效用函数,而 x 则与以前一样,一般来说它可以是一个代表 n 种商品的量的 n 维向量:$x=(x_1,x_2,\cdots,x_n)$.又假设该消费者的收入为 y,商品的价格为 $p=(p_1,p_2,\cdots,p_n)$.那么该消费者买得起商品量 x 应该满足下列不等式:

$$p \cdot x = \sum_{i=1}^{n} p_i x_i \leqslant y$$

而这时的消费最优化问题就是在所有买得起的商品中挑一个效用最大的;数学上就是下列问题:

$$\begin{cases} \max\ u(x) \\ \text{s. t.} \quad p \cdot x \leqslant y \end{cases} \tag{4.1}$$

而
$$v(y,p)=\max\{u(x)\,|\,p \cdot x \leqslant y\} \tag{4.2}$$
则称为间接效用函数.

细心的读者立即可以发现,这样的数学问题在上一章中已经出现过. 尤其是式(4.2)与式(3.21)除了符号外完全一样,只是生产函数 $f(x)$ 被效用函数 $u(x)$ 所代替,成本 c 被收入 y 所代替;当然,这里 x 的含义也不一样,式(3.21)中的 x 是投入商品量,而这里的 x 是消费商品量. 与此同时,我们还可引入上一章中的成本函数对应物:

$$e(u,p)=\min\{p\cdot x\mid u(x)\geqslant u\} \tag{4.3}$$

它称为消费者的**支出函数**,其含义是在价格为 p 时效用不低于 u 的最小支出.

既然现在的问题在数学上与上一章完全一样,当 $n=2$ 时,仍可利用上一章中用过的图来给出问题的解. 我们改动几个字,把上一章的图重画如图 4.1 所示. 不过现在这里的 PQ 的方程应是

$$u(x_1,x_2)=u \tag{4.4}$$

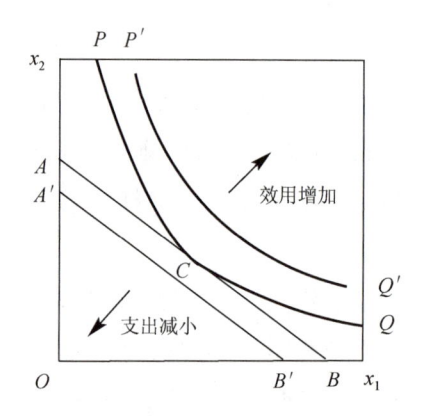

图 4.1

它自然可称为等效用线,但在习惯上它常被称为**无差别曲线**. 意思是说,在这条曲线上的点所代表的商品量对于消费者来说效用上是无差别的. 例如,假设这里的 x_1 是大米量,x_2 是面粉量. 对有些人来说,给他 2 千克大米和 3 千克面粉或给他 3 千克大米和 2 千克面粉他会感到无所谓. 这就可以说 $(2,3)$ 和 $(3,2)$ 这两个点在他的同一条无差别曲线上. 当然,PQ 等有这种形状,也必须对效用函数做出与对生产函数那样的假设. 尤其是,这里在经济学上的意义之一是认为不同的消费品可以达到同样的效用. 例如,对有些人来说,如果没有大米吃,吃面粉也能达到同样效用. 而 AB 的方程则为

$$p_1x_1+p_2x_2=y \tag{4.5}$$

它自然应称为等支出线.

为了求出间接效用函数和支出函数的值以及它们对应的极值问题的解,我们仍可采用上一章的图解法,即通过固定等支出线,移动无差别曲线(或相反),直至两条线触及为止,如此等等.如果无差别曲线是光滑的,这意味着等支出线与无差别曲线在 C 点相切.把这句话用解析式来表达,并设 C 点的坐标为 $\bar{x}=(\bar{x}_1,\bar{x}_2)$,由此可得

$$\frac{p_1}{p_2}=\frac{\frac{\partial u}{\partial x_1}(\bar{x}_1,\bar{x}_2)}{\frac{\partial u}{\partial x_2}(\bar{x}_1,\bar{x}_2)} \tag{4.6}$$

式(4.6)实际上对一般的 n 也成立.数学上可用拉格朗日乘子法则来导得.如果把式(4.6)用普通语言来说,我们就得到下述结论:

(A)为使消费效用达到最大,应使各消费品的边际效用之比与它们的价格之比相等.

这一结论(A)是边际效用学派的一个主要论点.他们认为这可以用来解释"物以稀为贵".瓦尔拉斯甚至就把边际效用称为"稀缺性",因为稀缺的商品是不容易增加的,于是边际效用作为"每增加一个商品后所增加的效用"自然就非常大,从而其价格就很高.但如果把它夸大为商品的价格完全由此决定(事实上,这并不是上述理论的逻辑推论),那当然是错误的.无论如何,对一件商品的价格和价值起第一位作用的是生产劳动,其次才是它的使用,或者说它的效用.然而,如果把这点仅仅局限于个体的消费行为准则,我们还很难对此有所非议.我们下面来看看,通过这样的办法可以对一些消费问题给出什么样的回答.

例 4.1 抽销售税好还是抽所得税好?

政府对居民的收入有两种抽税的方法.一种是根据居民的收入收所得税,另一种是根据居民在消费某些商品时所花的钱来收销售税.现在要问,这两种收税的方法哪一种更合理.根据消费最优化理论,分析如下.

不妨设只有两种商品,居民的效用函数、收入 y 和商品的价格 $p=(p_1,p_2)$ 等都如上所设,并假设在不收税的情况下,按照上述的图解法,消费者的最优消费点是图 4.2 中的 C 点.

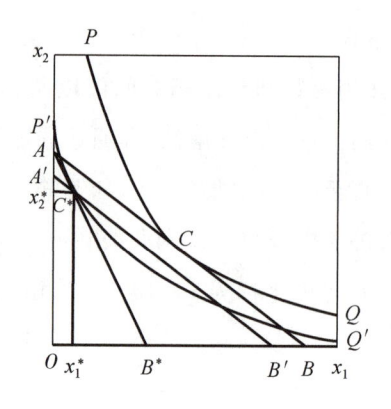

图 4.2

如果对第一种商品收销售税,且假定税率为 t,则这相当于第一种商品的价格由 p_1 变为 p_1+t,从而等支出线由 AB 变为 AB^*,而 AB 的方程(4.5)则变为 AB^* 的方程

$$(p_1+t)x_1+p_2x_2=y \tag{4.7}$$

这时消费者的最优消费点就由 C 变为 C^*. 比较这两点我们可以看到第一种商品的消费减小,而第二种商品作为第一种商品的替代品,消费量有所增加. 总效用当然是减小的. 其无差别曲线由 PQ 变为 $P'Q'$. 设 C^* 点的坐标为 (x_1^*,x_2^*),则政府所得的销售税额为 tx_1^*.

然而,如果不收销售税,而是向居民直接收所得税额 tx_1^*,则商品价格不变,即等支出线的斜率不变,但居民的收入则从 y 降为 $y-tx_1^*$,于是等支出线由 AB 变为 $A'B'$,后者的方程为

$$p_1x_1+p_2x_2=y-tx_1^* \tag{4.8}$$

我们可以看到,对于这条等支出线,最优消费点应该在 PQ 和 $P'Q'$ 之间. 这就是说对消费者来说,他得到的效用应比 C^* 点要高.

结论是:对消费者来说,宁可收所得税,而不要收销售税.

例 4.2 价格补贴怎样较好?

价格补贴是世界各国政府都要遇到的问题. 在我国,这一问题尤为突出. 它占了我国的财政支出的很大的比例. 所谓价格补贴是指政府为鼓励对某一商品的生产或减轻对居民的负担所采用的一种政策. 通常有两种办法:一种是政府把补贴款直接付给生产者;一种是政府把补贴款发给居民,而让商品涨价. 现在要问这两种补贴方法哪一种好?

我们仍然用以前画过的图来分析这个问题.假设第一种商品是要进行价格补贴的商品,其商品量为 x_1.第二种商品是其他商品,其商品量为 x_2.为简单起见,假设不再有其他商品.如果政府直接把补贴款付给生产者,这自然会鼓励生产者,而消费者则照常消费.设其最优消费的等支出线为图 4.3 中的 AB,无差别曲线为 PQ,最优消费点为 C.现在如果政府决定采取第二种政策,即让第一种商品涨价,而把补贴款发给居民,使得居民仍能达到原来的消费点 C.这在图 4.3 中意味着等支出线的斜率改变,但由于居民又得到了补贴款,能保持原来的消费水平,这条等支出线还应通过原来的 C 点(图 4.3 中的 $A'B'$),这样一来居民的最优消费点也将改变.在图 4.3 中可以看到这个新的最优点将上移.其结果是居民的效用增加,但第一种商品的消费量减少.这是因为第一种商品(例如猪肉)的价格上涨,人们就乐于用别的商品(例如蔬菜、别的肉类)来取代它,以达到同样的甚至更高的效用(例如可理解为营养).

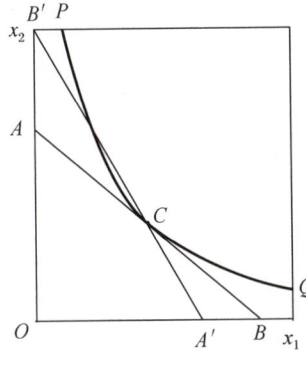

图 4.3

结论是:让商品涨价,而把价格补贴发给居民,能使居民的消费效用增加,但会使居民减少对该商品的消费量.因此,这是一项对居民有利而对生产者不利的政策.

从上面两个例子中我们可以看出由消费最优化导出的消费理论如何用来讨论实际问题.这种讨论的办法是很有效的,因为各种因素的变化都可以在图上表示出来,即收入变化则平移等支出线,而价格变化则改变等支出线的斜率.虽然这在理论上只适用于两种商品情形,实际上对一般情形同样也能提供不少信息.何况我们还能直接用数学进行严格推导.我们下面以涨价引起商品需求量改变为例来说明这一点.

我们在例 4.1 中已提到,当第一种商品涨价,则该商品的需求就会减小;而第二种商品作为第一种商品的替代品,需求量会有所增加.这样的结论自然在一般情形也成立.但是我们在图上还能琢磨出更进一步的结论来.如图 4.4 中,C 点是原来的消费点,而 C' 是第一种商涨价后的消费点,则向量 $\overrightarrow{CC'}$ 就是消费量的改变量. 这个改变量可以分解成两部分,即

$$\overrightarrow{CC'}=\overrightarrow{CD}+\overrightarrow{CD'} \tag{4.9}$$

其中 D 点是涨价后如果要求效用不变时的消费点;而 D' 点是如果价格不变,但把涨价看作一种收入减少时的消费点. 向量 $\overrightarrow{CD'}$ 称为替代效应,其含义为因涨价而引起替代所产生的消费量的改变;向量 $\overrightarrow{CD}$ 称为收入效应,其含义为因涨价而引起收入减少所产生的消费量的改变. 因此,式(4.9)得出的结论是:一种商品的涨价所产生的各商品需求量的改变是由替代效应和收入效应所合成的.

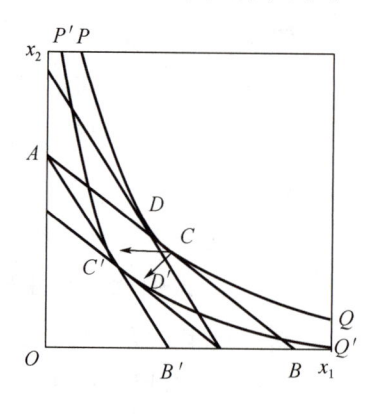

图 4.4

这个结论称为斯鲁茨基定理,它对于一般情形也成立. 其证明并不难,但需要用点多元微分学的技巧. 我们不妨简要叙述如下. 设 $x(y,p)$ 满足

$$u(x(y,p))=v(y,p) \tag{4.10}$$

它称为马歇尔需求函数,其含义是在价格为 p、收入为 y 时,按效用最大要求而得出的需求 $h(u,p)$ 满足

$$p \cdot h(u,p)=e(u,p) \tag{4.11}$$

它称为希克斯需求函数,其含义是在价格为 p、效用为 u 时,按支出最小要求而得出的需求. 类似于在上一章中导出式(3.24)、式(3.25)那样的推理,我们可以得出

$$u=v(e(u,p),p) \tag{4.12}$$

$$y=e(v(y,p),p) \tag{4.13}$$

并且还应该有

$$x(y,p) = h(v(y,p), p) \tag{4.14}$$

$$h(u,p) = x(e(u,p), p) \tag{4.15}$$

我们对式(4.15)的两端关于 p 求偏导数,则得

$$\frac{\partial h(u,p)}{\partial p} = \frac{\partial x(e(u,p),p)}{\partial p} + \frac{\partial x(e(u,p),p)}{\partial y} \frac{\partial e(u,p)}{\partial p} \tag{4.16}$$

但是由支出函数的定义可知,对于任何 p',总有

$$g(p') = p' \cdot h(u,p) - e(u,p') \geqslant 0$$

而当 $p' = p$ 时,$g(p) = 0$,即 $g(p')$ 在 $p' = p$ 处达到极小值. 从而得到

$$\frac{\partial g(p)}{\partial p'} = h(u,p) - \frac{\partial e(u,p)}{\partial p'} = 0$$

或改变符号得

$$h(u,p) = \frac{\partial e(u,p)}{\partial p} \tag{4.17}$$

这样由式(4.16)、式(4.17)可得

$$\frac{\partial x(e(u,p),p)}{\partial p} = \frac{\partial h(u,p)}{\partial p} - \frac{\partial x(e(u,p),p)}{\partial y} h(u,p)$$

再利用式(4.12)—式(4.14)作适当代换,最后得到

$$\frac{\partial x(y,p)}{\partial p} = \frac{\partial h(v(y,p),p)}{\partial p} - \frac{\partial x(y,p)}{\partial y} x(y,p) \tag{4.18}$$

如果 x, h, p 等是 n 维向量,式(4.18)的分量表示为

$$\frac{\partial x_j(y,p)}{\partial p_i} = \frac{\partial h_j(v(y,p),p)}{\partial p_i} - \frac{\partial x_j(y,p)}{\partial y} x_i(y,p)$$

$$(i,j = 1, 2, \cdots, n) \tag{4.19}$$

方程(4.18)或(4.19)即著名的斯鲁茨基方程,它是在 1915 年首先由斯鲁茨基导出,并发表在一个意大利杂志上,但长期来鲜为人知. 后来被艾伦[①]和希克斯发掘出来,并被写进了希克斯的名著《价值与资本》. 于是就成为新古典主义的消费理论的最重要的方程之一. 这个方程的含义就是我们前面所说的结论,其中式(4.19)的左端是第 j 种商品的需求量关于第 i 种价格的变化率,右端的第一项是替换效应引起的变化率,而第二项是收入效应引起的变化率.

---

① Roy George Douglas Allen(1906—1983),英国经济学家.

尽管上述推导不能算太复杂,但对于对数学兴趣不大的读者来说,或许已经对此感到难以忍受.人们对这段推导可能会留下这样两点印象:一个印象是看来在经济学中所用的数学的难度确实不比物理学中的差,一般的数学物理方程的推导也不过如此;另一个印象是所得到的结论与人们的直觉还较接近,看来数学在经济学中还真有点用!但是人们可能还会感到疑惑:为得到上述结论非需要那样的数学不可吗?由此得到的结论真那样有道理吗?下面我们就来讨论这两个问题.

对于前一个问题,我们可以反问,如果承认消费最优化的出发点是正确的,不用数学如何来把问题说清楚?难道我们能指望在这里用日常的语言来进行逻辑推理吗?只要尝试一下就可知道,这事实上是不可能的.连给出一个像雷诺兹的书中那样的"证明"都办不到.艾伦曾在他的著作《数理经济学》(1956,1959,有中译本)中谈到这样的问题.他说:

"为什么要用少数人懂的数学,而不用大家都明白的逻辑?这只是一个效率问题,就像一个承包商决定用大型推土机而不用镐和铁锹时的情况一样.用镐和铁锹常常是很简单的,因而总以为它们什么活都可以干.然而蒸汽推土机平均来说往往是比较经济的.数学是逻辑推理的蒸汽推土机,用它可能有利,也可能不利.问题在于,经济事实非常复杂,因而数学的蒸汽推土机可以被认为是研究经济事实的最有效的方式."[1]

斯鲁茨基方程可以看作一个必须用"推土机"而无法用"镐和铁锹"的典型例子.人们或许可以想到一种商品价格的改变会引起两种效应,但是离开了数学,是不可能搞清这两种效应的关系的.

也许有人要说,斯鲁茨基方程也没有完全说清楚其中的变化,因为在这个方程中包含着牵涉到不可捉摸的效用函数的希克斯需求函数.关于效用函数的问题我们将在下面再谈.至于它是否完全"说清楚",一方面,我们应该看到任何"清楚"总是相对的,并且还要看到至

---

[1] 艾伦,《数理经济学》,上册,吴易风、刘天芬译,商务印书馆,1988年,第9-10页.

今还不存在比它更清楚的分析；另一方面，看究竟是否说清楚，归根结底，是个用实践检验真理的问题．已经存在不少建立在斯鲁茨基方程基础上的实证研究，结果是令人可信的．就像物理的方程是用实验来证实的那样，这就比什么都有说服力．

其实这里并不是数学用得太多了，相反，应该说是现有的数学还不够用．事实上，我们在这里没有任何理由假定马歇尔需求函数和希克斯需求函数是单值的，更没有理由假定它们是可微的．这是因为它们都是参数极值问题的解．必须对效用函数施加很强的假定（例如严格拟凹），才能保证相应的极值问题有唯一解，从而保证这些函数的单值性．而再要进一步保证其可微性，那还要加效用函数二阶连续可微、某些矩阵非异等不能说是很自然的假定．如果对效用函数仅仅加上拟凹、单调等自然假定（它们反映商品总是多些比少些好，但太多了效用也不会直线增加等），一般的斯鲁茨基方程应该是怎样的，对现有的数学来说，还不是一件立即能回答的事．因为这时这些需求函数都变成取集合值的映射，而应该有的斯鲁茨基方程将是一个带集值映射导数的集合间的包含式．集值映射的微分学是近年来才兴起的研究领域，至今还不能说很成熟．因而我们所说的这种一般的斯鲁茨基方程也未见有人写出来过．实际上，集值映射的微分学研究也正是为了回答这一类经济学问题才越来越兴旺的．

现在我们来谈谈上面得出的一些结论是否真有道理的问题．我们仍把理论的出发点——效用函数问题暂时搁一下．这里先来讨论我们是否应该无条件地接受上面得出的那些结论．

例 4.1 的结论是说，收所得税比收销售税来得合理．仔细考察这一结论的来源，我们会发现这是对于一个笼统的问题的答案．如果把问题具体化，一牵涉到道德规范和价值判断，上述结论的合理性立即会受到质疑．事实上，这一结论的合理性很大程度上取决于所涉及的商品是什么以及政府要照顾哪一阶层的利益．如果所说的商品是人人都需要的生活必需品，那么应该说上述结论是可取的．但对人人都需要的生活必需品本来就不该收销售税．而如果所说的商品是仅为一部分人需要的商品，如烟、酒、首饰之类的高档奢侈品等，那么上述分析就不太有理，因为对那些不嗜烟酒的人、那些无力购买高档奢侈品的穷人来说,销售税本来收不到他们头上,但是所得税却不分青红皂白人人有份.然而,在上述分析中则把所有人的消费都同等看待.这样一来,例 4.1 的结论可能仅对介于两者之间的商品才较合理.

至于例 4.2 的结论对于我们来说更有直接的体会,因为近几年来我国有过好几次副食品价格补贴的改革,所采取的做法正是把价格补助发给居民.按照上述的分析,虽然这样做会减少对涨价加补助的商品的消费,但总的来说,对居民还是有利的.可是只要观察一下现实情况,就可以知道实际上也没有那么简单.首先是原来居民的消费可能有很大差距,但价格补贴却一视同仁.这样,爱吃肉的会感到猪肉补贴太少,而不吃肉的则白得了一笔补助.生产者也许可以根据这一分析或实际销售的减少(这确实是事实)来抱怨这一补助政策对他们不利,但政府又有政府的难处:把补助发给居民对政府来说是笔固定的支出,而按产量对生产者发补助却是个无底洞,结果常会发生生产部门越报喜、政府的财政部门越发愁的怪事.有一年,作者在法国曾见到一次因政府决定让面包涨价而引起的面包商大罢工.当时感到这简直不可思议.后来才知道也是价格补贴在里面起作用.

这一切都说明,上面导出的各个结论能起的作用确实是很有限的.因为经济学问题一具体化就不可能与道德规范、价值判断再分家.而一旦挂上了各种具体考虑,原来的问题往往就变形了.这是经济学与许多自然科学学科的根本区别.从数学的角度来说,还因为经济学问题本身也确实不完全是一个单方面的最优化问题.它往往涉及多方面的利益问题.仅从一方的最优导出的结果只能作为参考.尽管如此,这并不意味着上面所用的数学都是多余的,更不意味着这里的消费经济学是无用的.事实上,上述各个结论的参考作用同样是不可抹杀的.我们需要注意的仅仅是它们只说出了问题答案的一个方面,而不是全部.

最后,我们将集中力量来讨论消费最优化的理论出发点和效用函数的概念.这里有两个问题.首先,消费者是否真有这种有钱后非得花个痛快的倾向;其次,即使有这种倾向,又该如何来衡量消费的痛快程度.

第一个问题是涉及人类本性的大问题.在经济学思想史上,有这种主张的人还被称为是"功利主义者"(utilitarian). 这个词与"效用"(utility)出于同一个词,因而如果译为"效用主义者"也不能算错. 功利主义的祖师爷通常认为是边沁[1]. 事实上"效用"(或"功利")这个词也是他首先引入到学术著作中来的. 他认为人类的行为遵循所谓"最大欢乐原则"(Principle of Greatest Happiness),即尽可能使自己达到最大欢乐和最小痛苦. 边沁的这一思想影响了好几代经济学家:从他的学生穆勒父子[2]、李嘉图[3]、西尼尔[4],一直到边际效用学派、新古典主义学派. 论证或批判功利主义自然不是本书的任务. 作者自然不会赞同人类的消费行为应该是去追求最大的欢乐. 人类社会中事实上也有许多人,例如,守财奴、苦行僧、革命家、大公无私者等出于不同的人生观,都不遵循这一原则. 但是从经济学的角度来看,这并不是一个理论问题,而是一个现实问题. 也就是说,如果在社会上确是大多数人都已是有钱就要花个痛快,不管它在伦理道德上是应该被谴责还是被容忍、甚至被赞扬,我们都得承认这个现实,并以此作为出发点来研究消费;如果在社会上省吃俭用是普遍风气,或者社会上贫富悬殊、大部分人饥寒交迫,那么以消费最优化作为出发点的经济学自然多半是不适用的. 因此,在对待以消费最优化为出发点的消费经济学,这是首先要注意的问题. 说到底,这仍然是应该用实践来检验真理还是用信条来检验真理的问题. 边沁的功利主义以及由此派生出来的种种经济学思想,从其整个思想体系来说,当然是不能接受的. 但在一定条件下,消费最优化作为社会消费现象研究的出发点,很难说一定与现实相背离. 且不说在西方资本主义社会的高消费现象,近年来在我国,"能挣会花""超前消费"等思想的蔓延,难道还能说"有钱花个够"不反映我国某些地区的消费状况吗?

第二个问题虽然也是一个抽象的问题,但却与本书的主题密切相关. 我们将更具体地对它进行讨论. 这里首先涉及对效用这个词的理解. 从边沁直到杰文斯、瓦尔拉斯、门格尔,都把"效用"定义为完全主

---

[1] Jeremy Bentham(1748—1832),英国哲学家.
[2] James Mill(1773—1836),英国历史学家、哲学家和经济学家.
　　John Stuart Mill(1806—1873),前者之子,英国经济学家和哲学家.
[3] David Ricordo(1772—1823),英国经济学家.
[4] Nassau William Senior(1790—1864),英国经济学家.

观的东西，认为它并非是"有用"(usefulness)的同义词，而是人们占有商品时所产生的欢乐的程度，并且还能在数学上表达为各种商品数量的数值函数．这样的效用概念要人信服自然是十分困难的．人们会立即去请这些先生回答诸如买了一件新衣所得的欢乐程度应等于多少、吃了一顿美餐所得的欢乐比买一件新衣的欢乐大多少等问题．尽管这些先生在他们的著作中连篇累牍地为他们这样定义效用辩护，但当人们看到杰文斯拿了一个效用函数来求导数，并得到所谓"最后效用程度"（奥地利学派的"边际效用"），说它应该与商品的价格相等时，即使不拿劳动价值论去批判它，也会感到这实在太玄了．边际效用学派的传人们于是都竭力想使这个他们立为根本的效用概念合理化．庞巴维克把效用说成是"物品对福利的重要性"，魏赛尔把效用说成是"用来满足形成经济活动目标需要的物品的性质"，都在尽量与不可捉摸的"欢乐程度"划清界限．帕累托则找来了一个怪词"ophelimity"（效率），试图以它来代替"utility"，但未普遍流传．他们的这些努力都是企图使效用这个概念从心理学的考虑转化为一种合理行为学的考虑，使得感性的"花得痛快"变为理性的"花得痛快"．既然效用是一种人类的理性认识，于是就似乎变得容易被人们所接受了．20 世纪 20 年代以后，不少人就逐渐接受了这种解释．

但是对于效用是一个数值函数这点仍然是一个问题，虽然不断有效用函数的可测量性的研究，看来永远也不可能解决效用函数的测量．对此，埃奇沃思、费歇尔、帕累托等就又提出用偏好来代替效用的概念，即人们不应该问欢乐的程度有多大或占有甲的欢乐程度比占有乙的欢乐程度大多少，而只要知道占有甲比占有乙的欢乐程度谁大谁小或无差别就行了．事实上，如果我们仔细推敲上面的一些数学推理，就可以发现，真正起作用的仅仅是无差别曲线之间的顺序，而并不需要知道效用函数在这些无差别曲线上的具体值．这就是所谓用"序数效用论"来代替"基数效用论"．把序数效用论与合理行为论连在一起，整个学说就更像么回事了．不管怎么说，人们在进行消费时，总有一个打算，有了钱后，先买什么，后买什么．也就是说，他会对所有的商品（包括它们的数量）按他本人的需要排一个队，而在消费时再按他的经济状况买他最需要的商品．这样的消费行为应该说是多数人都是如此的.而这个排队就是所谓定义了一种偏好或一种序数效用.当然,这样一来就要摒弃许多原来在效用理论中用得很多的做法,例如说全社会的总效用等于全体成员的效用之和等.但那些是确实应该摒弃的.

至此,我们虽然不能说消费效用最优化理论已成了一种被广泛接受的理论,但是认为它在一定程度上刻画了人们消费的合理行为,应该说还是对的.然而,对效用概念的批判至今仍然很严厉.人们总是把效用与边际效用学派连在一起,而边际效用学派又是被放在劳动价值论的对立面,以至一提效用就似乎已处于一种反马克思主义的立场上.可是不提商品的效用所引起的后果同样很不佳.要么干脆不讲消费经济学,认为一切都是计划好的,或者信奉萨伊①定律:"供给自行产生需求",生产什么必定会消费什么,因而没有什么消费问题可研究.但它们都被现实所否定.要么试图寻找效用函数的代用品,例如从需求函数出发来讲消费经济学,避免回答需求从何而来的问题.但是这样的消费经济学非常局限,无法得出像斯鲁茨基方程那样的比较深刻的结果.至于其他的改头换面的说法,例如食品消费中考虑营养、服装消费中考虑评价指标等,与引进效用函数并无本质区别,而在抽象化上倒是一种退步.应该说,实际上至今还不存在一种本质上不引进效用的像样的消费经济学.

前些年,在苏联和我国都似乎在为效用这个词寻求合法地位.苏联的《共产党人》在一篇署名文章中说道:"我们的政治经济学最大的'罪孽'是:政治经济学拒绝效用这一概念,并否定衡量商品和劳务的效用的可能性本身,这使得政治经济学成为粗放的经营方法的实际同盟者."②在我国则以孙冶方为代表,以恩格斯提出的"价值是生产费用对效用的关系"为依据,同样来为效用这个概念平反③.尽管他们所说的效用严格来说与消费理论中的效用还不完全是一回事,但一提效用就是"反动"的时代应该是过去了.

现在回到我们的主题:究竟这些与数学有何关系?当然,在意识形态的争论中,数学能起的作用是很小的.但是在上面提到的基数效

---

① Jean-Baptiste Say(1767—1852),法国经济学家.
② 参看《经济学动态》1987年11期,第44-46页.
③ 参看孙冶方,《社会主义经济的若干理论问题(续集)》,人民出版社,1982年,第207页.

用论和序数效用论的讨论上,或者说效用与偏好的讨论上,我们将指出数学起了本质作用. 为此,我们先来解释一下什么是基数和序数.

基数(cardinal)和序数(ordinal)这两个词我们可以在英语语法书上遇到. 在讲到英语中的数词(numerals)时,总要说数词分两种. 一种是表示数目的基数词(cardinal numerals),如 1(one),2(two),3(three),…另一种是表示顺序的序数词(ordinal numerals),如第 1(first),第2(second),第 3(third),…但是这两个词从 19 世纪末起,也开始成了重要的数学名词,或者更确切地说,是重要的集合论名词. 下面我们可以看到,对于每一个集合,我们都可定义它的基数和序数.

一个集合的基数是指它的元素的"个数". 两个集合的元素间如果能建立一一对应关系,那么它们的元素"个数"当然被认为是一样的,即它们的基数相等. 在有限集情形,这里的"个数"的意义很明确,就是通常意义上的个数;但在无限集情形,这里的"个数"的意义就发人深省了. 例如,自然数集和它的真子集偶数集的元素"个数"一样多,因为它们之间可以建立一一对应(把 n 对应 $2n$). 由康托尔[①]奠基的集合论的一个重要结果就是:全体自然数的"个数"没有全体实数的"个数"来得多! 这样一来,各种无限大就可以比大小了.

但是这样得到的各种无限大跳跃太大. 例如,最小的无限基数就是自然数集的基数,通常记作 ω 或 $\aleph_0$ [读作"阿列夫(aleph)零"]. 而比它大一点的基数就成了 $\aleph_1$,通常认为 $\aleph_1$ 就是实数集的基数(这就是著名的连续统假设. 现在已经知道它在通常的集合论公理系统中是不可能被证明的). 这说明在 $\aleph_0$ 与 $\aleph_1$ 之间有一个无限大的空隙,而它们间又不存在任何别的基数. 这样一来,基数与我们通常理解的自然数的性质大不一样. 于是又出现了集合的序数的概念.

序数是对定义了良序的集合来定义的. 所谓良序是指对这个集合规定了一个排队关系,使得对这个集合的任何一个子集合都能说出谁排在最后. 例如,自然数按大小排队,就是一个良序集;但整数集或实数集按大小排队则不是良序集,因为对它的子集(如它自身),有可能说不出谁排在最后. 两个良序集之间如果存在保持排队关系的一一对

[①] Georg Cantor(1845—1918),德籍俄裔犹太数学家.

应,就称为它们有同样的序型.而所有的序型也可以排队,这一排队的编号就称为序数.由于(在假定选择公理成立的条件下)可以证明对任何集合都可规定良序排队关系,从而序数概念对任何集合都是有意义的.有了序数的概念使得我们可以找到比自然数集合的序数 ω 大 1 的序数 $\omega+1$,它就是在自然数集合上再加上一个比所有有限数都大的数的集合的序数.尽管后一集合仍与自然数集合可以建立一一对应,从而它们的基数是一样的,但它们的序数是不一样的,因为它们间不存在保持排队关系的一一对应,从而没有同样的序型.

这样一段关于集合的基数与序数的介绍可能不太好懂.对于非数学专业的读者来说不必抱怨.其实即使对于一般的数学系学生和数学工作者来说,这一涉及无限大本质的研究也常常是一个难关.我们之所以要提到它不但是因为要解释这两个名词,而且以后我们还会在说到"无限多个经济活动者"时,再次涉及类似的概念.值得注意的是,有关集合论的基数和序数的研究与有关基数效用论和序数效用论的研究几乎是同时出现的.帕累托是首先明确区分基数效用与序数效用的人.他本人虽然没有用这两个名词,但后人采用这两个名词看来也不仅是因为语法书上有此两词的缘故.我们尤其注意到,关于集合论的序数以及关于效用和偏好的公理化叙述都出于同一人之手.此人就是冯·诺伊曼.

现在我们正式来谈谈偏好的定义.所谓偏好就是一种排队关系.对一个消费者来说,他所有可能消费的商品量 x 全体构成一个(n 维商品空间中的)集合 X,这个集合 X 称为消费集.记在这个消费集 X 中的偏好关系为 $\succeq$.对于 X 中的两个消费量 x、y,$x \succeq y$ 就意味着 x 不比 y 差,或者说得啰唆一点,对于该消费者来说,在 x 与 y 之间,他并不更偏好于 y.这种偏好关系 $\succeq$ 应该满足下列三个条件:

(1) 自反性. $x \succeq x$ (自己不比自己差.)
(2) 传递性. 如果 $x \succeq y, y \succeq z$,则 $x \succeq z$. (x 不比 y 差,y 不比 z 差,则 x 也不比 z 差.)
(3) 完全性. $x \succeq y$ 与 $y \succeq x$ 两者至少有一个成立.(任何两种消费都是可以比较的.)

这三个条件是通常意义上的排队或比较大小都应该满足的.仅有

的一点不同是 $x\geq y$ 和 $y\geq x$ 有可能在 $x\neq y$ 时成立. 这时称 x 与 y 无差别. 如果把所有无差别的商品量归为一类, 那么各无差别类之间的偏好关系就与通常所说的排队完全一样了. 这里的无差别类在商品量是二维向量时, 就相当于前面说过的无差别曲线. 有了偏好关系后, 原则上也可建立由消费最优化出发的消费理论, 因为在目前状况下, 什么叫最优是明确的. 但这种最优不是用数量给出的, 而只是用顺序给出的. 这两种不同的处理方法, 就分别被称为基数效用论和序数效用论. 我们可以看到这里的基数和序数的意义是特定的, 与语法意义上和集合论意义上的基数和序数既有联系, 又不完全相同.

如果该消费者已经有了一个效用函数 $u(x)$(它自然应定义在消费集 X 上), 那么用 $u(x)$ 来定义如下的偏好关系 $\geq$:

$$u(x)\geq u(y)\Leftrightarrow x\geq y \tag{4.20}$$

显然满足上述三条. 但反过来, 是否有了一个偏好关系, 就一定也能找到一个效用函数, 使得它们间的关系也恰好如式(4.20)中那样呢? 我们可以看到, 如果这样的效用函数存在, 它一定不是唯一的, 因为有这样性质的效用函数再加上一个常数、乘上一个正常数, 以至更一般的复合上一个严格递增的函数, 都仍然有同样的性质. 因此, 它们之间至多只有一对多的关系, 而没有一对一的关系. 然而, 德布罗指出, 一般来说, 连这种一对多的关系也不一定存在. 他举了一个很简单的例子就是所谓字典排列顺序. 例如, 在二维平面上定义

$$(x_1,x_2)\geq (x'_1,x'_2)\Leftrightarrow x_1\geq x'_1 \text{ 或 } x_1=x'_1, x_2\geq x'_2 \tag{4.21}$$

就是一种字典排列顺序. 可以证明不存在任何效用函数 $u(x)$, 使得式(4.20)、式(4.21)都成立. 这或许会成为赞成序数效用论而不赞成基数效用论的人的一个口实. 他们会说, 序数效用论是有道理的, 谁买东西的时候不考虑个轻重缓急啊? 但基数效用论是没有道理的, 谁又能把需要的轻重缓急的程度用数量来衡量? 字典排列顺序也是人们在消费中可能考虑的顺序. 例如, x_1 是食品量, x_2 是衣服量, x_3 是住房量, x_4 是家具量, 在总消费水平很低的时候, 人们很可能对这些商品的消费顺序采用字典排列顺序, 即有了吃后才考虑穿, 有了吃穿后才考虑住, 等等.

这样看来, 我们似乎应该用序数效用论来否定基数效用论了. 然

而情况并没有那样坏.因为如果认为消费最优化这一出发点在一定条件下还是需接受的,那么光有满足上述三个条件的偏好关系是不够的.也就是说,不但要有排队,还得要求这种排队有一定的规律.否则按照最优化原则去找队首怎么找？一条合理的又便于数学处理的假定是认为偏好关系还满足下列:

(4) 连续性.对于任何 y,满足 $x \geq y$ 的 x 全体和满足 $z \geq y$ 的 z 全体都是闭集.

这一假定是说,如果有一系列 x 都不比 y 差,那么它们的极限也不比 y 差;如果 y 比一系列 z 都不差,那么 y 也不比它们的极限差.这看来是合理的,但显然是有条件的,因为我们很容易验证字典排列顺序不满足这条假定.不过字典排列顺序看来仅在消费水平较低的情况下人们才会采用,因而我们可以认为连续性假定是一条反映消费水平较高的假定.正当人们还在为基数效用论和序数效用论争论不休时,德布罗竟在 1954 年出人意料地证明了:对于任何有连续性的偏好关系 $\geq$,一定存在与其相应的连续的效用函数 $u(x)$,使得式(4.20)成立.这就是说,虽然偏好与效用总的来说并不是一回事,但是对于建立在消费最优化上的消费理论来说,它们却并无本质区别,因为要使消费最优化得以展开,偏好或效用的连续性都是不可少的假设.

德布罗的这项贡献也是使他获得诺贝尔奖的原因之一.他的证明当然完全是数学的.这就说明了我们前面提到的数学如何在基数效用论和序数效用论的讨论中起本质作用.但遗憾的是,德布罗在 1954 年发表的证明有个漏洞.这个漏洞过了十年才被他自己补正.其中涉及这样一个看来平常的数学问题:

设 S 是一个实数集合,求一个在 S 上的严格单调函数 g,使得 $g(S)$ 没有区间空隙.

粗看起来,似乎只要令 $g(x) = x - f(x)$,其中 $f(x)$ 是 S 中的不大于 x 的所有空隙长度之和;即这一函数的图像是在恒等函数的图像中把因变量中的区间空隙都去掉.德布罗在 1954 年时也没有怀疑这一点.其实这个问题并非如此简单.过了很多年才有人向德布罗指出这个想法是错误的，即可以构造出类似康托尔集①的集合来，使得由此得到的 g 没有严格单调性．德布罗在 1964 年重新给出了证明②．他用很细致的构造性方法证明了：对于任何实数集 S，存在 S 上的严格单调函数 g，使得 $g(S)$ 的空隙都是开集（而不是没有！）．人们大概很难想到，一个经济学问题会需要这样的在数学系的实变函数课程中才会遇到的数学技巧．

德布罗在他的文章中还指出，类似的结果早在 1941 年就已被一位数学家爱伦贝格③所证明，后来又有一位经济学家拉德尔 (John T. Rader) 在 1963 年也发表了同样主题的论文．今天在文献中就把这些结果连在一起称为德布罗-爱伦贝格-拉德尔定理．它的严格数学叙述为：

设 X 为有可数开集基或可分连通的拓扑空间．那么对于 X 上的任何连续偏好关系，都存在相应的连续效用函数．

我们不准备解释这里出现的拓扑学名词，这将离题太远．令人感兴趣的只是这一抽象数学定理竟会在经济学的讨论中起那样大的作用．从此，人们可以在相信序数效用论的同时放心地使用效用函数．

然而，这条定理并未最终结束基数效用论与序数效用论的区别．在经济学问题中需要考虑不确定性时，效用与偏好又有了明显的区别．对此我们将在第九章再来介绍它．

---

① 把闭区间 $[0,1]$ 中取出中间的 $\frac{1}{3}$ 开区间，即 $\left(\frac{1}{3},\frac{2}{3}\right)$；再在余下的两个闭区间中再取出中间的 $\frac{1}{3}$ 开区间；这样不断取下去，最后余下的集合称为康托尔集．这是一个不包含任何区间的集合，但它的基数却与实数集一样．如果中间取的不是 $\frac{1}{3}$，而是 $\frac{1}{4}$，那么最后得到的集合不但仍有上述性质，并且还可以有非零测度．这是因为所有取走的区间长度和为 $\frac{1}{4}+\frac{2}{4^2}+\cdots+\frac{2^{n-1}}{4^n}+\cdots=\frac{1}{2}$，所以余下的集合的"长度"也是 $\frac{1}{2}$．

② 参看《数理经济学：德布罗的 20 篇论文》(Mathematical Economics: Twenty Papers of Gerard Debreu)，剑桥大学出版社，1983 年，第 163-172 页．

③ Samuel Eilenberg (1913—1998)，美籍波兰数学家．

五 计划与市场·资源的最优配置

在前两章,我们已经用数学中现成的最优化工具讨论了生产最优化与消费最优化的理论. 在一定条件下,这样的讨论可以回答不少(实证)经济学问题. 但是我们也可看到,由于在经济学问题中,往往会涉及多方面的利害关系,仅考虑单方面的最优是很不够的. 更重要的是需要考虑各方面利益的协调. 如何用数学来讨论多方面利益的协调是经典数学中没有遇到过的问题. 对这样的问题的研究直接导致对策论和一般经济均衡理论的数学框架的诞生. 然而,经典的最优化数学对这个问题也并非完全无所作为. 在这一章中,我们仍从最优化数学出发,来讨论总体利益和个体利益如何协调. 我们将看到这一讨论是意味深长的,它会涉及计划与市场等种种关系. 在历史上曾因此引起过一场"社会主义是否可行"的大论战;而面对我国的改革现实,我们也可看到它能给我们带来不少有益的启示.

让我们先来考虑如下一个很常见的经济学问题:假设某经济计划部门有一笔资金 a,需要分配给它的 n 个所属企业单位. 试问应该如何分配,使得总的经济效益最高? 为使这个问题有意义,我们自然需要对每一个企业假设一个"经济效益函数" $R_i(x)$ ($i=1,2,\cdots,n$). $R_i(x)$ 的含义是:如果第 i 个企业获得资金 x,那么它将产生的"经济效益"为 $R_i(x)$,这里"经济效益"是什么则可以由该计划部门来定,例如,它可以是产值、利润或其他指标. 也就是说,这里涉及了价值判断,它"应该是什么"属于规范经济学问题. 但这并不影响我们以下的讨论,因为我们可以用一项抽象的 $R_i(x)$ 来代替所有具体的理解. 不过为明确起见,下面我们不妨把它理解为用货币计量的利

润. 这样一来，如果第 i 个企业分到的资金为 $x_i(i=1,2,\cdots,n)$，那么总的经济效益应该是

$$R_1(x_1)+R_2(x_2)+\cdots+R_n(x_n)$$

因此，为使分配资金 a 后所获得的总的经济效益最大，我们面临这样一个最优化问题：

$$\begin{cases} \max R_1(x_1)+R_2(x_2)+\cdots+R_n(x_n) \\ \text{s. t.} \quad x_1+x_2+\cdots+x_n \leqslant a \\ \quad x_i \geqslant 0 (i=1,2,\cdots,n) \end{cases} \quad (5.1)$$

如果我们能对这个问题求出其解来，那么该计划部门就能因此获得一个最优的分配方案.

但是在现实情况下真要去解这个问题时，立即会发现有两个困难. 一是信息的困难，即作为计划部门，如何来确切掌握它底下的每一企业的"经济效益函数"$R_i(x)$；另一是计算的困难，即，对计划部门来说，即使它已很好地掌握了每一个 $R_i(x)$，但是如果企业的个数 n 成千上万，要把上述规划问题算出结果来又谈何容易. 这样一来，理论上似乎能求出总体的最优分配方案，实际上却是难以办到的.

既然求出总体最优分配方案有一定的困难，我们能否采用别的决策办法呢？一种可能的办法是发挥企业的"自主权"，即，改上级计划部门的统一分配为由下级企业的自行申请，但需按一定的利率上缴利润. 这就是说，由计划部门定出一个适当的利率 $\bar{\lambda}$，如果第 i 个企业申请拨给的资金量为 x_i，那么它必须向计划部门上缴包干的利润 $\bar{\lambda} x_i$，以控制企业的资金申请量. 现在要问，采用这样的办法，能否同样达到资金的最优分配？更确切地说，如果每个企业也都以保证本企业所得经济效益最大的原则来考虑，则他们将面临如下的最优化问题：

$$\begin{cases} \max R_i(x_i)-\bar{\lambda} x_i \\ \text{s. t.} \quad x_i \geqslant 0 \quad (i=1,2,\cdots,n) \end{cases} \quad (5.2)$$

试问，该计划部门是否可定出一个适当的利率 $\bar{\lambda}$，使得由 n 个最优化问题(5.2)所得到的解恰好也是整体最优化问题(5.1)的解？

如果回答是肯定的，那将是一件非常有益的事. 这时上面所说的两个困难就会自动消失，或者至少是大大减小，因为对每个企业来说，了解本单位的经济效益函数 $R_i(x)$，应该是不成问题的，而在计算上，

n 个最优化问题(5.2),都是只有一个变量的问题,自然计算起来问题不大. 问题主要在于如何求出"最优利率"$\bar{\lambda}$. 后者将是我们下面讨论的问题. 如果它可解,将也是一个单变量的数学问题. 计算上当然也不会像 n 个变量的问题那样复杂. 除此以外,这样做还会有一些"政治"上的好处,如有利于调动下属企业的积极性等. 不过这又是"规范"问题,不属于我们讨论的范畴.

然而,回答是否一定是肯定的呢?

粗看起来,这样的"最优利率"$\bar{\lambda}$ 似乎应该存在. 我们可以这样来分析:如果利率定得太高,那么各企业都不会申请很多,甚至因为无利可图,干脆不申请,从而造成资金因分不完而得不到充分利用;但如果利率定得太低,各个企业又会抢着要资金,使得资金不够分. 于是应该有一个不大不小、恰到好处的利率. 由于这样的办法使每个企业都调动了积极性,由此得到的分配方案应该是最好的……非数学的分析大概最多也只能做到这样的地步. 看起来好像也头头是道,实际上不可能对这个本质上是数学的问题给出确切的答案. 事实上,情况远非如此简单.

为了对这个问题给出准确的答案,我们首先应该从分析"经济效益函数"出发. 一般来说,这种"经济效益函数"$R_i(x)$ 的图像应该有图 5.1 那样的生长曲线的形状:它意味着在资金较少时,所产生的经济效益很低,但增加的速度很快;当资金增加到一定程度时,所产生的经济效益直线上升,其增加的速度为常数;而当资金增加到一定程度后,经济效益的增加速度会越来越慢,甚至会有一个不能逾越的极限. 我们可以把这条曲线分成三段,并不妨把这三段分别称为:资金缺乏阶段、资金一般需要阶段和资金趋向饱和阶段. 我们下面指出,对于这三个不同的阶段,企业对其上级计划部门的"利润包干"政策的态度是不一样的.

在企业处于资金缺乏阶段,我们可以认为其经济效益函数的图像有图 5.2 那样的形状.

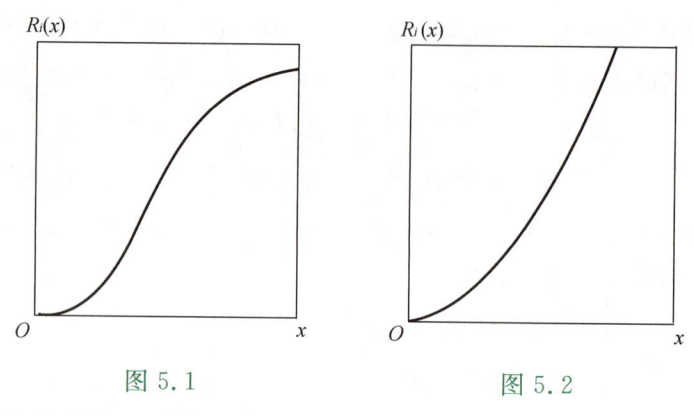

图 5.1　　　　　　　　　　图 5.2

为明确起见，我们不妨认为它的方程是 $y=R_i(x)=cx^2$，则 $y=R_i(x)-\lambda x$ 的图像有图 5.3 那样的形状．这就是说，不管你给出多大的利率 λ，它总是一条开口向上的抛物线．设这条抛物线与横轴的交点横坐标为 b，那么只要给企业的资金超过 b，该企业总是有利可图的，并且它的资金需求没有限制．这里假定 $R_i(x)$ 是二次函数并不妨碍所说明的问题的一般性，其实只要 $R_i(x)$ 的增长速度超过一次函数，总会出现上述情况，结论是：当企业都处于资金缺乏阶段，计划部门不能用"利润包干"的办法来分配资金．

当企业处于资金一般需要的阶段，我们可以认为其经济效益函数为一次函数 $y=R_i(x)=cx$，如图 5.4 所示．

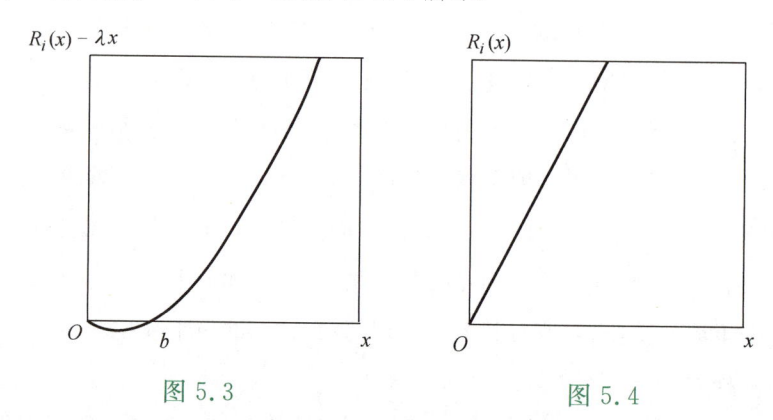

图 5.3　　　　　　　　　　图 5.4

在这种情况下，对于企业来说，如果计划部门的包干利润利率 $\lambda \geqslant c$，那么企业是无利可图的，因此它不会要资金；而当 $\lambda<c$ 时，它要的资金越多，得利越多，从而它的资金需求又是无限的．对于计划部门来说，它的最优分配方案则很好完成，只要把所有资金全分给 c 最大的企业即可，这时总经济效益肯定最高．要取个适当的包干利率也很

容易,即取 $\bar{\lambda}$ 为最大的 c(或略小一点).结论是:当企业都处于资金一般需要阶段时,计划部门只需按照"谁的经济效益好就分给谁"的原则来分配资金,"利润包干"的办法也是可行的.

当企业处于资金趋向饱和阶段,我们可以认为它的经济效益函数有图 5.5 的形状.为明确起见,不妨认为它的方程为 $y = R_i(x) = c\sqrt{x}$.则 $y = R_i(x) - \lambda x$ 的图像有图 5.6 那样的形状.这是因为 $c\sqrt{x}$ 的增长没有 $\bar{\lambda} x$ 快,当 x 足够大时,该图像的"尾巴"就会垂下来.对一般增长没有线性函数快的函数,情况也一样.在这种情况下,企业不再会无限制地申请资金,而会选取使函数达到最大值的最优点(图 5.6 中的 $\bar{x}$).也就是说,在这种情况下,计划部门才真正有了一个控制下级企业的资金需求的手段.我们下面将在较强的假设下指出,这时一定存在一个"最优利率",使得式(5.1)与式(5.2)的解是一样的.结论是:当企业都处于资金趋向饱和阶段,计划部门可通过"利润包干"的办法同样达到资金的最优分配.

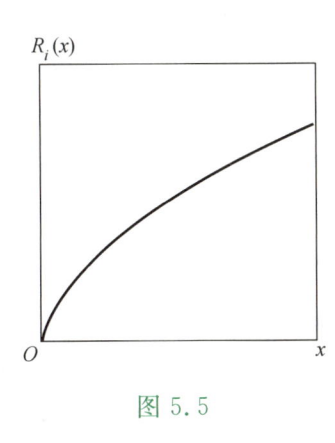

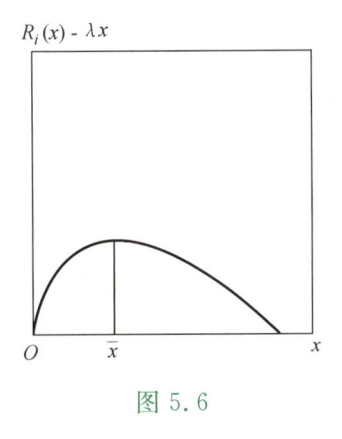

图 5.5   图 5.6

为指出"最优利率" $\bar{\lambda}$ 的存在,我们假设

(1)所有 $R_i(x)$ 都是二次可微函数.

(2) $R_i(x)$ 的一阶导数 $R_i'(x) \geqslant 0$ 恒成立,这是指经济效益函数为递增函数,意味着资金越多,经济效益越大.

(3) $R_i(x)$ 的二阶导数 $R_i''(x) \leqslant 0$ 恒成立,这是指经济效益的增长率是递减函数,意味着随着资金的增加,经济效益的增长率会减小.

(4)问题(5.1)的解 $(\bar{x}_1, \bar{x}_2, \cdots, \bar{x}_n)$ 唯一存在,且 $\bar{x}_i > 0$,($i = 1, 2, \cdots, n$),这意味着有唯一的最优分配方案,且每一个企业在最优分

配方案中都能分到资金.

(5)对于任何"包干利率"$\bar{\lambda}$,问题(5.2)的解也唯一存在. 这里函数光滑性的假设和最优解唯一且满足 $\bar{x}_i > 0$ $(i=1,2,\cdots,n)$ 的假设其实并非必要,只是为了简化数学叙述. 在这些假设下,我们可以看到,最优化问题(5.1)中的不等式约束 $x_1+x_2+\cdots+x_n \leqslant a$ 可改为等式约束 $x_1+x_2+\cdots+x_n = a$. 这时因为对每一个企业来说都是资金越多越好,所以不可能出现资金分不完的情况. 从而引入乘子 λ,由拉格朗日乘子法则可得,问题(5.1)的解也是下列问题的解:

$$\begin{cases} \max \quad R_1(x_1)+R_2(x_2)+\cdots+R_n(x_n)+ \\ \qquad \lambda(a-x_1-x_2-\cdots-x_n) \\ \text{s. t.} \quad x_1,x_2,\cdots,x_n > 0 \end{cases} \tag{5.3}$$

而 $\bar{x}_1,\bar{x}_2,\cdots,\bar{x}_n,\bar{\lambda}$ 是问题(5.3)的解的必要条件显然为

$$R_i'(x_i) - \bar{\lambda} = 0 \quad (i=1,2,\cdots,n) \tag{5.4}$$

$$x_1+x_2+\cdots+x_n = a \tag{5.5}$$

但是我们立即可以看到,方程(5.4)显然也是问题(5.2)的必要条件. 考虑到我们所做出的解的唯一存在假设,这就求得了存在一个最优"包干利率"$\bar{\lambda}$,使得问题(5.1)和(5.2)有同样的解.

余下的问题是 $\bar{\lambda}$ 怎么算. 如果 $\bar{\lambda}$ 的计算需要解方程(5.4)、(5.5),那么最优解已经求得,何必再搞多此一举的"利润包干申请",而且我们前面所说的信息和计算的困难全都依然存在. 实际上,我们还可进一步证明,这个 $\bar{\lambda}$ 就是"边际总经济效益";这就是说,如果我们设总资金为 a 时能得到的最大总经济效益为 $R(a) = R_1(\bar{x}_1)+R_2(\bar{x}_2)+\cdots+R_n(\bar{x}_n)$,其中 $\bar{x}_1,\bar{x}_2,\cdots,\bar{x}_n$ 为问题(5.1)的解,用数学语言来说,即 $R(a)$ 是问题(5.1)的值,它可以看作参变量 a 的函数,那么可以证明

$$\bar{\lambda} = R'(a) \tag{5.6}$$

这样一来,计算 $\bar{\lambda}$ 的问题变为掌握总的经济效益状况的问题. 这对掌握信息和计算的要求显然是大大降低了.

其实对于我们在这里的讨论来说,更重要的是阐明一种机理,精确的计算实际上是不必要的. 很明显,我们由此得到的下列结论,即使不能很精确地计算,其意义也是十分深刻的:在各企业都已达到了资金趋向饱和的阶段,计划部门可以根据总经济效益的增长情况,来提

出一个"最优包干利率",搞"利润包干",同样达到资金的最优分配.

当然,我们在这里没有斟酌具体的术语,而只是为了说明道理.事实上,在我国改革过程中,所采用的"变拨款为贷款"等措施,也正是体现了这一道理.这种措施有时效果很明显,但有时也产生不少问题.除了种种实际原因外,从机理上来分析,根本的一点往往在于各企业并未处于资金趋于饱和阶段,相反,往往还是处于资金缺乏的阶段.如上所述,这时如果"权力下放",资金需求将无限增长,势必会造成混乱.

上面的讨论是只对资金的最优分配来进行讨论的.但是我们只要在数学上搞一点小技巧,所得到的结论立即就可推广到任意种资源的最优配置问题.事实上,我们只需把 $a, x_1, x_2, \cdots, x_n$ 等都理解为 m 维向量即可:

$$a = (a_1, a_2, \cdots, a_m)$$
$$x_1 = (x_{11}, x_{12}, \cdots, x_{1m})$$
$$x_2 = (x_{21}, x_{22}, \cdots, x_{2m})$$
$$\vdots$$
$$x_n = (x_{n1}, x_{n2}, \cdots, x_{nm})$$

其中它们的第 1 个分量代表第 1 种资源的量,第 2 个分量代表第 2 种资源的量,以至第 m 个分量代表第 m 种资源的量.在这种情况下,经济效益函数 $R_i (i=1,2,\cdots,n)$ 也都将是 m 种资源量的函数.上面所说的"包干利率" $\bar{\lambda}$ 现在也成了向量:

$$\bar{\lambda} = (\bar{\lambda}_1, \bar{\lambda}_2, \cdots, \bar{\lambda}_m)$$

它的各个分量现在可以理解为各种资源的某种"内部结算价格",用术语来说,它们就是所谓"影子价格".上面所说的三个阶段现在也都可以改称为:资源缺乏阶段、资源一般需要阶段和资源趋向饱和阶段.而上述的各项结论也都仍然成立,只是名称上需要作适当改动而已,其中包括把"资金的最优分配"改为"资源的最优配置".不过依现在的情形,资源一般需要阶段的结论将基本上与资源趋向饱和阶段的结论一致,因为现在各企业的经济效益好坏已不能直接比较(向量不能比较大小,或者说,各企业在利用各种资源时的效益可能各有长短).这样,这些结论可简单地归结为:当企业都处于资源缺乏阶段时,计划部门必须加强集中的计划;而仅当企业都处于资源不太紧张的阶段时,才能搞分散.联系现实中出现的因不适当地分散而引起的许多问题,例如,乡镇企业与大型国有企业争原料、争能源等,应该说,上述数学分析道出了许多这类问题的症结所在.

这里我们再对资源一般需要阶段作些阐述.熟悉数学的读者会发现,这时对应的问题(5.1)就成了线性规划问题,它的一般形式为

$$\begin{cases} \max b \cdot y \\ \text{s.t.} \quad Ay \leqslant a \\ \quad\quad y \geqslant 0 \end{cases} \tag{5.7}$$

其中 y 是所求向量,a、b 为已知向量,A 为已知矩阵.a 的维数可以与 y 的维数不同.令

$$y = (x_{11}, \cdots, x_{1m}; \cdots; x_{n1}, \cdots, x_{nm})$$

适当选取 b、A,就变成我们原来的问题.由线性规划理论可知,这时"影子价格" $\bar{\lambda}$ 将是问题(5.7)的下列对偶问题的解:

$$\begin{cases} \min a \cdot \lambda \\ \text{s.t.} \quad A^T \lambda \geqslant b \\ \quad\quad \lambda \geqslant 0 \end{cases} \tag{5.8}$$

其中 A^T 是 A 的转置矩阵.康托罗维奇正是运用这样的线性规划理论来讨论资源的最优配置问题.在他的框架中,上述的 $\bar{\lambda}$ 被称为"解乘数".其实与西方经济学家所说的"影子价格"并无区别,这就使康托罗维奇在苏联曾被扣上"违背马克思主义的劳动价值论"的帽子.然而,仅就资源最优配置这一几乎纯技术性的问题而言,扣上这样的帽子并全盘否定这类研究是没有多少道理的.

如果再把上述的影子价格与市场价格联系起来,我们还能得出更多的结论.在西方有些经济学的论述中,实际上贯穿着这样的一条思路:把上述的计划部门看作全社会,其所属的 n 个企业就是全社会的企业.于是由上述分析可知,在一定条件下(笼统地说,是指当生产发展到较高的水平时),存在一个最优的价格体系,使得全社会在这个价格体系的指引下,每个企业都只需考虑自身的最优化,而全社会就会达到资源的最优配置.沿着这条思路再继续发展,特别是再考虑消费,就引出了我们将在下一章再深入讨论的一般经济均衡理论.这一理论认为,所说的价格体系就是在完全竞争下所得出的市场竞争价格.对

于这种观点的分析我们将在以后讨论.在这里,我们要问,如果对于某计划部门来说,它所掌握的资源足够丰富,以致可以定出一套上述的计划(影子)价格来搞"包干",但是社会上还存在另一个资源商品的市场,不管它是公开的还是隐蔽的,其中的市场价格与计划价格不同,那么这将会导致什么样的问题呢?

　　回答是很简单的:如果计划价格比市场价格高,那么有自主权的企业何必要计划的商品,直接到市场去买不更合算?如果市场价格比计划价格高,那更糟糕,企业何必去生产,把计划得到的商品到市场上去卖掉不是立即就可得利了吗?不管怎么说,即使商品量已足够丰富,要搞"计划指导下的分散化",都不能有"双轨的"价格体系,否则同样会引起混乱.当前在我国正是由于这种价格双轨制而产生了很多问题.这里虽然从被计划的企业来看,资源可能是足够丰富的,以致确有条件来搞"承包"分散化;但另一方面从全社会来看,又存在许多计划外的企业,使得总的来说,资源仍是处于相当匮乏的状态,总需求远大于总供给,而由于这些计划外的企业的存在,又形成计划外的(公开的或隐蔽的)市场,从而造成市场价格远高于"计划价格".这个市场的存在就势必对"有计划的承包"起破坏作用.一个直接的后果就是"官倒"横行.当然,实际情况比我们这里说到的要复杂得多,我们只是从上述的角度顺便对这一问题提出看法.

　　本章前面讨论的问题与 20 世纪 20—30 年代所发生的一场"社会主义是否可行"的经济学大论战密切相关.这场论战的发难者是奥地利学派的头面人物米赛斯[1].随后响应的是他的学生,后来得了诺贝尔经济学奖的哈耶克和我们在前面曾提到过其经济学"定义"的罗宾斯.米赛斯在 1920 年发表了一篇题为《社会主义共和国中的计算问题》的文章,认为在社会主义制度下,由于没有市场价格机制,没有私有制,就不可能进行合理的计算,从而不能解决资源的最优配置问题.他的这种从根本上否认社会主义能有经济计算的看法自然十分武断.事实上,早年帕累托及其同胞巴罗纳[2]就已设想过,在社会主义条件下,通过求解一组联立方程组,来达到资源的最优配置.他们认为完全

---

[1] Ludwig Edler von Mises(1881—1973),奥地利经济学家.
[2] Enrico Barone(1859—1924),意大利经济学家.

的计划同样能达到完全的市场竞争所起的作用. 米赛斯虽然也提到了他们的设想, 但实际上并不理解他们的思想. 于是哈耶克和罗宾斯又出来进一步为米赛斯弥补漏洞. 他们承认社会主义与合理计算在逻辑上并不互相矛盾, 但在实际上是不可能解决的. 用罗宾斯的原话来说:

"在纸面上, 我们能设想这个问题用一系列数学计算来求解……但实际上这种解法是行不通的. 它会需要在几百万个预计数据的基础上列出几百万个方程, 而统计数据又根据更多百万个个别计算. 到解出方程的时候, 它们所根据的信息会已过时, 需要重新计算."[①]

这也就是我们前面提到过的信息和计算的困难.

对米赛斯等的责难首先做出回答的是泰勒[②]. 他在 1929 年发表的一篇文章中指出, 社会主义经济可以靠试验纠错法来进行计算. 这一思想又经过兰格[③]和勒纳[④]的发展, 全面驳斥了米赛斯等人的"社会主义不可行"谬论. 他们的反驳的基本论点在今天的经济学文献中常被称为泰勒-兰格-勒纳解. 而兰格在 1936 年发表的论文《社会主义经济理论》(有中译本)以及勒纳在 1944 年出版的《统制经济学》(The Economics of Control)一书也就成了这方面的经典文献. 尤其是兰格后来是社会主义波兰的马克思主义经济学家和国务活动家, 他的论文更具有深远的历史意义.

虽然所谓泰勒-兰格-勒纳解会涉及很多具体的经济学问题, 但在很大程度上, 它是用来回答"有大量变量的最优化问题应该如何计算"这样一个数学问题的. 我们可以用前面提出的数学模型来解释他们提出的试验纠错法. 事实上, 在一定条件下, 计划部门任意给出一个 $\bar{\lambda}$ (它应该理解为资源的某种价格体系), 问题 (5.2) 对于各企业来说总是可解的, 只是这样解得的 $\bar{x}_1, \bar{x}_2, \cdots, \bar{x}_n$ 不一定满足 $\bar{x}_1 + \bar{x}_2 + \cdots + \bar{x}_n = a$, 即供需不一定平衡. 对供大于需的资源降价, 而对需大于供的资源涨价, 就又得到一组新的价格 $\bar{\lambda}$, 对这一新价格体系各企业再来

[①] 转引自: 奥斯卡·兰格, 《社会主义经济理论》, 王宏昌译, 中国社会科学出版社, 1981 年, 第 4 页.
[②] Fred Manville Taylor(1855—1932), 美国经济学家.
[③] Oscar Lange(1904—1965), 波兰经济学家.
[④] Abba P. Lerner(1903—1982), 美籍俄裔经济学家.

解问题(5.2),供需平衡情况一般会比上一次有所改善.然后再次改动价格,最后就会得到资源最优配置解.试验—纠错—再试验—再纠错,直至求得最优解,这就是所谓试验纠错法.

"试验纠错法"(trial and error methods)这个词实际上是瓦尔拉斯提出的"tâtonemment"这个法文词的英文意译."tâtonemment"的原意是"在黑暗中摸索".瓦尔拉斯原来是用它来描述一种市场价格的调整过程,使它最后收敛于一般经济均衡价格体系.而在这里兰格等则把它用来计算影子价格.用兰格的原话来说,是让"中央计划局起市场的作用".他指出:

"……社会主义经济中的会计价格能用在竞争市场上决定价格的同样的试验纠错过程来决定.为了决定价格,中央计划局不需要有'可能供应的不同商品的价格的任何可能的组合下,会购买的一切商品的不同量的完整清单.'(哈耶克)中央计划局也不会需要求解几十万个(如同哈耶克教授预期的)或几百万个(如罗宾斯教授设想的)方程.唯一需要'求解'的方程会是消费者和生产经理的那些方程.这些方程恰好是在目前经济制度中'求解'的同样'方程',而做'求解'工作的人也是同样的."①

当兰格等在对米赛斯做出回答时,电子计算机尚未问世.过了30年,兰格在一篇他去世后才发表的题为《计算机和市场》的文章中,重提这场论战:

"如果今天我重写我的论文,我的任务可能简单得多.我对哈耶克和罗宾斯的回答可能是:这有什么难处?让我们把联立方程放进一台电子计算机,我们将在一秒钟内得到它们的解……"

"我的论文中提出的市场机制和试验纠错程序,实际上起了求解一个联立方程组的计算装置的作用.用一个假设为收敛的迭代过程求解.迭代以一种反馈原理为基础,反馈如此操作,逐渐消除与均衡的偏离……"

---

① 奥斯卡·兰格,《社会主义经济理论》,王宏昌译,中国社会科学出版社,1981年,第17-18页,译文略有改动.

"……数学(线性的和非线性的)规划使在这个过程中引入严格的经济核算成为可能. 在设立一个目标函数(例如,使一定时期内国民收入的增加为最大)和某些约束条件之后,可以计算将来的影子价格. 这些影子价格作为长期发展计划中一项经济核算工具."

"数学规划被认为是最优长期经济计划工作的一项重要工具. 由于这涉及求解很多数目的方程和不等式,电子计算机是不可少的……在这里,电子计算机不是代替市场,它完成市场永不能做的一个功能."[1]

联系本书的主题,我们对这段历史的介绍和引述或许会给人留下很深的印象. 这场有关"社会主义是否可行"的大是大非的论战,虽然在"规范经济学"方面还涉及"社会主义与自由"的关系等,但在"实证经济学"方面居然会归结为如何解数学规划问题和使用电子计算机的争论. 这场论战引起了大量的数理经济学和数学研究. 兰格理论不但推动了福利经济学的发展,还直接促使计划理论、组织理论、激励理论等新研究方向的形成[2]. 在数学上,这一经济学上的需要也大大推动了数学规划理论的研究. 20 世纪 50—60 年代,数学规划理论基本上是经济学家的天地. 1958 年出版的一本经典的论文集《线性与非线性规划研究》(Studies in Linear and Non-Linear Programming)就是由 3 位著名经济学家:阿罗、赫维茨[3]和宇泽弘文[4]主编的. 而阿罗与赫维茨主编的另一本于 1977 年出版的论文集《资源配置过程研究》(Studies in Resource Allocation Processes)在很大程度上也可看作一本数学规划理论的专著.

在本章中我们提出的数学规划模型,其实并不是资源最优配置问题早年研究的模型,尤其不是那场大论战中争论的模型. 而是后来得益于数学规划研究所提出的模型. 把问题(5.1)分解为问题(5.2)的做

---

[1] 奥斯卡·兰格,《社会主义经济理论》,王宏昌译,中国社会科学出版社,1981 年. 第 185-186 页.
[2] 对这些研究方向有兴趣的读者可参看《数理经济学手册》(Handbook of Mathematical Economics)Ⅲ,第 27～29 章,北荷兰出版社,1986 年.
[3] Leonid Hurwicz(1917—2008),美籍波兰经济学家.
[4] 宇泽弘文(Uzawa Hirofumi)(1928—2014),日本经济学家.

法实质上就是线性规划理论中的但泽-瓦尔夫分解,后者是但泽[1]和瓦尔夫(P. Wolfe)在1961年的《计量经济学》杂志上发表的经典论文.它对经济学中的集权和分权的研究有很深远的影响.同时,模拟市场价格调整过程的试验纠错法也对数学规划的计算方法、甚至一般的计算数学研究都有很大的推动.在上面提到的后一本论文集中,我们可以看到,人们熟知的最速下降法等算法都有明确的经济意义.近年来,斯梅尔的基于经济学思想的计算数学方法的研究,更是把这个方向的研究推向一个高峰.

作为本章的结束,我们再进一步介绍一下奥斯卡·兰格.这位曾在美国长期任教、战后曾回国出任波兰国务委员会副主席等要职的经济学家,无论从哪方面来说,都应该被认为是20世纪最伟大的经济学家之一.实际上他对马克思主义经济学和非马克思主义经济学都做出了巨大的贡献,并常常把两方面的研究成就融会贯通,但因而也就不能被一些正统的经济学家所容忍.我们在这里当然无意来对兰格的研究成就做出全面评价,不过要再次强调本章介绍的兰格在20世纪30年代的大论战中所做出的贡献的重要意义.虽然兰格当年的论文并没有以苏联式的马克思主义经济学的语言来阐述,以致曾长期被扣上了一顶"市场社会主义"的帽子,但是今天谁也不能否认,兰格是今日社会主义国家经济改革的理论先驱.正是他首先提出了"计划经济与市场调节相结合"的模式.尤其使我们感兴趣的是,这是一个非常数学化的模式.尽管他的理论后来得到许多发展并还需要进一步接受各种实践的考验,他的设想也确实有很多局限性,例如,即使是今天也还做不到一秒钟就算出个最优经济计划来,以致又可被人扣上"电子计算机乌托邦"的帽子,然而,他对社会主义经济学的研究贡献将永垂史册.

从本书的主题出发,我们还可注意到兰格极为重视经济学中的数学方法.他在1923年(当时他才19岁)宣读的一篇经济学论文中就已用了很多数学.而在他的晚年,他又是在经济学中运用控制论方法的主要创导者.1970年他去世后出版的《经济控制论导论》(有中译本)一书是这方面最早的专著.数学家史坦因豪斯[2]是他的师友,他们常

---

[1] George B. Dantzig(1914—2005),美国数学家.
[2] Hugo Steinhauss(1887—1972),波兰数学家.

在一起讨论数学问题.甚至兰格还发表过一篇题为《马尔可夫过程中参数的统计估计》的数学论文.如果我们说,兰格的数学思维在他的经济学研究中起着关键的作用,那是丝毫不过分的.

六 一般经济均衡·经济学的公理化方法

在这章中,我们首先具体地谈谈一般经济均衡理论,尤其是要较完整地来介绍阿罗-德布罗的一般经济均衡模型及其证明.

我们曾经说过,瓦尔拉斯的一般经济均衡思想可以追溯到亚当·斯密,甚至更早.从根本上来说,这类思想都可看作某种泛神论,认为世界上的万物自然而然地会遵循某种内在的秩序,其背后似乎总有一个"上帝"在对一切做妥善安排,人为地去建立秩序不如听其自然.把这一思想用到对人类社会经济事务的理解上,亚当·斯密在他的名著《国富论(国民财富的性质和原因的研究)》(有中译本)中就认为:

> "每人都在力图应用他的资本,来使其产品得到最大的价值.一般地说,他并不企图增进公共福利,也不知道他所增进的福利为多少.他所追求的仅仅是他个人的安乐,仅仅是他个人的利益.在这样做时,有一只'看不见的手'引导他去促进一种目标,而这种目标绝不是他所追求的东西.由于追逐他自己的利益,他经常促进了社会利益,其效果要比他真正想促进社会利益时所得到的效果更大."[①]

这就是著名的所谓亚当·斯密的"看不见的手".

探讨诸如"追逐个人的安乐是否是人的本性?""经济上的自由放任是否真能被'看不见的手'自动调节?"等自然不是本书的任务.我们感兴趣的是这里实质上提出了一个在当时和以后一百多年中的数学家从未考虑过的数学问题.这个问题在今天可以用"系统理论"的语言

[①] 转引自萨缪尔森,《经济学》(上册),高鸿业译,商务印书馆,1982年,第59页.也参看:亚当·斯密,《国民财富的性质和原因的研究》(下卷),王亚南、郭大力译,商务印书馆,1989年,第27页.

来提:有一个包含许许多多小系统的大系统,每个小系统都各有其目标函数,大系统也有其目标函数,而各小系统的目标函数的最优是可能互相牵制的.试问,这时能否有某种调节手段,使得各小系统只要各自追求自己的目标的最优,就能使大系统的目标也达到最优?

实际上,即使在今天,数学对于处理群体和个体间关系的办法还是不太多.力学中,至今仅对只有两个个体的"二体问题"有绝对把握,而对于再多一个个体的"三体问题",虽然已经研究了近300年,还不是十分清楚.一到统计力学中需要对付大量个体时,只好借助于天知道的"遍历性假设"之类才能凑合过去.至于化学中物质与其分子的关系、生物学中生物体与其细胞的关系、生理学中的整体与其器官的关系等,能用数学来漂亮处理的例子真如凤毛麟角.从这一角度来看一般经济均衡理论,它从问题的提出,到相当彻底地解决,经历了近200年,不能不认为是人类数学智力的一大胜利.

但是从亚当·斯密到瓦尔拉斯的这100年间,这方面并无多大进展.直到瓦尔拉斯把亚当·斯密的"社会福利"具体化为"供需均衡",把"看不见的手"具体化为"价格体系",一般经济均衡理论就问世了.

如同我们在第一章中所说,正是瓦尔拉斯的数学修养,使得他在一开始就对他的理论采用了数学形式.他在1874年出版的讲演集《纯粹政治经济学原理》(*Elément d'Économie Politique Pure*)[①]的第11~12章中,讨论了多种商品的市场供需均衡问题.他假设每种商品的(有效)供给与(有效)需求都是各种商品的价格的函数,用符号表示,即,设供给(offer)

$$O_i = O_i(p_1, p_2, \cdots, p_l) \quad (i=1,2,\cdots,l) \tag{6.1}$$

需求(demand)

$$D_i = D_i(p_1, p_2, \cdots, p_l) \quad (i=1,2,\cdots,l) \tag{6.2}$$

这里 l 是商品的种类数,p_i 是第 i 种商品的价格($i=1,2,\cdots,l$),如果这些价格是均衡价格,那么应该有下列 l 个方程:

$$O_i(p_1, p_2, \cdots, p_l) = D_i(p_1, p_2, \cdots, p_l) \quad (i=1,2,\cdots,l) \tag{6.3}$$

在第20~21章中,瓦尔拉斯又进一步考虑了生产者的情形,他假

[①] 有从英译本转译的中译本.蔡受百译,商务印书馆,1989年,中译本题为《纯粹经济学要义》,去掉"政治"是随同了英译本.

设有 n 个生产者,每一个生产者都提供一种劳务,对每一种劳务的需求可由 l 种商品量来决定,而每一种劳务也都有一种价格,其价格可由产品的价值来计算. 这样,一共有 $2l+2n$ 个变量:l 种商品量,l 种商品的价格;n 种劳务量,n 种劳务价格;而方程也可认为有 $2n+2l$ 个,其中 l 个是供需均衡方程,由此可解出 l 种商品的价格来;而由这 l 个价格与供给函数或需求函数,又可得到 l 个方程,得到 l 种商品量;n 个是每一种劳务量等于由各商品量所决定的劳务需求,另外 n 个是通过各商品量的价值来求 n 种劳务的价格的方程.

瓦尔拉斯原来就想通过变量个数与方程个数一样,来求得一般经济均衡的存在. 但是由于他把货币也作为一种商品来考虑,就产生了一个问题,因为如果要问货币的价格,它显然应该是一个单位. 这就是说,这里实际上有一个不是未知量,这样方程就多了一个. 从而瓦尔拉斯必须去探讨怎样去掉一个方程,并由此导致今天在文献中被称作"瓦尔拉斯律"的诞生. 这里的"律"在法语中是"loi",即英语中的"law",它可译成"定律""规律""法律",但在这里似乎哪一个也不合适. 瓦尔拉斯的原意可能还更多地倾向于"法律"的意思,这条"律"说:收支必须均衡,即商品供给的总价值必须与商品需求的总价值相等. 它的推广,即目前文献中所说的"广义瓦尔拉斯律"更像一条法律:收入不得低于支出. 由前者很容易推得:如果 l 种商品中的 $l-1$ 种是供需均衡的,那么余下的一种一定也是供需均衡的. 这样就可以去掉一个方程.

至此,瓦尔拉斯就认为他已完成了他的一般经济均衡的存在证明:本来有 $2l+2n$ 个方程,$2l+2n$ 个未知量,但有一个未知量其实已知它恒为 1,而利用"瓦尔拉斯律",则可以从中去掉一个方程,于是最后是 $2l+2n-1$ 个方程,$2l+2n-1$ 个未知量. "因此",这个问题有解,即一般经济均衡存在.

这样的一段推理充分显示了瓦尔拉斯的数学素养. 一方面,我们可以看到,瓦尔拉斯的推理的数学条理非常清楚;另一方面,我们又可看到,瓦尔拉斯的推理的数学严密性又非常不够. 即使在瓦尔拉斯时代,人们也清楚地知道,方程个数与未知量个数一样是不能保证方程有解的. 例如,$x+y=1$ 与 $x+y=2$ 这样两个二元未知量的方程就是没有解的. 由于涉及的方程一般是非线性方程,有足够多的方程数甚至不是方程(组)有解的必要条件,这是因为在实数范围内,不管你有多少方程:

$$f_1(x_1,\cdots,x_n)=0,\cdots,f_l(x_1,\cdots,x_n)=0$$

它们都与如下方程等价:

$$f_1^2(x_1,\cdots,x_n)+\cdots+f_l^2(x_1,\cdots,x_n)=0$$

因此,瓦尔拉斯的一般经济均衡大厦的地基在当时实际上是一片空虚.正如我们在前面已经介绍,它还有待后人经过80年的努力,才使这片空虚得以充实.

其实,在瓦尔拉斯时代,能借以建立这座大厦的数学工具尚未降生.其中最为本质的布劳维不动点定理到1911年才问世.为了说明一般经济均衡存在定理与布劳维不动点定理的关系,我们不妨在全面介绍一般经济均衡的阿罗-德布罗模型前,先来讨论瓦尔拉斯最原始的模型.虽然下面的叙述在历史上是到20世纪60年代才出现的,但由于它一目了然地显示了一般经济均衡理论的数学深度,现在常常在一些教科书中被引用.

我们回到前面的式(6.1)~式(6.3).为了看得更清楚,我们采用下列简化的记号:

(1) 需求 $\qquad D=D(p)$

(2) 供给 $\qquad O=O(p)$

(3) 供需均衡方程 $\qquad D(p)=O(p)$

这里 $D=(D_1,D_2,\cdots,D_l)$,$O=(O_1,O_2,\cdots,O_l)$,$p=(p_1,p_2,\cdots,p_l)$ 都是 l 维向量. 我们的问题是:对于两个把 l 维(价格)向量变为 l 维(商品)向量的(需求和供给)映射 $D(p)$ 和 $O(p)$,是否存在某个(价格)向量 $\bar{p}$,使得 $D(\bar{p})=O(\bar{p})$? 或者至少是 $D(\bar{p})\leqslant O(\bar{p})$(供给不少于需求)?

这个问题虽然已经有了数学形式,但作为数学问题,仅仅只有这些条件是无法讨论的.我们必须明确价格向量 p 的变化范围以及映射 $D(p)$ 和 $O(p)$ 的性质.

对于价格向量 p 的一个自然假设是 $p\geqslant 0$,它意味着其分量 $p_i\geqslant 0$,$(i=1,2,\cdots,l)$,即任何商品的价格是非负的(买东西至多是不要钱,而不会倒付钱).另一个自然假设来源于商品的贵贱取决于商品间的价格比,而不在于它的绝对数字,如果所有商品都涨价 10 倍,那等于换了一个币制单位,与没有涨价是一样的.鉴于此,我们总可以假定
$$p_1+p_2+\cdots+p_l=1$$
即各种商品的价格和为 1.这样一来,价格向量 p 的变化范围应该是
$$S=\{p=(p_1,\cdots,p_l)\mid \sum_{i=1}^{l}p_i=1,p_i\geqslant 0;i=1,2,\cdots,l\} \tag{6.4}$$

S 称为价格单纯形.单纯形是个数学名词,它是指在(l 维)空间中有限个点用直线段围成的集合.例如,两个点可能连成的线段是一维单纯形,三个点可能围成的三角形是二维单纯形,四个点可能围成的四面体是三维单纯形,价格单纯形是个 $l-1$ 维单纯形,它是由 l 个单位坐标点所形成的单纯形.

对于两个映射的假设之一是它们都连续.这个假设当然也较自然,但光有这个假设还不够.我们还需认为它们满足"瓦尔拉斯律",即收支要均衡.它的数学表示为

对于任何 S 中的(价格)p,
$$p\cdot D(p) = p\cdot O(p) \tag{6.5}$$
这里右端代表收入,左端代表支出.

在这些假设下,由于这里起本质作用的仅是 $D(p)-O(p)$,令
$$Z(p)=D(p)-O(p) \tag{6.6}$$
那么要证明一般经济均衡价格的存在,即要证明下列定理:

定理 1(一般经济均衡存在定理) 设 $Z=Z(p)$ 是定义在 S 上的连续映射,且满足对于任何 S 中的 p,
$$p\cdot Z(p)=0 \tag{6.7}$$
那么,存在 S 中的 $\bar{p}$,使得 $Z(\bar{p})\leqslant 0$,即 $Z_i(\bar{p})\leqslant 0(i=1,2,\cdots,l)$.

现在这条定理被完全表达成严格的、抽象的数学形式.如果要给它个经济解释,我们仍可称 p 为价格向量,而 $Z=Z(p)$ 则可以称为超需映射,其含义为需求超过供给的部分对价格的反应.

这条定理看上去似乎并无多大惊人之处,但实际上,它是个必须要用布劳维不动点定理才能证明的结果.所谓布劳维不动点定理

是指：

定理 2（布劳维不动点定理） 设 $F=F(p)$ 是定义在 S 上的连续映射，且其取值也在 S 中，那么 F 在 S 中有不动点，即，存在 S 中的 $\overline{p}$，满足 $\overline{p}=F(\overline{p})$.

这条定理的叙述极为简单，应用却十分广泛，然而，其证明则相当困难．人们已经提出了它的十多种运用各种工具的证法，但没有一个证明能使一般的数学工作者轻易地弄明白．有人曾经作了一次调查，发现在数学家中 96% 能说出这条定理，但只有 5% 能证明它．在数理经济学家中更糟：95% 能说出它，但只有 2% 能证明它．对于我们这本小书来说，自然也就没有必要去追究连绝大多数数学家和数理经济学家都不想弄明白的定理证明．然而，我们却很容易由布劳维不动点定理来导出一般经济均衡存在定理．其陈述如下：

由定理 2 证明定理 1

由 $Z(p)$ 构造 $F(p)$ 如下：

$$F_i(p) = \frac{p_i + \max(Z_i(p), 0)}{1 + \sum_{j=1}^{l} \max(Z_j(p), 0)} \tag{6.8}$$

则 $F=F(p)=(F_1(p),\cdots,F_l(P))$ 显然是连续映射，且对于任何 S 中的 p，有

$$\sum_{i=1}^{l} F_i = 1, \quad F_i(p) \geqslant 0 \quad (i=1,2,\cdots,l)$$

也就是说，F 在 S 中取值．因此，由定理 2，存在 S 中的 $\overline{p}$，使得 $\overline{p}=F(\overline{p})$，即

$$\overline{p}_i = \frac{\overline{p}_i + \max(Z_i(\overline{p}),0)}{1 + \sum_{j=1}^{l} \max(Z_j(\overline{p}),0)} \quad (i=1,2,\cdots,l)$$

或

$$\overline{p}_i \sum_{j=1}^{l} \max(Z_j(\overline{p}),0) = \max(Z_i(\overline{p}),0) \quad (i=1,2,\cdots,l)$$

两端同乘 $Z_i(\overline{p})$，并对 i 求和，则可得

$$\left(\sum_{j=1}^{l}\max(Z_j(\overline{p}),0)\right)\sum_{i=1}^{l}\overline{p}_i Z_i(\overline{p}) = \sum_{i=1}^{l} Z_i(\overline{p})\max(Z_i(\overline{p}),0)$$

由"瓦尔拉斯律"式(6.7)，左端为 0，从而

$$\sum_{i=1}^{l} Z_i(\overline{p})\max(Z_i(\overline{p}),0) = 0$$

此式仅当所有 $Z_i(\overline{p})\leqslant 0$ 时才有可能. 定理 2 证毕.

这个证明的关键在于用式(6.8)定义了映射 F,这个映射可以有经济解释,即,它可理解为一种价格调整: $Z_i(p)>0$ 意味着第 i 种商品供不应求,而 $F(p)$ 则是一种全面考虑的涨价措施,只要有某种商品供不应求,总可以用这种方式来调整价格. 布劳维不动点定理 2 则断言,按这种方式调整价格,总可找到一种不能再调整的价格,而它就是一般经济均衡价格.

有趣的是我们也可用定理 1 来证明定理 2,换句话说,定理 1 与定理 2 是等价的. 这就充分说明,一般经济均衡存在定理(定理 1)确是一条相当深奥的数学定理,因为它与大多数数学家都闹不清的布劳维不动点定理实际上是一回事.

由定理 1 证明定理 2

在证明前,我们先注意到在定理 1 中的 $\overline{p}$ 必定满足

$$\overline{p}_i Z_i(\overline{p}) = 0 \quad (i=1,2,\cdots,l) \tag{6.9}$$

这是因为 $\overline{p}_i \geqslant 0$,而 $Z_i(\overline{p})\leqslant 0$;如果式(6.9)不成立,那么它将导致式(6.7)不成立.

现在定义

$$Z_i(p) = F_i(p) - \lambda(p)p_i \quad (i=1,2,\cdots,l) \tag{6.10}$$

其中

$$\lambda(p) = \sum_{i=1}^{l} p_i F_i(p) \Big/ \sum_{i=1}^{l} p_i^2 \tag{6.11}$$

则 $Z_i(p)$ 都是 S 上的连续函数,且满足"瓦尔拉斯律"式(6.7). 因此由定理 1,存在 S 中的 $\overline{p}$,使得

$$Z_i(\overline{p}) = F_i(\overline{p}) - \lambda(\overline{p})\overline{p}_i \leqslant 0 \quad (i=1,2,\cdots,l)$$

如果 $\overline{p}_i=0$,则 $0\leqslant F_i(\overline{p})\leqslant \lambda(\overline{p})\overline{p}_i\leqslant 0$,即 $F_i(\overline{p})=\overline{p}_i=0$. 另一方面,再由式(6.9)还可得:当 $\overline{p}_i\geqslant 0$ 时,必定有 $Z_i(\overline{p})=F_i(\overline{p})-\lambda(\overline{p})\overline{p}_i=0$. 这样一来,将总有

$$F_i(\overline{p}) = \lambda(\overline{p})\overline{p}_i \quad (i=1,2,\cdots,l)$$

两端对 i 求和,由 S 的定义即得 $\lambda(\overline{p})=1$,即 $\overline{p}$ 是 F 的不动点. 定理 2

得证[1].

从上面这段讨论中我们可以看出,即使对于一个最简单的一般经济均衡模型来说,数学上已经很不平凡.下面介绍的经典的阿罗-德布罗模型比这个简化模型要复杂得多,数学上当然更加深奥,下面的叙述虽然并未要求很深的数学预备知识,但用了较多的简练的数学语言.

阿罗-德布罗模型采用了彻底的数学公理化方法,在这个模型中,假定有 l 种商品、m 个消费者和 n 个生产者.这首先意味着商品空间是个 l 维空间,它被记作 $\mathbf{R}^l$.每个消费者都有一个消费集 $X_i(i=1,2,\cdots,m)$.它们都是商品空间 $\mathbf{R}^l$ 的子集,记作 $X_i \subset \mathbf{R}^l,(i=1,2,\cdots,m)$.消费者的行为由定义在其消费集上的偏好关系来刻画,记定义在 X_i 上的偏好为 $\succeq_i (i=1,2,\cdots,m)$.而每个消费者开始时都掌握一定的商品,它称为消费者的初始持有,记作 $e_i \in \mathbf{R}^l$ $(i=1,2,\cdots,m)$.每个生产者则都有一个商品空间 $\mathbf{R}^l$ 中的生产集 $Y_j \subset \mathbf{R}^l (j=1,2,\cdots,n)$.这是一个比生产函数更广的概念.$y \in Y_j$ 对第 j 个生产者来说意味着一种生产活动,$y=(y^1, y^2, \cdots, y^l)$[2]中的正分量代表生产活动中的产出,而负分量则代表生产活动中的投入.如果价格为 $p \in \mathbf{R}^l$,那么

$$p \cdot y = \sum_{h=1}^{l} p^h y^h$$

还将代表这一生产活动的利润.最后,我们还以 $\theta_{ij} \in [0,1]$ 表示第 j 个生产者分配给第 i 个消费者的利润份额;如果在价格为 p 时第 j 个生产者的生产活动是 $y_j \in Y_j$,那么如上所述,这第 j 个生产者所得的利润为 $p \cdot y_j$;而第 i 个消费者将分得 $\theta_{ij}(p \cdot y_j)$ 作为收入.此外,还要求每个生产者的利润将全都分给了消费者.在数学上,这就是说,$\sum_{i=1}^{m} \theta_{ij} = 1$.

所有这些就形成了一个抽象的经济,记作

$$\mathscr{E} = [(X_i, \succeq_i, e_i), (\theta_{ij}), (Y_j)]$$

---

[1] 从以上的两个证明可以注意到:如果把定理 1 中的"瓦尔拉斯律"(6.7)换成"广义瓦尔拉斯律":
对于任何 S 中的 $p, p \cdot Z(p) \leq 0 \cdots$
那么结果仍然成立.

[2] 这里以上标作为向量分量的编号,下标将作为向量自身的编号.

$$(i=1,2,\cdots,m; \quad j=1,2,\cdots,n) \qquad (6.12)$$

如果 $x_i \in X_i (i=1,2,\cdots,m), y_j \in Y_j (j=1,2,\cdots,n), p \in \mathbf{R}^l$，那么 $((x_i),(y_j),p)$ 就称为经济 $\mathcal{E}$ 的一个状态，如果状态 $((x_i^*),(y_j^*),p^*)$ 满足：

(a) 对于每个 i, x_i^* 是集合 $\{x \in X_i \mid p^* \cdot x \leqslant p^* \cdot e_i + \sum_{j=1}^n \theta_{ij} p^* \cdot y_j^*\}$ 中关于偏好 $\succeq_i$ 的最优元；

(b) 对于每个 j, y_j^* 使利润 $p^* \cdot y_j$ 在 Y_j 上达到最大；

(c)
$$\sum_{i=1}^m x_i^* - \sum_{j=1}^n y_j^* \sum_{i=1}^n e_i = 0$$

那么它就称为 $\mathcal{E}$ 的一个均衡．这里条件(a)是就消费者在其经济能力许可的情况下，进行了最优消费；其掌握的财富由两部分组成：初始持有及各生产者分给他的利润份额．条件(b)是说生产者达到了最大利润．条件(c)则是说供需达到了均衡．

经典的阿罗-德布罗定理就是说在一定条件下经济的均衡状态存在．事实上，由条件(a)和(b)，对于给定的 p，我们总可以定出消费需求 $D(p)$ 和产出供给 $O(p)$．再加上适当的条件，还可要求对应的需求映射 $D(p)$ 和供给映射 $O(p)$ 都是单值连续映射，瓦尔拉斯律由这三个条件是容易验证的．于是这样就可根据定理1，基本上得到所要求的均衡存在结果．我们这里说"基本上"，是因为定理1只能断言供不小于求，还不是供求相等．然而这样做有不少问题，这是因为我们毕竟研究的是一个经济学问题，而不是一个纯粹数学问题，为使得到的结果有意义，所附加的条件都必须有适当的经济学含义．这就大大增加了数学上的难度．

数学上的第一个困难是：我们没有任何经济学上的理由来假设需求映射和供给映射是单值的．即，对于同样的价格体系，生产者和消费者可能做出的最优决策都不一定是唯一的；一个 p 可以对应多种，甚至无限多种需求和产出．在数学上，这就是说，$D(p)$ 与 $O(p)$ 都应该是集值映射．所谓集值映射是指一个点对应一个集合的映射，这个概念虽然在数学上早就存在，但长期来都不被重视．有的数学家认为，如果把某个集合的所有子集全体看成一个新集合，那么所谓集值映射无非就是对这个新集合的单值映射．这样一来，似乎根本不需要专门研究集值映射.但事实证明这样的看法是片面的.集值映射有许多不便看成单值映射的特点.例如我们曾提到过的角谷静夫不动点定理,如果硬要把它翻译成单值映射的表达,那就不知所云了.这条定理就是:

定理 3(角谷静夫不动点定理) 设 $F=F(p)$ 是定义在 S 上的在 S 中取非空闭凸值的集值映射,且其图像 $\{(x,y)|y\in F(x)\}$ 是闭集,那么 F 在 S 中有不动点,即,存在 S 中的 $\bar{p}$,满足 $\bar{p}\in F(\bar{p})$.

这条定理显然是布劳维不动点定理对集值映射情形的推广,即,如果定理 3 中的 F 取单值,那么它就变成了布劳维不动点定理.我们已经看到,在一般经济均衡的简单模型中,其存在定理与布劳维不动点定理是等价的.因此,在一般的阿罗-德布罗模型中,由于其中对应的需求映射和供给映射都是集值映射,涉及集值映射的不动点的角谷静夫不动点定理 3,显然将在一般经济均衡存在定理的证明中起本质作用.

以下的问题就在于如何既能定出经济学上有意义,而又能保证需求映射和供给映射满足适当的集值映射条件(取闭凸值、有闭图像等).在经典的阿罗-德布罗模型中所提出的条件如下:

(A)对于每个 i,

①X_i 是下有界的闭凸集;

②在可达到消费全体 $\hat{X}_i\subset X_i$ 中,无满足消费;

③集合 $\{(x,x')\in X_i\times X_i|x\geq_i x'\}$ 是闭集;

④如果 $x,x'\in X_i$ 满足 $x<_i x',\lambda\in(0,1)$,那么 $x<_i(1-\lambda)x+\lambda x'$;

⑤存在 $\tilde{x}_i\in X_i$,使得 $\tilde{x}_i<e_i$;

(B)对于每个 j,有 $0\in Y_j$;

(C)对于 $Y=\sum\limits_{j=1}^{n}Y_j$,

①Y 是闭凸集;

②Y 与 $-Y$ 只有 0 为其公共点;

③$Y\supset-\mathbf{R}_+^l$.

我们对这些条件做一些解释:

(A)①中的闭性是指可能的消费的极限仍是可能的消费;凸性是指两项可能的消费的加权平均仍是可能的消费,即,如果 $x,x'\in X_i$,λ

$\in [0,1]$,那么也有$(1-\lambda)x+\lambda x'\in X_i$;下有界性是个比非负性更弱的要求,即,这个模型中允许有"负消费"(例如,出卖劳力就可看作一种"负消费"),只是"负消费"是有限度的;但"正消费"并不要求有限度(允许上无界).

(A)②中的可达到消费是指在适当的供应条件和适当的其他人消费条件下,有可能达到的消费$x_i\in X_i$,而其中"无满足消费"是指对任何可达到消费$x_i\in \hat{X}_i$,总存在比它更优的消费.这个条件排除了消费者有钱不想花的情况.

(A)③就是第四章中对偏好所做的连续性假定,只是换了一个形式,德布罗指出它们是等价的.

(A)④中的$\prec_i$是$\succeq_i$的否定,即$x\prec_i x'$表示x'优于x.注意到该假定中的关系式也可写成$(1-\lambda)x+\lambda x\prec_i(1-\lambda)x+\lambda x'$,它可理解为"优于"关系对它们的部分也保持.

(A)⑤中的严格不等号是指它们的分量间有严格的不等关系.这个假定是说消费者至少可以通过变卖他的财产(初始持有)来进行并非倾家荡产的消费,也就是说,消费者都不太穷.

(B)意味着生产者有权不干,尤其是无利可图时不干.

(C)中的Y是所有生产集的代数和,它代表整个社会的生产能力.(C)①中的闭凸性与消费集的闭凸性含义类似.(C)②常称为生产不可逆假设;这是因为$-Y$的含义是投入与产出的颠倒.它与Y的公共点仅为0意味着全社会的生产活动是不可逆的,即不存在把产品当投入而生产出原料来的生产活动.这在某种程度上排除了把物物交换的商业活动看作生产活动.(C)③常被称为自由处置(free disposal)假设,即,只有投入而无产出的活动也被看作一种"生产活动".这一假定对均衡的存在是至关紧要的,以保证生产不会过剩.

最后的结论是:

阿罗-德布罗一般经济均衡定理 如果经济$\mathscr{E}$满足上述条件,那么经济均衡存在.

这一定理的一种证明方法就是根据这些条件去验证所对应的需求映射和供给映射都有较好的性质,且价格必定是非负的(模型中并未要求这点),从而可以应用角谷静夫不动点定理的一个变种(相当于定理1),而得到均衡的存在.另一种方法(阿罗-德布罗原来的方法)建立在对策论的观念上,把所有的消费者和生产者都看成多人对策(犹如下棋、打牌)的一方,每人都有各自的利益函数.这时对策论中的纳什(Nash)平衡存在定理的推广就能断言一般经济均衡的存在.还有的证明干脆把亚当·斯密的"看不见的手"请到前台来,把它也看作对策的一方,并以追求供需均衡作为它的利益,同样能由对策论得到结果.不过在数学上它与前者的区别很小.这些当然都不能在这里细述.有兴趣的读者可参看有关专著.目前较易找到的是德布罗的《价值理论》的中译本.

阿罗-德布罗定理问世后,人们对它做了许多改进.这里叙述的实际上已是德布罗后来的改进.原始的阿罗-德布罗定理中都没有引入偏好,而直接引进了效用函数.在这一框架中最完备的研究是德布罗于1962年做出的.经过他的复杂细致的分析,他把消费集的下有界性、生产的不可逆性、自由处置性等假定都去掉了,达到了几乎尽善尽美的地步.

阿罗-德布罗定理为经济学的数学公理化方法树立了一个典范.从此为数理经济学开创了一个新纪元.虽然公理化方法以前也曾出现在沃尔德、库普曼等人的研究中以及冯·诺伊曼-摩尔根斯顿的《对策论与经济行为》、阿罗的《社会选择和个人价值》等名著中,但真正在经济学研究中贯彻始终的是从阿罗-德布罗的经典论文开始的.尤其是在德布罗的《价值理论》中得到完整清晰的阐述.经济学的公理化方法曾被希尔登布兰德[1]在介绍德布罗的成就时概括如下:

"首先,选定经济分析的原始概念,并用数学对象来表示这些原始概念中的每一个."

"其次,对原始概念的数学表示做出明确的假定,并全部列出.数学分析而后就以定理的形式建立这些假定的推论."[2]

这两点在我们上面的介绍中可以清楚地看到,表示为 l 维空间的商品空间等就是原始概念,而定理中的种种条件就是对原始概念做出

---

[1] Werner Hildenbrand(1936年生),德国经济学家.
[2] 《数理经济学:德布罗的20篇论文》,剑桥大学出版社,1983年,第4页.

的假定；定理的证明则是数学分析. 这里第一步自然比第二步更为基本，因为它将出于一定的经济观念，为理论建立一个基本框架. 而第二步则可以随着研究的深入，不断进行改变. 有时是取代，有时是减弱，有时干脆就去掉某些假定.

关于公理化方法的意义我们已在第一章中摘录了德布罗的一段话，在那里他谈到公理化方法有利于对问题的深刻理解、是有效的思维工具、便于学术交流等. 1977 年，德布罗在接受莱茵河流域的弗里德利赫-威廉大学（Rheinische Friedrich-Wilhelm-Universität）的荣誉博士称号时，曾以"经济理论的公理论"为题做了讲演. 他说：

"经济概念的自身定义经常处于一种大致上是含糊其实的边缘. 公理化理论把含糊的经济概念代替为处于完全确定的推理规则之下的数学对象. 毫无疑问，理论的原始数学对象的经济解释完全是自由的，并且它事实上是公理化方法的威力所在的源泉之一. 作为这种解释的自由性的一个说明，考虑经济商品的概念，开始时它被理解为一种有完全确定的物理特性的货物或劳务，诸如某种型号的钢等. 后来当发觉可在商品的定义中包括提货的日期和地点时，就能通过对原始概念做简单的重新解释，在经济理论中引入时间和空间，而这并不需要对其形式、结构做任何改变. 一种更加意味深长的解释是肯尼瑟·阿罗在他的一项经济学研究中给出的，其中的经济活动者面临的是带不确定性的未来环境. 用统计学家的语言来说，这种不确定性是由大自然从世界的可能状态集中做出的未知选择来决定的. 经济商品的定义现在除了其物理特性、提货日期和地点外，还可加上其将接受的世界状态. 这里再次把不变的形式理论，通过同样的原始概念的新解释，推广到能包括一个广阔的经济现象的新范围.

"经济理论的某个部分的公理化也需要把其任何一个结论所要求的假定全部列出. 因此，它能庇护其实践者不受非形式经济理论的公共危险之一的侵袭. 这里是指如下的情况：非形式经济理论的结论是在一系列未被完全明确的假定下成立的，而它们有时会在某些假定遭到破坏的形势下被应用.更为肯定的是,假定的完全列出、结论的精确陈述和公理化研究的严格推导提供了一个用以建造经济理论的可靠基础……这样,公理化便于查明模型中的逻辑错误,或许更重要的是便于查明在理论的陈述及其解释中的概念错误.从而,经济理论近年来强烈的公理化倾向,看来完全被弗兰西斯·培根[1]在其《新方法》(*Novum Organum*)中的断言所支持:'cituis emergit veritas ex errore quam ex confusione(与其说真理浮现在谬误中,不如说真理浮现在混乱中).'"[2]

有了德布罗的这些论述,我们都感到对于经济学的公理化没有更多的话要说.我们的体会是:数学公理化方法使得人们有可能区别两种经济学结论.一种是人们假设或认为它们应该成立的经济学"公理".例如,每个消费者都是追求眼前或长远消费效用等.这种假定只能靠调查、观察来验证.另一种是作为前者的逻辑结论的经济学"定理".例如,承认消费者追求效用最大,就能导出反映价格对消费的影响的斯鲁茨基定理.而后者能被观察所证实,也部分证实了前述假定的合理性.这样,有了公理化方法以后,经济学的争论比过去要深入得多.这也是使目前经济学数学化的主要动力之一.再回顾一些非公理化的经济学争论,人们就会发现,争论的原因其实往往是出于对术语的不同理解,或者命题本身就是无法精确表述和无法检验的.这种例子简直举不胜举.且不说那些涉及道德规范的经济学争论(例如,社会主义积累的一般规律是什么),就是一些完全属于实证经济学范畴的争论,诸如"优先发展重工业是否是工业化的必由之路?""基数大、发展慢是否是经济规律?"等,都常常处于这种状况.以它们为主题的论文多如牛毛,其中虽不乏精辟之见,但多数都在什么叫优先,什么叫工业化,什么叫必由之路,什么叫基数,什么叫发展,什么叫大,什么叫慢等尚不明确的情况下,就"论"将起来.既不列出作为研究出发点的原始概念和经济学"公理",更无严密的逻辑推理和由此导得的经济学"定理",而最终的结论往往是模棱两可的"一方面……另一方面……"于是这样的争论可以没完没了地继续下去,直到大家都厌倦了为止.

---

[1] Francis Bacon(1561—1626),英国哲学家.
[2] 《数理经济学:德布罗20篇论文》,剑桥大学出版社,1983年,第5-6页.

学点公理化方法或许是治理这类无聊的争论的一剂良药.

至于一般经济均衡理论作为一种经济思想是否合理、如何评价则是另一个问题.作为新古典主义经济学的一部分,一般经济均衡理论继承了亚当·斯密的自由放任主义,认为一切都会由"看不见的手"来自行调节,使整个经济走向均衡状态.这样的理论解释不了生产过剩和失业现象,从而在20世纪30年代西方资本主义社会出现大萧条时,"凯恩斯革命"应运而生.所谓"凯恩斯革命"指的就是对自由放任主义的"革命",主张采用政府干预的政策来增加投资,提高有效需求和就业水平.但"凯恩斯革命"并未与新古典主义和一般经济均衡理论彻底决裂,以致在以后又出现了以萨缪尔森为代表的企图用新古典主义来建立凯恩斯经济学的微观基础的"新古典综合派".与此相对立的则是企图把凯恩斯经济学与李嘉图的劳动价值论相结合的"新剑桥学派",它以罗宾逊夫人、斯拉法等为代表.后者在"两个剑桥学派之争"的同时,也批判了一般经济均衡理论.尽管有新剑桥学派的批判,一般经济均衡理论自身还在蓬勃发展,它继续统治着西方微观经济学领域,且由于萨缪尔森、希克斯、阿罗、德布罗等人的研究,达到了登峰造极的地步.

然而,一般经济均衡理论的缺陷也是显而易见的.它刻画的毕竟是一种过分理想的状态,与现实离得太远.20世纪60年代以后,许多经济学家对一般经济均衡理论越来越不满意,纷纷提出"非均衡""反均衡"研究.其中最著名的当推科尔内[1]的《反均衡》(1971,有中译本[2])和贝纳西[3]的《市场非均衡经济学》(1982,有中译本[4]).前者认为一般经济均衡理论"已经成了经济思想发展的障碍",主张"必须抛弃"这种"实际上毫无希望的理论".他为一般经济均衡理论,尤其是为阿罗-德布罗模型列出了12条不合理的论点和假设,逐一批驳,并指出了可能的解决途径.后者则作为德布罗的博士生,更多地讨论与现实较接近的"非瓦尔拉斯均衡",来重新解释凯恩斯经济学.这些无疑

---

[1] János Kornai (1928—2021),匈牙利经济学家.
[2] 亚诺什·科尔内,《反均衡》,刘吉瑞、邱树芳译,中国社会科学出版社,1988年.
[3] Jean-Pascal Benassy(1948年生),法国经济学家.
[4] 让-帕斯卡尔·贝纳西,《市场非均衡经济学》,袁志刚、王整风、孙海鸣译,上海译文出版社,1989年.

都是有益的尝试,推动了经济学的发展.尤其是科尔内作为一位社会主义国家的经济学家,他的著作更使我们感兴趣.

但是一般经济均衡理论在微观经济学中的统治地位仅仅是有所动摇,而并未因此被彻底推翻.原因在于能取代它的旗鼓相当的经济理论尚未成熟.就像西蒙的"满意"显然比"最优"更合理,而可用的数学手段大大减少一样,"反均衡"也好,"非均衡"也好,都存在着同样的问题.科尔内和贝纳西都希望把经济用带信号控制的动态系统来刻画,但数学上遇到许多困难,以至理论上远不能做到像一般经济均衡理论那样漂亮.为此,科尔内说:

"经济学必须摆脱它目前所使用的狭窄的数学工具的束缚.看来实现这一目标只有借助于精通各个分支的**专业数学家**的合作."①

对于一般经济均衡理论存在的问题可以轻易地列出很多,但是这绝不是因为那些经济学家和数学家都是白痴,没有看到这些问题.理想的一般经济均衡从未在现实中存在过,甚至连较接近都很难说,这是明摆着的事.其他如技术进步使生产集失去凸性等也是人们所熟知的.科尔内等都对那么多杰出人物投入一般经济均衡理论的研究做了种种解释.其实,我们认为,最重要的原因还在于对它的研究是人类认识必须经过的一个阶段.没有这一阶段的存在,也不会有反均衡和非均衡以及以后更为成熟的理论的出现.正如冯·诺伊曼和摩尔根斯顿在《对策论和经济行为》中所说:

"我们再次特别强调我们的理论是彻底静态的.一种动态理论毫无疑问要比它完备,因而将更受欢迎.但是从科学的其他分支看来极为明显的是,在静态方面尚未完全搞明白时,试图建立动态理论是徒劳的."②

新的成熟的理论还有待经济学家和数学家的继续努力.

---

① 让-帕斯卡尔·贝纳西,《市场非均衡经济学》,袁志刚、王整风、孙海鸣译,上海译文出版社,1989年,第385页.
② 让-帕斯卡尔·贝纳西,《市场非均衡经济学》,英文版第44页.

七　福利经济学与社会选择

在我们上面的 4 章中,前两章只涉及个体(生产者和消费者)利益的最优化,而后两章则涉及个体利益与整体利益的协调问题. 西方经济学中有一个专门研究这个问题的分支,它就是所谓"福利经济学". 这个题目中的"福利"(welfare)两字很难离开价值判断,因此,从整体上来说,人们都认为福利经济学是一种规范经济学. 事实上,福利经济学在其问世之时,就号称要定出一系列"福利标准",来评价一个社会是否"公正". 这些显然都不是实证经济学的内容.

但是如果我们把"利益"完全抽象成数学上的函数,那么由此得到的"理论福利经济学"应该仍能看成没有价值判断的实证经济学. 价值判断将只出现在与现实相结合时如何解释这些函数. 也就是说,只有"实用福利经济学"才主要是规范经济学. 对"理论福利经济学"与"实用福利经济学"做出一定的区别显然是有意义的. 我们常说"要正确处理国家、集体与个人之间的关系",而这恰恰就是"理论福利经济学"要研究的课题. 当然,除了把"利益"从价值判断中抽象出来外,还有"正确"也需要从价值判断中抽象出来. 这可以通过分成若干种类型的办法来做到. 例如,"个人利益要绝对服从国家利益"与"个人利益与集体利益要互相兼顾"就不能说是同一类型的. 不过这样的用文字表达的原则很难表达得很确切. "理论福利经济学"就是要把这类原则用数学语言精确地、无歧义地表达出来.

福利经济学有新旧之分. "旧福利经济学"被认为是由庇古[①]所创

[①] Arthur Cecil Pigou(1877—1959),英国经济学家.

立的.由于他在1920年写了一本名为《福利经济学》的书,就被人称为"福利经济学之父"."新福利经济学"则是在20世纪30年代以后形成的,但其遵循的观念则是帕累托提出的.我们不想在具体的福利经济学论述中陷得太深.好在这方面国内最近出了本《西方福利经济学述评》[①],对此有详尽的介绍和批判.我们感兴趣的仅在其与数学有关的、并有可能为我们所用的部分.

从数学方面来看,旧福利经济学与新福利经济学的主要区别就是基数效用论与序数效用论的区别.也就是说,旧福利经济学是用效用函数来刻画"利益"的,而新福利经济学则是用偏好来刻画"利益"的.

在旧福利经济学中,由于效用函数是一个数值函数,其值就可以相加.于是总体的效用函数就可简单地定义为所有个体的效用函数之和.这种做法并不见得像不少论述中所说是绝对不合理的.事实上,在有些问题中这样做也是符合实际的.典型的例子就是我们在第五章中所讨论的问题.在那个问题中的总体"经济效益"就是等于个体"经济效益"之和.我们在那一章中的讨论实际上也正是脱胎于"旧理论福利经济学"的讨论.这个例子或许也能说明,即使是常常被说成一无是处的"资产阶级福利经济学",也包含一定的科学内容,可供我们改造使用.问题在于如何学会从中汲取.

但是,用效用函数来表示个体利益在很多情况下确实是不合适的.尤其是认为不同个体效用函数可以比较,以及总体效用函数可以通过个体效用函数的相加来得到,那就使被研究的问题会有很大的局限性.新福利经济学在这点上就比旧福利经济学来得高明.用偏好关系来代替效用函数,或者说用序数效用来代替基数效用,就能处理更一般的问题.在第六章中,我们就是这样做的.其中各消费者各有偏好.虽然理论上这些偏好也都能用效用函数来表示,但是由于这种表示不是唯一的,它们间的相互比较也就毫无意义.而其总体的利益实际上是由供需均衡来刻画的,更与消费者的偏好或生产者的利润没有直接关系.

这样一来,需要有一个原则来判断个体之间以及个体与总体之间

[①] 厉以宁,吴易风,李懿著,商务印书馆,1984年.

的利益是否协调.帕累托提出了以下的原则:如果每人都已不能在不损害他人利益的前提下增加自己的利益,那么就认为他们已处于最优状态.在今天的文献中,都已把这样的状态称为帕累托最优状态.孤立抽象地来看,它无非是指某种稳定状态.如果联系到某一具体问题时,认为这样的状态不能维护多数人或某些人的利益时,尽可以再采用某种照顾一部分人的准则.而这时得到的准则往往也是帕累托最优的某种数学上的变形.这就是说,仅就帕累托最优自身来说,它并不反映任何价值判断.硬要说帕累托最优的概念就是"美化资本主义社会""维护垄断资本利益""为剥削关系的合理性作辩护"等,未免扯得太远.正如我们在第一章中已经提到,帕累托最优这个术语今天在数学文献中出现的次数与在经济学文献中同样频繁.它是多目标规划理论中的一个基本概念.例如,对某一工业产品有若干项性能指标.我们自然希望它在一定的条件(如成本条件)下,各项性能指标越高越好.但到了某种状态,会出现每项指标都处于不降低其他指标就不能提高的情况.这种状态也就称为这个多目标最优问题的帕累托最优.对于一名只知道这样的帕累托最优的数学家来说,如果听说帕累托最优有那么多的"罪名",准要惊讶得说不出话来.幸而这种乱扣帽子的现象正在越来越少.

现在我们来对抽象的帕累托最优给出严格的数学定义.假设有一个系统中有 n 个个体.这个系统的状态可用某个集合 X 中的元素 x 来表示.而每个个体的"利益"可用 X 上的偏好关系 $\succeq_i$ 来刻画($i=1, 2,\cdots,n$).于是每个个体对系统所处的任何两个状态 x_1、x_2,都会根据他的偏好,而认为哪个状态对他来说更好,或者两者对他来说无差别.对于 X 中的状态 $\bar{x}$,如果不存在 X 中的另一个状态 x',使得对于所有 i,都有 $x'\succeq_i \bar{x}$,且至少对于一个 i,有 $\bar{x}\prec_i x'$,这里 $\prec_i$ 是 $\succeq_i$ 的否定,那么 $\bar{x}$ 称为系统的帕累托最优状态.理论福利经济学的主要任务之一,就是要考察许多涉及多方利益的问题的解是否处于帕累托最优状态.

如果对于任何一个涉及多方利益的问题,其自然形成的平衡状态总是帕累托最优的,那么这个概念的意义就不太大.但事实上并非如此.一个典型的例子就是我们曾在第二章中提到过的,在 19 世纪由古诺研究过的双头垄断问题.在那里我们还提到现实中的双头垄断典型例子之一是美国的可口可乐公司和百事可乐公司.这两家公司生产同类型的软性饮料,垄断了几乎全世界的这类饮料的市场.于是为争夺市场,他们展开了你死我活的竞争.古诺指出,这种双头垄断的竞争会有某种平衡状态.下面我们就来讨论这个问题.

设这两个公司分别为 A 与 B. A 有一整套市场竞争策略.我们把它的策略全体记作 X. B 也有一套策略,它的策略全体记作 Y. 但是 A 和 B 各自能得到的利润并不完全由其单方决定,而是要看双方各采用什么策略来决定.因此,A 和 B 各自的利润 f_A 和 f_B 都可看作定义在策略集 X 和 Y 上的两个变量的函数,即,如果 A 采用了 X 中的策略 x,而 B 采用了 Y 中的策略 y,那么 A 将得到的利润为 $f_A(x,y)$,而 B 将得到的利润为 $f_B(x,y)$.

为了使本公司获得更多的利润,这两个公司当然都会不断根据对方的策略,来调整自己的策略.在双方实力不相当的时候,小公司往往只能跟着大公司转,企图沾点大公司的光;而大公司则玩弄花招,企图让小公司上当.而当两公司实力相当时,那时它们都会主动出击,展开一场市场大战.这两种情形我们都可从百事可乐向可口可乐的挑战中看到.它们在理论上被抽象为不同类型的二人对策问题.前者称为主从对策,或斯泰克尔贝格①对策;后一情况引起的不稳定现象则称为斯泰克尔贝格战局.斯泰克尔贝格是位以研究市场问题著称的经济学家,但这个名字现在也常出现在数学文献中.

古诺考虑的是两个公司都较保守的情形.他提出这样一种平衡状态:在这种状态下,任何一方在对方策略不变时改变策略都占不了便宜.具体地说,如果在这种状态下,A 采取的策略是 $\bar{x}$,而 B 采取的策略是 $\bar{y}$,那么对于 A 的任何其他策略 x 和对于 B 的任何其他策略 y,将有

$$f_A(x,\bar{y}) \leqslant f_A(\bar{x},\bar{y})$$
$$f_B(\bar{x},y) \leqslant f_B(\bar{x},\bar{y})$$

目前,在文献中就称双头垄断的这种平衡状态为古诺平衡.1950 年,美国数学家纳什(J. F. Jr. Nash)把古诺平衡的概念推广到 n 人情形,

---

① Heinrich von Stackelberg(1905—1946),德国经济学家.

得到了有关 n 人非合作对策问题的著名的纳什平衡定理(我们曾在上一章中提到过它的推广在证明阿罗-德布罗定理中起本质作用). 因此, 现在更多的文献称上述的平衡状态为古诺-纳什平衡.

古诺-纳什平衡中的每个个体都是从自身的利益来考虑的, 而并未考虑其他个体的利益. 我们自然要问, 它与帕累托最优状态有何关系. 虽然我们可以举出一些平凡的例子, 使得其中这两种状态是一致的. 例如, 设 f_A 与 y 无关, f_B 与 x 无关, 而 $\bar{x}$ 和 $\bar{y}$ 分别使 f_A 和 f_B 达到最大值; 那么状态 $(\bar{x}, \bar{y})$ 既是古诺-纳什平衡状态, 也是帕累托最优状态. 当然, 这样的例子没有多大意义. 然而, 在一般情况下, 古诺-纳什平衡可以与帕累托最优完全不同. 请看下列例子.

假设 A 和 B 两家公司都有两个市场策略: 维持原价和减价 10%. 如果两家都维持原价, 则各得利润 10 万元; 如果 A 减价, B 维持原价, 则市场被 A 夺去多半, A 得利润 12 万元, 而 B 只能得利润 7 万元, 相反情形也一样; 但是如果 A 和 B 都减价, 它们都只能得利润 8 万元. 总的形势见下表:

		公司 A	
		减价 10%	维持原价
公司 B	减价 10%	各得利润 8 万	A 得 7 万, B 得 12 万
	维持原价	A 得 12 万, B 得 7 万	各得利润 10 万

我们很容易看到, 在这个例子中, 古诺-纳什平衡是左上格: 各得利润 8 万元, 因为一旦处于这一状况, 谁改变策略谁就倒霉. 而帕累托最优是右下格: 各得利润 10 万元, 因为一旦处于这一状况, 谁想再多得利, 就要损人利己. 总体来说, 自然帕累托最优是最好的状态. 但是由于两大公司都想损人利己, 这个状态是不稳定的. 然而, 正由于两家都想损人利己, 或者至少为了保护自己, 结果都会采取减价策略. 最后达到的是两败俱伤的古诺-纳什平衡, 而这倒是一个稳定状态.

这个例子就是对策论中有名的"囚犯难题". 通常的说法不是两个公司, 而是两个犯有共谋罪的囚犯. 他们的两个策略分别是交代揭发和拒不认罪. 而法院对他们的判刑见下表:

		囚犯 A	
		交代揭发	拒不认罪
囚犯 B	交代揭发	各判徒刑 8 年	A 判 10 年，B 判半年
	拒不认罪	A 判半年，B 判 10 年	各判徒刑 2 年

其中右下角的判决可解释为因证据不足而只能从轻. 它是这个问题的帕累托最优. 左上角的判决可解释为因罪行确凿而依法量刑. 它是这个问题的古诺-纳什平衡. 另外两种情形则是为体现"坦白从宽, 抗拒从严".

推敲这两个例子在细节上是否符合实际以及从道义上去评价这些人的所作所为, 自然没有什么必要. 举出这样简单的模型的目的是突出处理涉及多方利益问题时可能出现的各种矛盾. 这两个例子是非常发人深省的. 历史上曾引起过许多研究. 有的国家就据此对某些行业用政府立法的办法来定价, 以避免价格战造成的恶果. 还有人认为, 当前国际形势趋向缓和, 也说明两个超级大国开始懂得"囚犯难题"的道理. 这看来不能说完全是牵强附会. 对于我们来说, 弄清古诺-纳什平衡与帕累托最优的区别也很有现实意义. 虽然它似乎与"顾全大局"之类有类似的意义, 但是它比一般的说教有更深一层的意思, 即, 不能搞过分的分散, 使得分散后的决策机制造成俱伤的局面. 一个现实例子是: 我国前几年的某些对外贸易权的下放, 搞得各省市为争出口自己打起价格仗来. 结果不但国家吃亏, 连那些打价格仗的省市也并未因此而占便宜.

现在我们来考察前两章中研究过的例子是否处于帕累托最优. 第五章中的例子比较简单. 如果各企业的经济效益函数都是资金(或更一般的资源)量的递增函数, 那么任何一种把资金(或资源)分完的资金分配(或资源配置)方案都是帕累托最优; 因为任何一个企业要提高自己的经济效益, 都需要从别的企业再分出资金(或资源)来, 从而损害了别人的经济效益. 但是一个任意的资源配置方案显然不一定是使总经济效益达到最大的方案, 因为我们以前对总经济效益就直接定义为各企业的经济效益之和. 然而, 可以指出, 在一定的凸性假设下, 任何一个(帕累托最优)资源配置方案一定使某个用加权和方式定义的总经济效益达到最大.

为了看到这一点, 我们以 $n=2$ 为例. 设资金 a 分给两个企业后,

它们各得 x_1 和 x_2，那么 x_1 和 x_2 满足
$$x_1+x_2\leqslant a, x_1\geqslant 0, x_2\geqslant 0$$
这样 (x_1,x_2) 全体在平面上构成一个等腰直角三角形 AOB，所形成的闭区域为 S（图 7.1）.

映射 $R(x_1,x_2)=(R_1(x_1),R_2(x_2))$ 把这个三角形变成图 7.2 中的曲边三角形 $A'O'B'$ 所形成的闭区域 $R(S)$：

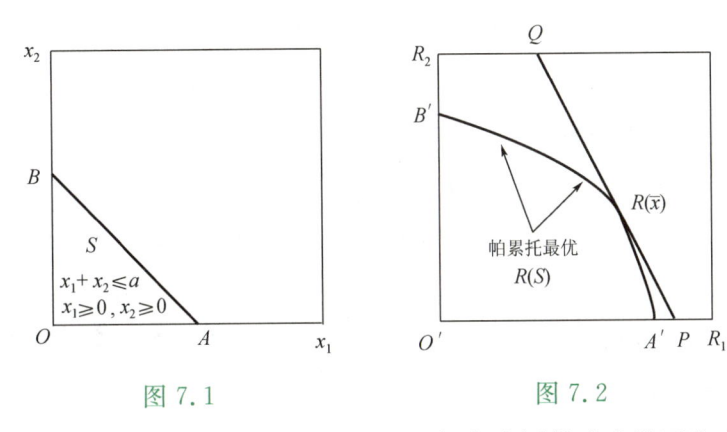

图 7.1

图 7.2

这里坐标轴形成的两边 OA 与 OB 仍变成同样形式的两边 $O'A'$ 与 $O'B'$，这是因为我们自然假设 $R_1(0)=R_2(0)=0$. 而由直线 $x_1+x_2=a$ 构成的边 AB 则变成一段曲线 $A'B'$. 我们假设这段曲线是往外鼓的. 这就是所谓凸性假设，它相当于我们前面提到过的资金趋向饱和阶段. 在这样的假设下，这段曲线 $A'B'$ 上的点显然都是帕累托最优点. 对于其上的每一点 $R(\bar{x})=(R_1(\bar{x}_1),R_2(\bar{x}_2))$ 来说，都可作一条切线 PQ，使得整个曲边三角形 $A'O'B'$ 形成的闭区域 $R(S)$ 都在这条切线 PQ 的下方. 设 PQ 的方程为
$$\lambda_1 R_1(x_1)+\lambda_2 R_2(x_2)=b$$
其中 $\lambda_1\geqslant 0, \lambda_2\geqslant 0$. 那么不难看出 $(\bar{x}_1,\bar{x}_2)$ 是下列问题的解：
$$\begin{cases} \max \lambda_1 R_1(x_1)+\lambda_2 R_2(x_2) \\ \text{s.t.} \quad x_1+x_2\leqslant a \\ \qquad x_1\geqslant 0, x_2\geqslant 0 \end{cases}$$
即 $(\bar{x}_1,\bar{x}_2)$ 使得用加权和形式来重新定义的总经济效益函数 $\lambda_1 R_1(x_1)+\lambda_2 R_2(x_2)$ 达到最大，且这个最大值一定是 b.

以上这一段不能算一个严格的数学证明，但是对于较熟悉有关数学的读者来说，容易从这里提供的思路出发，写出一个对一般的 n 也

成立的严格的证明来. 其中需应用的关键定理是凸集分离定理, 它用来保证过 $(R_1(\overline{x_1}), R_2(\overline{x_2}))$ 的切线(一般情形是切超平面, 或承托超平面) 在曲边三角形(一般是一个曲超多面体) 的上方. 由此得到的结论是: 每一个把资源分完的资源配置方案, 对于各企业来说总是帕累托最优的, 尤其是使某总经济效益达到最优的资源配置方案是帕累托最优的; 反之, 如果满足一定的凸性假设(它意味着资源利用趋向饱和), 那么每一个帕累托最优的资源配置方案, 都一定使某个用个体经济效益的加权和来定义的总经济效益最优. 这里加权的权数的经济含义是把各个企业不一律看待. 有的较重视(权数大), 有的较轻视(权数小), 有的根本不予考虑(权数为零).

这样一来, 在资源配置问题中, 资源最优配置与帕累托最优某种程度上成了一回事. 问题只在于如何根据个体的经济效益来确定总经济效益. 用福利经济学的术语来说, 这叫作如何根据个体偏好或效用来定出社会偏好, 其过程称为社会福利函数. 理论上可以抽象地认为, 社会是根据其社会福利函数来对其各种可能有的情况进行选择的. 这样我们就开始进入本章的后一个主题: 社会选择. 不过在此以前, 我们关于帕累托最优还有一个更重要的问题需要讨论. 这就是一般经济均衡与帕累托最优的关系.

一般经济均衡与帕累托最优之间的关系是福利经济学的基本问题. 长期以来, 人们相信, 一般经济均衡所达到的状态一定与帕累托最优状态是一致的, 但谁也没能对它给出一个严格叙述. 首先对它给出明确回答的是兰格, 他在 1942 年的一篇题为《福利经济学的基础》的论文中, 论证了一般经济均衡与帕累托最优的一致性. 后来阿罗在 1951 年、德布罗在 1954 年又进一步给出了它的严格证明. 目前文献中通常把这个结果称作福利经济学基本定理. 它的一般叙述比较麻烦, 为简单起见, 我们讨论一种较简单的纯交换经济的一般经济均衡. 所谓纯交换经济就是没有生产者的经济. 在这个经济中, 由于商品不会增加, 经济活动就成了各消费者之间的初始持有的交换. 沿用上面的记号, 一个纯交换经济可表示为

$$\mathcal{Y} = (X_i, \succeq_i, e_i) \quad (i = 1, 2, \cdots, m)$$

对于纯交换经济来说, 它的一般经济均衡自然是指满足下列条件的状

态$((x_i^*), p^*)$:

(a) 对于每个 i, x_i^* 是集合 $\{x \in X_i \mid p^* \cdot x \leq p^* \cdot e_i\}$ 中关于偏好 $\succeq_i$ 的最优元;

(b) $\sum_{i=1}^{m} x_i^* = \sum_{i=1}^{m} e_i$.

在这种情况下,我们有

福利经济学第一基本定理 设 $((x_i^*), p^*)$ 是纯交换经济 $\mathscr{Y}$ 的一般经济均衡. 那么 (x_i^*) 在经济 $\mathscr{Y}$ 中也是帕累托最优.

福利经济学第二基本定理 设 (x_i^*) 是纯交换经济 $\mathscr{Y}$ 的帕累托最优,且假定对于每个 i, X_i 是凸集, $\succeq_i$ 满足第六章(A)②和(A)③,而 x_i^* 是非满足消费,且对于任何非零价格 p, 有 $\inf\{p \cdot x \mid x \in X_i\} < p \cdot x_i^*$. 那么存在 $\widetilde{e_i} \in X_i$ $(i=1,2,\cdots,m)$, 满足 $\sum_{i=1}^{m} \widetilde{e_i} \leq \sum_{i=1}^{m} e_i$ 以及非零的 $p^* \in \mathbf{R}^l$, 使得 $((x_i^*), p^*)$ 是纯交换经济 $\widetilde{\mathscr{Y}} = (X_i, \succeq_i, \widetilde{e_i})$ $(i=1,2,\cdots,m)$ 的一般经济均衡.

这两条定理的证明并不难,尤其是第一基本定理的证明几乎立即就可得到. 它们的经济学含义常被解释为这样:帕累托最优常被认为是一种有效率的状态,因为每个个体都在不影响别人的条件下,发挥了最大的作用. 而一般经济均衡被认为是一种市场机制所形成的资源最优配置. 因此,这两条定理就意味着市场机制所形成的资源配置是有效率的. 而反过来,在一定条件下,一种有效率的资源配置也一定可以通过某种市场机制来实现. 这里条件是重要的. 例如凸性要求反映了经济要发达到一定程度;为保证能接近一般均衡价格,不能有垄断,不能有不完全竞争等. 进一步的规范性的研究还有"平等与效率"的问题. 帕累托最优虽然是有效率的,并且是能由市场机制完成的资源最优配置,但不一定是平等的,即它可能造成贫富悬殊;而收入平等则会引起效率不高. 如何处理平等与效率的关系就是一个重要问题. 它可以通过交替考虑平等与效率的办法来解决,也可以对一个较平等的分配机制通过激励("发奖金")的办法来提高效率如此等等. 按照理论福利经济学的奠基人之一,同时又是马克思主义者的兰格的观点,福利经济学反映了:"小资产阶级和中等资产阶级对资本主义垄断的批判"①,但是我们可以看到,这类研究对我们显然是有借鉴作用的.

现在我们来讨论社会选择问题.我们已经说过,所谓社会选择问题是如何通过个人选择来确定社会选择.或者用通俗的话来说,考虑社会上个人的意愿如何来决定全社会的意愿,或者更确切地说,社会统治者的意愿.这个问题的具体讨论自然紧密联系着道德规范和价值判断.但是我们将讨论的是一个抽象问题,即,怎样定出一套规则,使得根据社会上各个体的偏好,来定出社会的偏好.至于这套规则在应用时将对谁有利,是否道德等,不属于我们的讨论范围.这里的规则自然也包括最简单的规则:不管社会上任何个体的意愿如何,社会的代表者或统治者就以自己的偏好为偏好,这种选择规则可称为独裁规则.我们将看到它在我们下面的讨论中起到特殊的作用.

在旧福利经济学中,个人选择是用效用函数来刻画的.于是社会选择就变为由这些效用函数再来定出一个复合的函数来.这个函数也就是我们已经提到过的社会福利函数.不管其意义如何,作为一种数学程序,这种社会福利函数是容易确定的.例如,我们可取所有个体的效用函数的和、加权和、平方和、乘积、对数乘积、对数加权和等.目前在有些涉及多目标优化的应用数学问题中,人们也常常采用这种办法把多目标的问题转化为单目标的问题.

但是在新福利经济学中,这个问题就要复杂得多.因为这时个人选择是用偏好来刻画的,它仅仅是个顺序概念.我们需要根据每一组个体定下的顺序,来定出整体的顺序.这种定序规则仍然叫作社会福利函数,其早期研究是阿罗的老师伯格森②在1938年做出的.后来萨缪尔森在他的《经济分析基础》中也有过深入讨论.

人们很早就知道,利用一条简单的规则,例如少数服从多数原则,是无法作为一般的社会福利函数的.著名的"投票悖论"就是一个例子.这个例子如同"囚徒难题"一样,可以有许多不同的模型.我们以选举问题作为它的模型叙述如下.

假设在某一选区有三名候选人 A、B、C 让选民们来选举,要求每

---

① 兰格,《政治经济学》,王宏昌译,中国社会科学出版社,1987年,第254页.
② Abram Bergson(1914—2003),美国经济学家.

一选民对这三名候选人都排出自己心目中的顺序,最后以得票的多少来决定这三人在选区中的名次顺序.结果三分之一的选民排出的顺序为 A、B、C;三分之一的选民的顺序为 B、C、A;而另外三分之一的选民的顺序为 C、A、B.这样,由于有三分之二的选民认为 A 比 B 好,三分之二的选民认为 B 比 C 好,似乎应该最终的顺序为 A、B、C.然而,恰恰也有三分之二的选民认为 C 比 A 好.于是 A、B、C 之间的顺序就变得无法列出.这就是所谓"投票悖论".

人们对"投票悖论"的认识有很长的历史.它曾经不止一次地被人发现和讨论[①].现在文献上通常称这件事为贡多赛[②]效应,看来是贡多赛最早研究这一问题.他在 1785 年的一篇随笔中已经论述过这一现象,但他又提到他受到波尔达[③] 1781 年的一篇文章的影响.

这样一来,就引出一个令人感兴趣的问题:能否找到一个不引起矛盾的、但又符合一系列合理的"民主"原则的"社会福利函数",即根据个体的选择顺序来定出整体的选择顺序的规则? 当然,这首先要问什么是合理的"民主"原则.为此我们先把问题在数学上精确化.

假设社会 S 上有 m 个个体成员.社会上出现的各种事件构成一个集合 X.每个个体对每一事件都有自己的态度,用数学语言来说,每人都对集合 X 有一个偏好关系 $\geq_i (i=1,2,\cdots,m)$.所谓社会福利函数是指确定一个由这些偏好关系来决定的偏好的规则.用符号表示,即定义社会的偏好

$$\geq_S = P(\geq_1, \cdots, \geq_m)$$

其中 P 就是某种规则.这里我们认为 $\geq_i (i=1,2,\cdots,m)$ 和 $\geq_S$ 都满足关于偏好的自反性、传递性和完全性(参看第四章).这就是说,任何人对任何两个事件都要表态,或者说出谁比谁好,或者说它们一样好(完全性);所有事件的好坏是能按顺序排队的(传递性);而人人都表态后,社会也必须按规则做出决断,这种决断也有同样的性质,不允许像投票悖论中那样出现循环(不满足传递性).

[①] 参看阿罗,《社会选择与个人价值》,陈志武,崔之元译,四川人民出版社,1937 年,第 174-179 页.
[②] Marie Jean Antoine Caritat, Marquis de Condorcet(1743—1794),法国数学家、哲学家、经济学家和政治家.原姓卡里达(Caritat),贡多赛(Condorcet)是他的侯爵封号.
[③] Charles de Borda(1733—1799),法国数学家和航海家.

第 1 条合理的"民主"原则为

U（无限制原则） $\succeq_i (i=1,2,\cdots,m)$ 在 X 上的定义方式无任何限制.

这条原则是说,任何人的表态不受到限制,不能规定对某些人不允许其某种表态.

第 2 条原则是

P（一致性原则） 如果对 X 中的两个事件 x 和 y,对于所有的 i 都有 $x \prec_i y$,那么 $x \prec_s y$.

这里与过去一样,$x \prec_i y$ 是表示 $x \succeq_i y$ 不成立.这条原则就是说,人人都认为不好的事,社会也应该认为是不好的.这当然是毫无疑问应该有的原则.不过要注意的是,我们这里并未要求:人人认为无差别的两件事,社会也认为它们无差别.因此,它在理论上被称为弱帕累托原则,以区别其他一些更高的要求.而在阿罗的书上,对两条比它稍强的原则称为"公民主权原则".

第 3 条原则是

I（独立性原则） 如果对于 X 中的两个事件 x 和 y,$\succeq_s = P(\succeq_1, \cdots, \succeq_m)$ 对它们做出的偏好判断与 X 中的任何其他事件无关.

这就是说,当人们在关于两件事进行讨论决策时,社会根据大家对这两件事的态度就能决定,不必牵涉到其他事.这一原则虽然看来不像一致性原则那样无可争辩,但很难认为它是不合理的.关于它的合理性我们在下面还要谈到.

第 4 条原则是

D（非独裁原则） 不存在某个 i,使得 $P(\succeq_1, \cdots, \succeq_m) = \succeq_i$. 这就是说,不能一个人说了算,而完全不考虑别人的意见.

所有这 4 条原则似乎都是应该有的.那么满足这样 4 条原则的"社会福利函数"是否一定存在呢?阿罗的卓越贡献就在于他证明了"阿罗不可能性定理":

阿罗不可能性定理 如果 X 中的事件个数不小于 3,那么不存在任何遵循原则 U、P、I、D 的社会福利函数.

这是一条能使人大吃一惊的定理.它的两个显然推论(设事件个数≥ 3)是

推论 1 遵循原则 U、P、I 的社会福利函数一定不遵循 D，即，它是独裁规则.

推论 2 遵循原则 U、P、D 的社会福利函数一定不遵循独立性原则 I.

阿罗不可能性定理的证明并不难，但是需要有严格的数学逻辑思维. 在这里细究它的证明可能是令人生厌的. 我们把证明放到本章的附录中去，而来谈谈这条定理究竟意味着什么.

我们首先注意到，定理中要求事件个数不少于 3. 也就是说，如果只有两件事被人们来选择，我们完全可能提出遵循这 4 条原则的社会选择办法. 当然，还有个条件是 $m>1$，否则一共只有一个人，任何规则将都是他一个人"独裁". 在一共只有两个候选对象 x 和 y、而有选举权的人数 $m>1$ 时，一条完全遵循上述 4 条原则的办法就是"少数服从多数". 不过为了明确起见，我们还规定在票数一样、但都不是零票时，x 与 y 无差别；在都是零票（全部弃权）时，认为 x 得胜. 那么容易验证，在定义 $x<_i y$ 表示第 i 个人投 y 一票等以后，这一规则完全符合 4 条原则. 事实上，这样的"少数服从多数"自然对任何人的表态未加限制，因此符合原则 U. 它也显然符合原则 P，因为它意味着"得全票者当选". 原则 I 无意义，因为根本没有第 3 者. 它也符合原则 D，因为在人人弃权时，"社会"并未弃权，从而"社会"并未与任何人意见一致. 或者在 m 是偶数时，可能谁都投了票，"社会"却投了弃权票.

然而，阿罗不可能性定理指出，这种情况仅当 X 中只有两个备选对象时可能. 如果有 3 个以上的备选对象，这样的情况就再也不可能出现."投票悖论"说明这时少数服从多数已不能作为社会选择的办法，而任何符合前 3 条原则的办法一定与某个人的意见一致. 这样的人可能是多数，也可能是少数，甚至就只有一个人. 由于这里实行的一定不是少数服从多数的办法，说此人代表"群众意见"，就根本无从谈起.

那么是否那 3 条原则有点问题呢？"无限制原则 U"与"一致性原则 P"似乎是无论如何不能放弃的. 当然，在实际社会中，任何表态总会受到一定的约束，一致通过的东西也能被否定，但在理论上，我们很难规定哪些表态不许有，怎样情况下，一致通过的决议可被"社会"否定. 于是可疑的就剩下"独立性原则 I"了. 而阿罗不可能性定理告诉我们,如果人们希望还要保持"非独裁原则 D",那么"独立性原则 I"一定不满足.

这一事实或许人们隐约地已有过一点感觉,但是在阿罗之前,谁也没有想到这是可以严格证明的. 生活中有大量的各种各样的排名次的评判规则. 例如,体操、跳水之类的体育比赛评分,歌唱、舞蹈、电影、电视等的文艺评奖,学生学习的排名次,科研成果的评奖,各国、各地区的各种状况的比较等,只要其中涉及 3 个以上的被评判对象和 2 个以上的评判员或 2 个以上的评判可能,不管最终的评判规则如何严密,都一定是不满足"独立性原则 I"的,因为一般来说,它们都符合另外 3 条原则. 当然,这并不是说,两个实力相差很远的备选对象之间的名次先后会受第 3 者的影响,因为它们的名次先后已被"一致性原则 P"所保证,而是说当评判员们对两个备选对象的名次前后意见有分歧的时候,他们最终的名次就有可能与第 3 者有关. 谓予不信,请看下面的例子.

假设有一场有 5 位歌星 A、B、C、D、E 和 3 位评判员 u、v、w 参加的某某唱法的大奖赛. 评判员 u 与评判员 v 的意见比较一致,认为这 5 位歌星的名次应该是 A、B、C、D、E,而评判员 w 则出于某种原因,要抬高 C,贬低 A 和 B. 他排出的名次是 C、D、E、A、B. 为简单起见,我们认为各评判员对第 1 名打 5 分,对第 2 名打 4 分,……,对第 5 名打 1 分(不过底下的讨论对认为他们打 9.9—9.5 分也同样成立). 于是 5 名歌星的所得总分分别为

$$A:12,\quad B:9,\quad C:11,\quad D:8,\quad E:5$$

从而最后的名次为 A、C、B、D、E.

但是如果这时歌星 B 因为看到她不但毫无希望夺魁,而且还有可能落在 C 的后面,十分气恼,临时决定弃权,不参加比赛. 于是她在 3 名评判员那里全成了第 5 名,以致 u 和 v 排出的名次成了 A、C、D、E、B,而 w 排出的名次并无改变. 这样一来,这些歌星的得分将变为

$$A:12,\quad B:3,\quad C:13,\quad D:10,\quad E:7$$

C 竟因此而跃居第 1! 这就是说,A 和 C 究竟谁得第 1,并不只取决于她们自身,而在很大程度上要取决于 B 的表现,即,用我们的术语来

说,这种评判方法是不符合"独立性原则 I"的.

我们知道,许多评判方法都希望尽可能公正,遵循"独立性原则 I"等.诸如"去掉一个最高分,去掉一个最低分"等,就是一些有用的措施.但是阿罗不可能性定理告诉我们,实际上任何措施都解决不了"独立性"问题,除非你愿意采取更糟糕的"一个人说了算"的办法.这个道理也能回答一些好心的球迷的问题.我们经常会看到这样的一种球赛,两个球队都已比完了他们需参加的场次,但他们间的名次排列往往还要等别的队比完后才能知道.也就是说,没有"独立性".更使人恼火的是,还有可能出现两个队互相争输的场面,以避免与强队遭遇,以失小分来避免失大分.有的球迷就问:能不能设计一个合理的竞赛规则,使得完全不可能出现这种现象? 运用证明阿罗不可能性定理的同样推理可以证明,只要在赛程中会出现 3 个以上的球队的循环赛,这种非独立现象是不可避免的.

阿罗不可能性定理在经济学、政治学、社会学等学科上更进一步的含义是什么当然很值得研究.我们在第一章中把它粗糙地说成是"绝对民主是不可能的",自然还有待更深入的阐述.但阿罗本人并未对此大加发挥.除了说过他的定理是"英美两党制的逻辑基础"外,并未说过更多的涉及道德规范和价值判断的话.相反,他在他的诺贝尔奖的演说中则谨慎地指出:

>"社会选择矛盾的哲学的和分配的含义还不清楚.肯定没有简单的方式可以解决."①

但是另一位诺贝尔经济奖的得主布坎南则对此大做文章,鼓吹自由主义.他说:

>"公共选择论,再加上根据经验进行观察,给集体主义解决社会问题的热情泼了一瓢冷水.……公共选择分析理论则认为,只有个人才具有价值观和偏好,根本不存在有待神秘的政治讨论过程去发现的先验真理."②

对此我们当然是不能苟同的.事实上布坎南在此也已经夹带了阿罗定理中所没有的私货.我们更赞赏阿罗的态度:

---

① 《诺贝尔经济学奖金获得者讲演集(1969—1986)》,中国社会科学出版社,1989 年,第 147 页.
② 布坎南,《经济学家应该做什么》,罗根基、雷家端译,西南财经大学出版社,1988 年,第 228-229 页.

"我希望其他人将这个矛盾当作一种挑战,而不是当作一种使人灰心的障碍."[①]

附录:阿罗不可能性定理的证明

设 G 为 m 个人中的若干人所组成的一个组,或者说是 $\{1,2,\cdots,m\}$ 的一个子集. 我们称 G 是对 X 中的事件 x 和 y 的可决断的组,是指

$$x <_s y \Leftrightarrow \forall i \in G, x <_i y$$

称 G 是对 x 和 y 的几乎可决断的组,是指

$$x <_s y \Leftrightarrow \forall i \in G, x <_i y; \forall i \notin G, y <_i x$$

引理 1 设 X 中的事件数多于 3,社会福利函数 P 遵循原则 U、I 和 P. 如果存在 $x, y \in X$,使得组 G 是几乎可决断的,那么 G 一定对 X 中的任何一对事件都是可决断的.

证明 任取 $a, b \in X$,为简单起见,设 a、b、x、y 都不相同(有相同的情形类似证明),并设

$$\forall i \in G, b <_i y <_i x <_i a \tag{7.1}$$

以及

$$\forall i \notin G, x <_i a, b <_i y, x <_i y \tag{7.2}$$

由原则 U,这是可能的. 由原则 P,有 $x <_s a$ 和 $b <_s y$. 由 G 对 x 和 y 是几乎可决断的,又有 $y <_s x$. 从而由传递性,可得 $b <_s a$. 但是由原则 I,这应该与式(7.1)、式(7.2)中去掉 x 和 y 所得结果一样. 而这正说明 G 对 a 和 b 是可决断的. 证毕.

引理 2 在引理 1 的条件下,如果组 G 是可决断的,且 G 中的人数多于 1,那么存在 G 的真子集 G' 也是可决断的.

证明 设 G 可分成两个非空不相交的真子集 G_1 和 G_2. 任取 $x, y, z \in X$,且由原则 U,可设

$$\forall i \in G_1, z <_i y <_i x$$
$$\forall i \in G_2, x <_i z <_i y$$
$$\forall i \notin G, y <_i x <_i z$$

由 G 是可决断的,可得 $z <_s y$. 因为或者有 $z <_s x$,或者有 $z \geq_s x$,从而

---

① 《诺贝尔经济学奖金获得者讲演集(1969—1986)》,中国社会科学出版社,1989 年,第 147 页.

也就或者有 $z\prec_S x$，或者有 $x\prec_S y$．因此，或者 G_1 对 z 和 x 是几乎可决断的，或者 G_2 对 x 和 y 是几乎可决断的．由引理 1，G_1 或 G_2 是可决断的．证毕．

阿罗不可能性定理（推论 1）的证明

由原则 P，m 人全体构成的组是可决断的．由引理 2，它有可决断的真子集．不断应用引理 2，最后可得由 1 人组成的可决断组．证毕．

八 商品交换中的竞争与互利

我们在前几章中既讨论了个体经济活动者的最优化问题,也讨论了个体利益与整体利益之间和个体利益与个体利益之间的协调问题.但是前面的讨论只局限于个体与个体之间是"背对背"的,而不是"面对面"的;即个体与个体之间实际上并不直接发生关系.他们都只与"看不见的手"或市场打交道,根据市场上的价格体系来做出自己的经济决策.而上一章的讨论又指出,个体经济活动者这样的"背对背"地听从"看不见的手"的摆布,最后自然会达到某种美妙的"帕累托最优"状态.

然而,在现实世界中,几乎只有来到自选商场的家庭主妇才这样进行经济活动.而当她们走进自由市场时,就已经不想无条件地接受市场价格,并随时准备与商贩们进行一场价格战.这就是说,现实中更多的是面对面地做买卖.从自由市场的为一棵白菜而讨价还价,直至价值可达上亿元的外贸谈判,都无不如此.那么理论上怎样来研究这种面对面的交易?它与一般经济均衡又有什么关系?能不能用数学来刻画这类问题?这就是我们本章要讨论的问题.

从历史上来看,瓦尔拉斯显然是认真考虑过这一问题的.在他给出了他的一般经济均衡的似是而非的数学证明的同时,他也同时给出了一个"经济学的证明"[①].他设想社会上的经济活动者都在一个巨大的交易所里一起面对面地做交易.于是所有人都在那里讨价还价,既互相竞争,又互通有无.在价格体系尚未达到均衡时,这种讨价还价和

---

① 参看:瓦尔拉斯,《纯粹经济学要义》,蔡受百译,商务印书馆,1989年,第248-249页.

竞争互利就不会结束. 当最后所有人都在某个时刻同时做成了交易, 这时的价格体系就是一般经济均衡的价格体系. 瓦尔拉斯所设想的这一过程就是我们前面曾经提起过的著名的瓦尔拉斯"tâtonnement"过程. 它后来曾引起许多研究, 其中包括泰勒、兰格、勒纳等的试验纠错法, 阿罗、赫维茨等的资源最优配置过程研究, 斯梅尔的价格调整过程研究等. 但总的来说, 瓦尔拉斯关于面对面的交易过程就只有这样一个模糊的观念, 说不出更多的所以然来.

第一个用数学方法认真研究面对面交易的是埃奇沃思. 我们在第一章中已提到他在 1881 年发表了一本题为《数学心理学》的经济学著作. 其中提出了今天被称为"埃奇沃思盒"的概念. 这个"盒"是用来刻画"二人二商品"的交换过程的; 当然, 我们也可把这两个人理解为两个企业、两个国家等, 把这一交换理解为两个企业、两个国家的贸易等. 下面我们就来介绍"埃奇沃思盒".

假设这两人是 A 与 B, A 手中有 2 千克盐, B 手中有 3 千克米. 两人都有愿望拿出手中的一部分商品来换取对方的商品. 怎样来刻画所有可能的商品交换状态呢? 对于 A 来说, 他在交换过程中可能有的商品量可以用平面上的一个点 (x,y) 来表示, 其中 x 表示米的数量, 可取 0 到 3 之间的所有数值, y 表示盐的数量, 可取 0 到 2 之间的所有数值. 由于 (x,y) 的变化范围都有限制, 实际上我们只需在一个长为 3、宽为 2 的矩形("盒")中来考虑问题. 对于 B 来说, 他在交换过程中可能有的商品量, 也可以用这个矩形中的点 (x',y') 来表示. 由于在商品交换过程中商品的总量不变, 即应有 $x+x'=3, y+y'=2$. 因此, 当 A 的商品状态已定, B 的商品状态自然也随之而定. 设上述矩形为 $OPQR$ (图 8.1).

以 OP 为 X 轴、OR 为 Y 轴, 由此得到的点 (x,y) 就是 A 的商品状态. 相应的 B 的状态则是 $(x',y')=(3-x,2-y)$. 而它也可看作以 QR 为 X' 轴、QP 为 Y' 轴得到的点. 这就是说, 在这个"埃奇沃思盒"中, A 与 B 的地位是完全对称的, 区别仅在于以 O 为原点还是以 Q 为原点.

于是, 我们就有了刻画商品交换过程中的手段. 现在还需要来刻画商品交换者的意愿. 商品交换必须在双方都有利或至少不被损害的

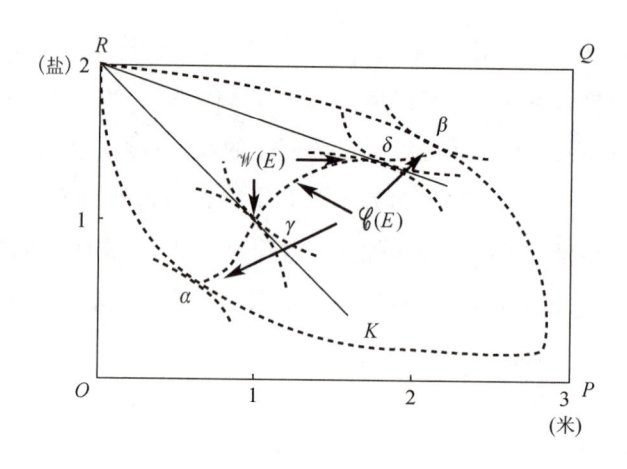

图 8.1

情况下进行. 那么怎样来描述 A、B 的"利"呢？今天我们已经很清楚，这可以用偏好来描述. 但是在埃奇沃思时代，这个概念尚未出现. 他所知道的还是效用函数，即，他认为 A、B 都各有一个效用函数 $u_A(x,y)$ 和 $u_B(x',y')$. 而他的高明之处则在于他认为在这个问题中重要的是由这两个效用函数所决定的无差别曲线，而不是这些效用函数所取的具体的值. 正是他的这些工作有力地促使帕累托最后提出了偏好概念.

这样一来，在埃奇沃思盒 $OPQR$ 中又被画上了许多无差别曲线. 这些无差别曲线都被假定为是光滑曲线；对于 A 来说，曲线是向着点 O 的方向鼓出的，且离 Q 点越近（意味着所占有的商品量越多），所对应的效用 u_A 越大；对于 B 来说则相反，即曲线是向着 Q 点的方向鼓出的，且离原点 O 越近，所对应的效用 u_B 越大. 在埃奇沃思时代，对这些假设所对应的数学要求多少还有点模糊. 今天则已完全清楚，即这实际上是要求 u_A 和 u_B 都是光滑的有单调性的拟凹函数. 这就是说，对于任何实数 c，要求效用大于某水平的状态全体 $\{(x,y) \mid u_A(x,y) \geq c\}$ 和 $\{(x',y') \mid u_B(x',y') \geq c\}$ 都是凸集（集合中任何两点的联结段段都在此集合中）.

商品交换的起始点是 $R=(0,2)$. 从点 R 出发，对 A、B 两人都各有一条无差别曲线. 这两条曲线围成一个梭形区域，它表示对于 A、B 两人来说效用都要增大的点的范围. 因此，A、B 双方都愿意把点 R 的状态换为梭形区域中的点. 如果在这点上还有类似的梭形区域，那么他们将继续交换,一直交换到不能再互利的商品状态为止.交换的最终状态一定是两条无差别曲线的切点.在图 8.1 中,这些点连成一段曲线 $\alpha\beta$,并被记为 $\mathscr{C}(E)$.它称为"埃奇沃思合同曲线".很明显,这段曲线上的点对 A、B 两人来说是不平等的.尤其是两个端点 α 和 β.点 α 对 A 来说,效用毫无增加,但对 B 来说,效用大大增加;点 β 的情况恰恰相反.而交换一旦达到 $\mathscr{C}(E)$ 中的任何一点,就不会继续下去,因为这些点都是帕累托最优点,如果要一方增加效用,另一方就要减少效用.

埃奇沃思指出的这种状况是发人深省的,即互利并不意味着结果的平等.一种始终按互利原则进行的交易谈判的最终结果,很可能对谈判双方来说很不平等.但它主要是谈判艺术的高低所造成的.最近几年来,有不少数理经济学家和对策论专家研究"交易过程"(bargain process),其中有关"平等"的定义不是对结果提出的,而是看每一个帕累托最优点是否可通过某交易过程达到.这种"平等"意味着一种"机会均等".应该认为,它其实比结果均等更重要.

现在我们要问,在目前的情况下,什么是瓦尔拉斯的一般经济均衡.这里首先需要在这个简单模型中引入货币和价格.对于只有两种商品的情形,正如我们在前面已经看到的那样,这与只引入两种商品的比价在本质上是一样的.而比价一旦确定,所有等价值的商品状态将都在一条直线上.图 8.1 中的 RK 就是这样的等价值直线.如果商品的比价就由此而定,这时商品交换按等价交换的原则,从 R 点出发,沿着直线 RK 进行,直至点 γ.

我们可以在这里注意到,物物交换与等价交换是有明显区别的.物物交换需要双方相互协商,要在双方互利的情况下,交换才能进行;而对于等价交换的情形,原则上双方只要根据各自的财力和需要,就可决定如何卖掉已有的、买进所需的.以 A 为例,当盐和米的比价已由直线 RK 所确定,他可能选择的状态只能是 RK 上的点.对他来说,他应该选择这条直线上对他效用最大的点.这正是我们在第四章中讨论消费时已经做过的事.因而最后得到的点一定是直线 RK 与 A 的无差别曲线相切的点.对 B 也有类似情况.如果 A 与 B 各自选择的买卖状态刚好一致,那么所对应的点一定是两条无差别曲线与等价值曲线的公切点,尤其是这个点一定落在埃奇沃思合同曲线 $\mathscr{C}(E)$ 上.改变盐与米的比价,我们还有可能得到有同样性质的不同于 γ 的点,如图 8.1 中的 δ 点.记这种点的全体为 $\mathscr{W}(E)$,它就是"瓦尔拉斯(一般经济)均衡集".很明显,用粗浅的论证是无法断定这样的 $\mathscr{W}(E)$ 中一定有元素,即不知是否存在一定的比价,使得它所对应的直线恰好是分别对于 A 和 B 的某两条无差别曲线的公切线.由此也可以看出,即使对于如此简单的纯交换经济情形,一般经济均衡的存在也不是那么显而易见的.

一般来说,埃奇沃思合同曲线 $\mathscr{C}(E)$ 与瓦尔拉斯均衡集 $\mathscr{W}(E)$ 是不会一致的.但埃奇沃思认为,如果商品交换者非常多,使得他们间的合作与竞争的可能性大为增加,从而个别人操纵交换或物价的可能性大为减小,在这种情况下,$\mathscr{C}(E)$ 与 $\mathscr{W}(E)$ 就会相等.这就是所谓"埃奇沃思猜想".

埃奇沃思做了如下分析:假设有两个同样的 A,他们同样有 2 千克盐以及效用函数 u_A;又假设有两个同样的 B,他们同样有 3 千克米以及效用函数 u_B.现在四个人在一起交换.在原来只有两人时,只要交换后两人的效用都不比原先差即可成交,而现在由于交换的可能性增加,尽管某种交换方式对某 A 会比原来的状况好,但由于存在另一种避开某人的交换方式对某 A 更好,那么某 A 就不会接受前一种交换.以图 8.1 中的点 α 为例,设 $\alpha=(0.6,0.6)$,则对应的两个 B 的状态为 $(2.4,1.4)$.考虑点 R 与点 α 连线的中点 $\alpha'=(0.3,1.3)$.由效用函数的光滑拟凹性,可知 $u_A(\alpha')>u_A(\alpha)=u_A(R)$.当两个 A 与一个 B 背着另一个 B 进行交换时,点 α' 的状态对两个 A 来说是可能达到的,即两个 A 与一个 B 让另一个 B 维持 $(3,0)$ 状态时,他们是有可能完成达到 $\{(0.3,1.3)(0.3,1.3)(2.4,1.4)\}$ 的交换的.这样,两个 A 就会拒绝达到点 $\alpha=(0.6,0.6)$ 的交换.也就是说,在四个人交换的情形中,原来的合同曲线 $\mathscr{C}(E)$ 中的某些点不再以两两相等的方式实现.从对称性不难看出,四人交换的结果,最终两个 A 与两个 B 的状态必然分别还是一样的.即它们仍必须能表示为 $\mathscr{C}(E)$ 中的点.换句话说,如果我们复制了一个与原来一样的纯交换经济后,再合在一起考虑,其结果会使 $\mathscr{C}(E)$ "缩小".埃奇沃思断言,用同样的方法不断复制经济,

最终 $\mathscr{C}(E)$ 中将只剩下这样的点：它们与点 R 的连线上不再有使 A 或 B 增加效用的点，而这种点显然是两条无差别曲线与它们和 R 的连线的公切点，即 $\mathscr{W}(E)$ 中的点. 于是他得出结论：在一个只有两种商品和两种商品交换者的经济中，如果两种商品交换者的人数以同样的速度增长，那么合同曲线 $\mathscr{C}(E)$ 就会不断缩小，最后会缩至瓦尔拉斯均衡集 $\mathscr{W}(E)$.

埃奇沃思的这段论证十分高明. 尽管他原来的叙述比上面所说的还要含糊，但本质上是完全可以严格化的. 可惜他的这一论证长期来没有引起人们的注意，直到 1959 年才被美国数学家舒比克（Martin Shubik）用对策论的语言重新严格叙述了一遍. 尤其是后者还发现，埃奇沃思的合同曲线可与对策论中"核心"的概念联系起来.

一般的埃奇沃思猜想是由德布罗和斯卡夫[①]在 1963 年所证明的. 后者又是一位数学博士和考尔斯委员会出身的经济学家. 现在尤其以他的"把一般经济均衡作为背景的连续映射不动点的算法"研究而著称. 他们运用与埃奇沃思所考虑的一样的"复制经济"方法，对于一个有任意种商品和任意种经济活动者的纯交换经济，指出其瓦尔拉斯均衡集恰好包含在这一经济的所有"复制经济"的核心中. 当"复制经济"中同样的经济的个数趋向于无限时，那么它的核心也就趋向于瓦尔拉斯均衡集. 这就是著名的德布罗-斯卡夫极限定理. 它把埃奇沃思猜想完全陈述和证明清楚了. 德布罗似乎对他们的这个工作十分得意. 在他的诺贝尔奖的讲演中，德布罗特别回忆了他与斯卡夫两人如何于 1961 年 12 月在旧金山机场相遇，并随着斯卡夫在高速公路上驱车前往某地的同时，就你一言我一语地给出了这一定理的证明关键.

然而，这一定理并未结束对埃奇沃思猜想的研究. 在经济学上，德布罗-斯卡夫极限定理似乎已经给出了一幅相当清楚的图画，即在某种意义下，对于纯交换经济来说，瓦尔拉斯的一般经济均衡状态可以看作既合作又竞争的"讨价还价"过程在经济活动者越来越多情况下的极限. 对这一结论所包含的现实意义虽然还有待于再进一步探讨，但从纯理论经济学的角度来说，结论已经足够明确. 可是多事的数学

---

① Herbert E. Scarf(1930—2015)，美国经济学家.

家却不满足. 他们随后竟大做起文章来.

首先是以色列数学家奥曼(Robert J. Aumann)不满意德布罗-斯卡夫定理是条极限定理. 他建议可以像物理学家看待流体那样来看待有大量经济活动者的经济. 这就是说, 虽然流体实际上也是由有限个互相分离的分子所组成, 但是由于其数量非常多, 在宏观上完全可以把它看成连续体, 并且任何个别的组成流体的分子都可以忽略不计. 在这个设想下, 奥曼假定经济活动者全体形成一个"无原子测度空间". 这个数学概念可以通过它的最简单的情形——单位闭区间$[0,1]$来理解. $[0,1]$表示从 0 到 1 的实数全体. 数学上可以指出, 这样的实数不但有无限多个, 而且比自然数全体的"个数"要多得多. 用我们在第四章中提到过的基数概念来说, 即它们的基数是不一样的. 自然数全体的基数是$\aleph_0$, 而$[0,1]$中的实数全体的基数是$\aleph_1$, 即所谓连续统的基数. 所谓$[0,1]$上的测度就是对$[0,1]$的每个子集(一部分)定义了它的"长度"或"重量". 这种"长度"或"重量"就如通常的那样有某种"可加性", 即大集合的"重量"("长度")等于组成它的小集合的"重量"("长度")之和. 例如对于$[0,1]$的普通测度来说, $[0,1/2]$的测度为$1/2$, $[1/2,3/4]$的测度为$1/4$, 等等. 但是我们也可用其他方式来定义其测度. 例如, 可定义$[0,1/2]$中的测度是膨胀了的, 其上的子集的测度是普通的测度的$3/2$, 而$[1/2,1]$中的测度是被压缩的, 其上的子集的测度只是普通的测度的一半; 还可定义$[0,1]$上的测度集中在几个点上, 例如除了$0, 1/3, 2/3, 1$四个点上的测度各为$1/4$, 而其他不包含这四个点的子集测度都为 0. 所谓"无原子测度"是指对这种测度来说, 一个点的测度必须为零. 上述的$[0,1]$的前两种测度都是无原子测度, 但第三种测度就是有原子测度. 奥曼正是试图用"无原子测度"的这个性质, 来说明当经济活动者个数非常多时每一个体经济活动者的作用是微不足道的. 在这个以"无原子测度空间"作为经济活动者集合的纯交换经济中, 如果全体经济活动者的测度为 1, 那么一群经济活动者的测度就相当于这群人在全体中所占的比例. 原来的模型中的求和现在都被代换为积分. 而由于其中的测度都含有比例的意义, 所以这些积分将都意味着某种"平均值". 尽管如此, 经济的核心$\mathscr{C}(E)$和瓦尔拉斯均衡集$\mathscr{W}(E)$仍能类似定义. 极限过程被奥曼放到变求和为求积分之处,使得最后的结果中不再出现极限,从而奥曼竟成功地证明了 $\mathscr{C}(E)=\mathscr{W}(E)$!

奥曼证明的定理消除了德布罗-斯卡夫定理中的极限形式,数学上是十分漂亮的.其中为了处理作为集值映射的个体需求函数的平均值,还要涉及集值映射的求积分问题,这在当时还是崭新的数学领域.但是其经济意义总有点令人费解.虽然用物理学家对流体的处理作为先例,似乎也不无道理,但任何社会中的经济活动者都不可能像是流体中的分子那样的恒河沙数,更难给人以滚滚洪流的宏观感觉.于是这条奥曼定理与现实经济的关系不太像是一种科学描述,而更像是一种艺术夸张.但是,它也像许多艺术精品一样精细入微而叫人击节兴叹.

德布罗、斯卡夫、奥曼等人对埃奇沃思猜想的研究引起了非标准分析的创始人阿伯拉罕·罗宾逊[1]的兴趣,竟使这位从来只研究最抽象的数学的逻辑基础的数学家,也与经济学家合作探讨起埃奇沃思猜想来.

所谓非标准分析是罗宾逊提出的一种新的不同于"标准分析"的处理无限大、无限小的方法和理论.它在一种严格的数学意义下,重建了当年莱布尼茨的无限大、无限小的观念,即把无限大、无限小都看成实在的数,并由此来建立微积分学.在历史上,牛顿和莱布尼茨发明的微积分学问世以来,虽然取得了极其辉煌的成就,但它在很长的一段时间中,始终是建立在一种含糊的无限大、无限小的观念上的.按照莱布尼茨的看法,无限大、无限小都是一些实在的数,它们可以与普通的数一样进行运算,并由此可导得微商、积分等概念.可是这种实在的无限大、无限小的运算会在逻辑上带来许多困难,从而引起了长达 100 多年的所谓"第二次数学危机"("第一次数学危机"是无理数的出现).直到 19 世纪末,这个危机才算被柯西[2]、魏尔斯特拉斯[3]等解决.可惜与此同时,实在无限大、无限小也被赶出了数学,代替它们的是一种极限过程.从此,无限大、无限小不再被认为是一些实在的数,而被

---

[1] Abraham Robinson(1918—1974),美籍德国数学家.
[2] Agustin Cauchy(1789—1857),法国数学家.
[3] Karl Weierstrass(1815—1897),德国数学家.

定义为一些用 ε-N，ε-δ 来刻画的极限过程. 这就是人们今天在课堂上学习的"标准分析". 这套标准分析不但晦涩难懂,并且使无限大、无限小的直观形象也随之而被淹没.

罗宾逊的贡献就在于他重新恢复了实在无限大、无限小的地位. 1960 年前后,他以现代数理逻辑的模型论为工具,为扩大的包含实在无限大、无限小的实数系建立了一个被称为非标准分析的严格的数学模型,从而在莱布尼茨的观念下重新克服了在"第二次数学危机"中被抨击的逻辑困难.

罗宾逊的非标准分析被人们认为是 20 世纪最大的数学成就之一. 遗憾的是它出现得实在太晚,使得未能及时让今天学数学的人从令人头疼的 ε-N 或 ε-δ 的烦琐程式中解放出来. 相反,已经把 ε-N、ε-δ 当作看家本领的数学家,绝大部分人都拒绝接受罗宾逊送给数学界的这项礼物. 非标准分析问世十来年后,当代最有贡献的数理逻辑学家哥德尔在 1973 年曾认为"非标准分析将会成为未来的数学分析". 但是又是十多年过去了,虽然有一群数学家一直在坚持研究非标准分析和用非标准分析作工具来解决各种数学问题,目前似乎仍看不出它将取代标准分析的趋势. 问题在于目前的非标准分析基本上只是一种语言,它在处理通常的数学分析问题时是与标准分析等价的. 也就是说,一个用非标准分析给出的证明,即使它看起来比较简洁,总可以翻译成标准分析的形式. 反之也一样. 既然如此,尽管人们在学习标准分析时费了牛劲,但一旦已经驾轻就熟、得心应手,又何必去抛弃它呢? 这种情况有点像世界语的遭遇. 虽然世界语吸收了世界各国语言的优点,但是要人们都抛弃自己的母语或已掌握的国际语言而来重新学它,几乎是不可能的. 人类在这些方面的惰性是非常大的.

然而,非标准分析还有很大的潜力未被挖掘. 这就是直接用非标准分析来构造实际问题的数学模型. 非标准分析的专家曾设想过,带实在无限小的数学也许会给量子场论等学科带来新的生机,以解决标准分析数学模型所引起的发散困难,等等. 可惜至今也仍未听说什么成功的例子. 而罗宾逊之所以对我们这里的问题感兴趣,就在于它为非标准分析直接构造数学模型提供了一个机会. 人们不是既对德布罗-斯卡夫的极限过程表示不满,又对奥曼的"经济活动者的无原子测度空间"感到费解吗？能否找一个既无极限过程，又不那么费解的数学模型呢？看来非标准分析是一条出路.

于是在 1972 年，罗宾逊在与经济学家布朗（Donald F. Brown）的合作中，对"埃奇沃思猜想"提出了一个非标准分析模型. 在这个模型中，经济活动者的个数既不是有限多个，也不是多到像连续的流体那样的"无原子测度空间"，而是有某个"自然数"那样的"无限多"个. 即它的个数也是个"自然数"，但它是个"非标准自然数"；与通常的自然数相比，它比所有通常的自然数都要大. 虽然这也玄得很，可是似乎相当直观. 至于其他的概念在这个非标准分析模型中的推广都是非常直接的，除了其中有非标准的自然数和实数外，叙述上与标准情形无任何区别. 尤其是它不需要像奥曼的模型中那样引进费解的积分. 当然，在非标准分析中标准的积分本来就是以对无限小量求无限和的形式出现的. 最后，他们自然证明了意料之中的 $\mathscr{C}(E)=\mathscr{W}(E)$.

罗宾逊和布朗的这项成就是耐人寻味的. 从非标准分析研究的角度来说，这还是仅有的直接从非标准分析模型出发的成功例子. 它自然会给非标准分析的研究者带来鼓舞. 可惜与非标准分析对整个数学的影响一样，这一鼓舞并未激起大量的数学家和经济学家投身进去. 又是十来年过去了，罗宾逊已于 1974 年作古，布朗及其学生又在新的水平上继续研究埃奇沃思猜想，但并没有总拘泥于非标准分析的模型. 经济学家虽然对罗宾逊-布朗模型赞叹不已，并已把它视为经典，在每一篇涉及埃奇沃思猜想的文献中都要提到这项重要成就；但是与此同时，也总要不无遗憾地提到，大多数数学家和经济学家都不熟悉非标准分析. 不过经济学家在他们的框架中也并非一无所获. 一位美国数理经济学家安德逊（Robert Anderson）研读了罗宾逊和布朗的论文后，在 1978 年发现由此可导出一个标准分析模型下的核心 $\mathscr{C}(E)$ 在接近瓦尔拉斯均衡集 $\mathscr{W}(E)$ 时的基本不等式. 人们似乎对这个不等式的出现更感兴趣.

至此，对于埃奇沃思猜想的研究几乎已经登峰造极. 尤其是 1974 年希尔登布兰德出版了《大经济的核心和均衡》（Core and Equilibria of a Large Economy）一书以后，更使人有此感觉. 但是对埃奇沃思猜想的研究并未结束. 一方面有人开始研究动态问题. 早在 1962

年,宇泽弘文就已着手研究交换过程的"运动轨线",实际上也就是研究商业的交易过程.这个问题既可引入价格来讨论,也可不引入价格来讨论.对它的研究联系着许多经济学中的重要问题,例如,价格调整问题、最优计划过程、一般经济均衡的稳定性等.因此有许多杰出的经济学家和数学家,如马林沃、赫维茨、斯梅尔等都投身进去,并做出重要贡献.最近在国外甚为热闹的"交易过程"的研究自然也是属此范畴.

另一方面,埃奇沃思猜想中对商品空间和经济活动者集合的限制又大为放宽.首先是商品空间被定义为是无限维空间.这倒并非像为了刻画有大量的经济活动者而引进"无原子测度空间"那样,要反映商品种类的无限丰富,而主要是为了对付本质上带不确定性的那些商品.例如,交易所中买卖的各种证券就是一个例子.证券的量与价格都必须看作随机变量.一些票面价值很高的股票,会突然变为废纸;一些被人冷落的债券,一夜间又会身价百倍.它们的变化都有很大的随机性.既然商品空间的元素是随机变量,它们自然都应该是无限维的.于是原来是为微分方程、积分方程、概率论、调和分析等数学分支需要而定义的各种序列空间和函数空间,诸如 l^∞(有界序列空间),L^∞(有界可测函数空间),l^p(p 次可和序列空间),L^p(p 次可积函数空间),$C[0,1]$($[0,1]$ 上的连续函数空间)等居然都成了数理经济学家研究的商品空间的例子.由于作为商品空间,序的概念还起很大的作用,再进一步抽象,商品空间就成了一般的黎斯①空间(完备的半序赋范空间).数理经济学的这些研究进展,大概连既是作为杰出的数理经济学家的诺贝尔经济学奖得主,又是半序赋范空间理论的奠基人之一的康托罗维奇都是没有预料到的.1986 年,麦斯考莱尔②更进一步提出,如果商品空间是无限维的,经济活动者又有无限多个,是否有一般经济均衡,是否埃奇沃思猜想还成立……

到了这一地步,许多人都会发问,这样的研究真有意义吗?对高深数学无好感的经济学家会轻蔑地说这不是经济学,而只是数学游戏,尽管他们对这一"游戏"连其中的名称的含义也一无所知;而对经

---

① FréPéric Riesz(1880—1956),匈牙利数学家.
② Andreu Mass-Colell(1944 年生),美籍西班牙经济学家.

济学无兴趣的数学家会感到数理经济学家是在打着经济学的旗号与他们争地盘,因为这些所谓经济学问题已成了纯粹的数学问题. 旁观者则实在疑惑不解,看得见摸得着的经济学怎么变成了玄而又玄的抽象数学了.

这里再次显示了数理经济学与理论物理学的根本不同. 理论物理学家所运用的数学往往比数理经济学家的数学要混乱得多. 它不但深奥,甚至毫无章法,即从概念到论证都往往无法被数学家所接受. 但是绝少有人认为理论物理学家在玩弄数学游戏. 原因在于物理学家有实验作他们的后盾. 把流体看作连续统其实是不符合物理实际的,但是由此得到的许多结论都能被实验所证实;尤其是能用来指导上天下海、知风识浪. 而数理经济学家所用的虽然是地地道道、一丝不苟的数学,却只是为了阐明一些相当简单的经济学观念. 这些观念简单得连最普通的经济学问题都不能由此做出明确的回答,更无法用实验来验证其是否真是如此,仅有的作用似乎只是为了对一些经济学的信条做出学院式的论证.

然而,我们认为,轻易否定或不加分析地全盘肯定这种研究都是不妥的. 只要深入考查一下埃奇沃思猜想的研究历史,我们不能不认为这些研究确是揭露了经济学运动的某些规律,使得我们对现实的经济学现象能有更深的了解. 虽然它仅仅反映了现实经济学数量关系的很小一部分,对于全面把握现实的经济学数量关系还远远不够. 但是连这样一个简单关系都没搞清楚,又怎能指望"全面把握"呢? 人类只能一步一步地在其认识世界的历史长河中前进. 从亚当·斯密的"看不见的手"到瓦尔拉斯的"一般经济均衡",又从"一般经济均衡"到德布罗-斯卡夫极限定理,步子不能说很大,但时间表却是用世纪来记的. 因此,我们不能对人们的这些探索贸然就下结论. 为它们下结论的将是今后的历史.

即使是对于有"无限多个经济活动者和无限多种商品"那样抽象的"经济学问题",我们也很难说它比哥德巴赫猜想或宇宙的起源等问题更"无意义". 对这些似乎是远离人类社会实际的科学问题,它们都具有独特的认识论价值. 作为一种特殊的人类文化现象,它们的提出和被探讨无疑同样在推动人类的进步,甚至往往是在更高的层次上.

古希腊人曾对无理数感到恐惧，我们今天还能设想在数学中排除无理数吗？直至现在，日常生活中仍然是没有人会用无理数去计数，但是谁还会怀疑人们对无理数的认识是人类的一大进步？而目前在我们面前出现的这些不可思议的研究，在它们尚未明朗以前，谁能保证它们就一定不是一种新的"无理数"？就像德布罗的《价值理论》问世时，在经济学界大概只有少数人能够接受．今天也还有不少人对它表示异议，但怀疑它的存在意义的人毕竟越来越少．当然，这也不是说所有的数理经济学论文都该肯定．与其他学科一样，由于学术界的商品化倾向，不少人为了升级或混饭吃，需要不断地炮制论文，使得今天发表在学术刊物上的论文，相当部分都只能认为是游戏或废话．不过这又是另一个问题．而那些看来深奥莫测，但确是严肃认真、言之有物的研究，历史终究会对它们做出公正的评价．我们将拭目以待看它们如何经受历史的考验．

九 经济学中的不确定性

直到现在为止,我们的讨论都没有着重考虑经济学中的不确定因素.但事实上,任何经济活动都是在带不确定性的环境中进行的.在任何一个商店中,谁都无法预先知道每天会有多少顾客光顾,完成多少销售.在任何一个工厂中,谁也无法确切估计每天会出现多少生产故障,影响其产品的产量和成本.市场价格、通货膨胀率、就业率、投资额、储蓄额等实际上无一不是随机变化的.天灾人祸对经济的负影响,科技进步对经济的正影响都极为巨大,但又都很不确定.有些经济行业的出现完全是因为不确定性的存在.典型的例子就是保险业和证券交易业.我们从这些提到的带不确定性的经济活动例子中可以看到,不确定性对经济活动不但有很大的影响,有时甚至有决定性的影响.因此,如果希望通过数学计算来做出一定的经济预测或经济决策,这种计算一般总是与随机计算,即概率论和数理统计的计算,联系在一起.当然,这绝不是说前面的不带不确定性的讨论是无用的,因为它们是带不确定性的讨论的基础.但是我们如果希望像天文学用完全确定性的计算来预报日出、月食那样来预测经济,那是完全不可能的.经济学中的不确定性使得经济预测问题常常比天气预报问题还要复杂得多.在讨论经济学的不确定性时,有意思的是人们往往先要谈谈一个数学史上的著名问题.这就是所谓"圣彼得堡悖论".这个著名的悖论与伯努利家族[①]的 3 位成员有关.首先是雅科布·伯努利.他是概

[①] 17—18 世纪间瑞士的一个数学家家族.其中影响最大的是以下 3 人:雅科布·伯努利(Jakob Bernoulli,1654—1705),约翰·伯努利(Johann Bernoulli,1667—1748)和丹尼尔·贝努里(Daniel Bernoulli,1700—1782).前两人是兄弟,而丹尼尔是约翰的次子.

率论这门学科的奠基人之一. 1687 年,他发现了概率论的"大数定律". 后来他把有关概率论的研究写成《猜度术》(Ars Conjectandi)一书. 这本书在他去世后 8 年的 1713 年才由他的侄儿尼古拉·伯努利[①]整理出版. 在整理其伯父的遗著时,尼古拉·伯努利向他的对概率论研究甚有兴趣的法国朋友蒙莫尔[②]提了一个问题. 这个问题被蒙莫尔于 1713 年发表在他的著作《对机遇性赌博的分析》(Essai d'Analyse sur les Jeux de Hasard)的第二版中. 但长期来谁也不知如何回答. 到了 1738 年,这个问题才由丹尼尔·伯努利进行详细论述. 他的文章发表在《圣彼得堡科学院评论》上,而从此这个问题也就开始以"圣彼得堡悖论"而著称.

所谓圣彼得堡悖论是一个赌博问题. 不过我们不必因为它有赌博问题的形式而感到无聊,实际上这只是这个问题的一种模型. 我们自然也可采用其他的形式,但用赌博这一形式来叙述这一问题,容易说得清楚. 概率论这门学科在它的形成期几乎只研究赌博问题. 但这并非是概率论的那些奠基人费马、帕斯卡[③]、雅科布·伯努利等学者都沉湎此恶习,而是他们早就意识到这些赌博问题背后的科学意义. 今天概率论的广泛应用已充分证明了这一点.

圣彼得堡悖论涉及的是一场猜硬币正反面的赌博. 假设第 1 次猜对,赌徒可得 2 元;第 1 次没猜对,第 2 次猜对,赌徒可得 4 元;前两次没猜对,第 3 次猜对,赌徒可得 8 元……一般情形是如果前 $n-1$ 次都没猜对,第 n 次猜对,赌徒可得 2^n 元. 现在要问,为使一个赌徒有权参加这样的赌博,他应该先交多少钱才能使这场赌博成为"公平的赌博"?

我们先要说说什么是"公平的赌博". 所谓公平的赌博人们通常认为应该是赌博双方或各方的输赢数额和机会是均等的. 例如,同是猜

[①] 在伯努利家族中至少有 3 个尼古拉(Nicolaus). 一个是雅科布和约翰的父亲,另一个是他们的侄儿,最小的一个是约翰的儿子,后两个都是有影响的数学家,因而常被混淆. 这里说的是大尼古拉(1687—1759),他是丹尼尔的堂兄,而不是亲兄. 但由于丹尼尔的亲兄小尼古拉(1695—1726)曾应邀去圣彼得堡科学院,有些文献就以为"圣彼得堡悖论"是小尼古拉提出的. 其实这个悖论在 1713 年就问世,而小尼古拉则是到 1725 年才去圣彼得堡,并不幸在几个月后就早逝. 然后,他的弟弟丹尼尔接替了他. 不久,丹尼尔成为圣彼得堡科学院的院士. "圣彼得堡悖论"是由丹尼尔的研究才得名的.

[②] Pierre Rémond de Montmort(1678—1719),法国数学家.

[③] Blaise Pascal(1623—1662),法国数学家和哲学家.

硬币的赌博,如果猜对能得 2 元,而猜错要输 2 元,当硬币本身是均匀的时,就是一场公平的赌博,因为对参加赌博的局中人来说,他们赢钱或输钱的数额和机会都是一样的. 用概率论的语言来说,设某局中人在赌博中所赢的钱数为 x,那么这个 x 应被认为是一个随机变量,并且它的数学期望("平均值")是零. 如果在某场赌博中,某个局中人所赢的钱的数学期望是 $c \neq 0$,那么此人应该先交出 c(它可以是负数)来,才能使这场赌博变得公平. 我们现在来算一下,参与"圣彼得堡悖论"赌博的人应该交多少钱才能使这场赌博变得公平.

我们当然首先假设硬币本身是无问题的,即认为参赌者每次猜中的概率是 $1/2$. 这样,他第 1 次猜中的概率是 $1/2$;第 1 次没猜中,第 2 次才猜中的概率为 $1/4$;…. 一般为:前 $n-1$ 次没猜中,第 n 次才猜中的概率是 $1/2^n$. 因此,参赌者可能赢的钱的数学期望应该为

$$2 \cdot \frac{1}{2} + 2^2 \cdot \frac{1}{2^2} + 2^3 \cdot \frac{1}{2^3} + \cdots + 2^n \cdot \frac{1}{2^n} + \cdots = \infty$$

这就是说,参赌者无论交多少钱,这场赌博都是对他有利的.

然而,如果有人真要把这场赌博付诸实现,即使参赌者是个敢冒任何风险的地道的赌徒,当参与这场赌博的权力的标价非常高时,他同样会踌躇不前,不愿参加. 于是就产生了一个"悖论":为什么一场理论上是"公平的赌博",实际上却只有疯子才会愿意出任意的高价去投入?

其实这个"悖论"并非是一个(狭义的)科学问题,而是一个对人的行为动机的认识问题. 因此,丹尼尔·伯努利在 1738 年做出的回答也是非科学的. 他认为人不是根据其可得的钱的数学期望来行动的,而是根据其"道德期望"来行动的. 他的说法非常接近于边际效用学派的"边际效用递减"假设,即"道德期望"并不与得利多少成正比,而与原来有多少钱有关. 原来很穷,给一点钱就很满足;而原来已很有钱,要给很多钱才会增加满意程度. 用数学的语言来说,"道德期望"应该是利益的导数递减的凹函数. 丹尼尔·伯努利所选定的"道德期望"凹函数是钱数的对数函数. 这样,应该计算的不应是 x 的数学期望,而是 $a\log x$ 的数学期望,这里的 $a > 0$ 适当确定. 加了对数运算后,原来的变为无限大的数学期望值被代替为

$$\frac{1}{2}a\log 2 + \frac{1}{2^2}a\log 2^2 + \cdots + \frac{1}{2^n}a\log 2^n + \cdots$$
$$= a\log 2 \sum_{i=1}^{\infty} \frac{i}{2^i} = 2a\log 2 \approx 1.39a$$

这是一个有限值,丹尼尔·伯努利认为它将是人们对这场赌博愿意支付的值,其中 a 可根据实际调查来确定. 后来还真有人做过这类调查. 虽然它是因人而异的,但确实也有一定的统计稳定性.

丹尼尔·伯努利的答案虽然可再做进一步讨论,但是很可能有人会认为,何必把这个"悖论"说得这样奇妙,这样学究气. 只要把这个问题真与实际联系起来,就不会出现"悖论". 他们会说在现实中,这场赌博是不可能无限制进行下去的,总要在有限次中结束. 而这个有限次数不可能很大. 例如,设赌博的次数为 10 次,这时,参赌者猜对一次可能赢的钱的数学期望为

$$2 \cdot \frac{1}{2} + 2^2 \cdot \frac{1}{2^2} + 2^3 \cdot \frac{1}{2^3} + \cdots + 2^{10} \cdot \frac{1}{2^{10}} = 10$$

这里假设 10 次以后再猜中,开赌者就不再付钱给参赌者. 这个数字不是很大,或许在不考虑道德问题时,很多人都会愿意一试;因为参赌者最多输 10 元,而如果猜得好,最多则可能赢 $2^{10} = 1024$ 元,所以这是一个风险不大的赢钱机会. 再进一步说,由于社会上的总财富是一个有限值,开赌者无论如何支付不出比这个值更大的金额,这当然也限制了猜的次数. 有人估计美国的所有财富不超过 2^{43} 美元. 如果我们上面的"元"也是美元,那么最多也只能猜 43 次,于是按上面的公平赌博的定义,参赌者也只要付 43 美元,而使他至少在理论上有可能赢得全美国. 因此,实际上,圣彼得堡悖论与数学中许多悖论一样,都是无限大在里面捣鬼. 把这个魔鬼请出后,问题就不再有任何神秘性.

这样的回答不能说毫无道理,但这是个肤浅的回答,因为它掩盖了圣彼得堡悖论的实质. 事实上,它并没有回答参赌者为什么愿意支付 10 元或 43 美元来参赌,只是因为 10 元或 43 美元对很多人来说不算是个大数目? 如果世界上的总财富估计使得这场赌博有可能猜上 10000 次,那么还有多少人愿意付上 10000 美元来参加这场赌博呢?

丹尼尔·伯努利的答案则是深刻的,因为正是他首先明确指出,人们在不确定的环境下一般并不以追求直接利益的最大数学期望作

为目标,而是另有"更高的道德期望". 但是,丹尼尔·伯努利的"道德期望"长期以来并不为人们所理解. 一直到边际效用学派的奠基人门格尔的儿子,数学家小门格尔,把它与效用函数联系起来,尤其是冯·诺伊曼和摩尔根斯顿在他们的 1944 年问世的《对策论和经济行为》中对它进行了严格的公理化论述,才开始被数学家和经济学家重视.

我们在第四章中曾花较大篇幅讨论过效用函数的概念. 我们曾提到,由于效用函数不能进行实际测量而受到抨击. 于是后来效用函数的概念就逐渐被偏好概念所代替. 但是冯·诺伊曼和摩尔根斯顿在他们的书中说,如果是在带不确定性的环境中,并认为人们追求的是效用函数的数学期望最大,那么在一定的合理假定下,偏好所决定的效用函数在可相差一个平移和相似(相差一个仿射变换)的意义下是唯一的. 换句话说,在带不确定性的环境下,效用函数实际上是可测量的,只不过这个函数的零点和单位可任意确定. 就像测量温度那样,不同的零点和单位构成不同的华氏、摄氏温度计,而由此得到的不同温标可通过简单的换算互相导得. 他们的书中多次提到丹尼尔·伯努利的"圣彼得堡悖论". 在他们看来,丹尼尔·伯努利的"道德期望"其实就是效用函数的期望值. 在不带不确定性的环境下,函数 x 和 $a \log x$ 所决定的偏好是一样的;从而任取一个来作为效用函数,并求其最大值,所得到的经济活动者的行为也是一样的. 但是在带不确定性的环境下,如果认为经济活动者追求的是效用函数的数学期望值最大,那么这两个函数就不能都作为效用函数来看待.

这样一来,什么是在不确定环境下既能确定偏好、又能作为上述意义上的效用函数应该满足的条件呢?冯·诺伊曼和摩尔根斯顿提出了几条公理. 这就是所谓冯·诺伊曼-摩尔根斯顿效用函数公理体系,它在他们的名著中占有重要地位. 在经济学的运用公理化方法的历史上,这是一个比阿罗的《社会选择和个人价值》和德布罗的《价值理论》更早的典范. 我们自然可以认为它更多的是数学公理化方法的大家冯·诺伊曼的杰作. 我们在前面已经提到,这正如关于序数的公理也是他的杰作一样.

冯·诺伊曼-摩尔根斯顿公理并不很复杂. 尤其是我们下面要叙述的经过后人改进的体系更是简单. 如果除去一条有关偏好是一个全

序关系的公理后,剩下的只有 3 条公理.不过为表达这些公理,我们还需一些基本概念.假设我们考虑的经济活动者是消费者,其偏好关系仍然首先定义在他的消费集上.由于现在面临的是带不确定性的环境,他面临选择的事件不再是确定的商品向量,而是它们的可能性组合.例如,"有 30% 的可能(概率)得到一辆自行车,有 70% 的可能(概率)得到一套服装."消费者要对所有可能的这种组合做出其优劣判断.换句话说,现在的偏好关系还要定义在比消费集更大的集合——消费集的概率组合集合上.但是我们可从只涉及两个商品向量和一个概率的组出发来构造它们.例如,设 $L=(x,y,p)$,这里 x 和 y 是两个消费向量,$p\in[0,1]$ 是概率;整个组的含义为:消费者以概率 p 得到商品向量 x,以概率 $(1-p)$ 得到商品向量 y.然后,再对两个这样的组 $L_1=(x_1,y_1,p_1)$ 和 $L_2=(x_2,y_2,p_2)$ 构造高层次的组 $L^1=(L_1,L_2,q)$,其含义是类似的.对这种高层次的组,还能形成更高层次的组,如此等等.最终得到的实际上是一个商品向量组,其中每一个商品向量都以一定的概率被消费者所得到.所有这样的组在冯·诺伊曼-摩尔根斯顿的原著中并未给出特殊的名称,但是在后来的一些文献中人们为它起了各种各样的名字:有称它为"展望"(prospect)的,有称它为"彩票"(lottery)的,有称它为"未定商品"(contingent commodity)的,等等.看来是最后一个名称比较合适,不过这里的 contingent 原意是"相邻的""可能的",直译也很难确切.

这样,冯·诺伊曼-摩尔根斯顿公理的出发点是"未定商品空间" $\mathscr{L}$,它是由"确定商品空间"中的向量 x、y 等形成形为 $L=\{(x,y,p)\}$ 的组和更高层次的组所组成.不过以后我们就以 x、y、z 等表示 $\mathscr{L}$ 中的元素,它可能是"确定商品",也可能是"未定商品".在这个空间 $\mathscr{L}$ 上定义了一个偏好关系 $\succeq$.我们略去对偏好关系的公理叙述,因为它与第四章中是一样的.以下是 3 条新的公理.

公理 1

(i) $x=(x,y,1)$

(ii) $(x,y,p)=(y,x,1-p)$

(iii) $((x,y,p),y,q)=(x,y,pq)$

这里的(i)和(ii)是很自然的:(i)首先是说把确定性商品向量和以

概率 1 得到的商品向量看成一回事,它实际上可以看作一个定义,从而"未定商品空间"$\mathscr{L}$包含"确定商品空间"作为子集. 但这里的 x、y 也可理解为是未定商品. (ii) 是说,这里的 x、y,之间没有顺序的差别. (iii) 则是说,消费者只注意它可能得到的商品向量的最终概率,而对得到它的过程不关心. 这条公理中的 3 条都较自然,人们很难提出异议.

公理 2（连续性公理） 对于任何 x、y、$z \in \mathscr{L}$,
$$\{p \in [0,1] | (x,y,p) \geq z\} \text{ 和 } \{p \in [0,1] | z \geq (x,y,p)\}$$
都是闭集.

这条连续性公理与讨论偏好与效用的关系时的连续性公理很相像. 它一方面反映事物无大起大落变化,另一方面也是数学上的需要. 否则得到的函数无连续性,处理起来很不方便. 不过仔细推敲一下这条公理的含义,也有可使人怀疑之处. 我们讨论如下:

假设有 3 个商品向量 x, y, z,它们满足 $x > z > y$. 那么由连续性公理,不难看出,对于很接近于 1 的 p,应该有 $(x,y,p) \geq z$,以及 $z \geq (x,y,1-p)$,这样,再由连续性公理可得到一个适当的概率 q,使得 $(x,y,q) - z$. 数学上看来似乎一切都很自然,但是如果对 x、y、z 赋以实际意义,就并非是所有人都会同意的. 例如,设 x 是得利 101 元,y 是彻底破产,z 是得利 100 元. 那么当然会认为 $x > z > y$. 但是绝大多数人都不会认为肯定得利 100 元与可能冒破产的危险去争取得 101 元是"无差别"的. 尽管如此,对连续性公理还是没有什么人持异议,因为上述例子是个极端的例子. 既然在讨论带不确定性的问题时,小概率的天灾人祸总是认为存在的,绝对可靠的事倒是不在考虑之列. 因此,在理论上认为上述两件事"无差别"并无多少不妥之处.

公理 3（独立性公理） 如果 $x - y$,那么对于任何 $p \in [0,1]$ 和 $z \in \mathscr{L}$,$(x,z,p) - (y,z,p)$.

这条独立性公理有点像阿罗不可能性定理中的独立性原则. 它是说 x 与 y 的无差别不受其他可能性的影响. 表面上看来它似乎很自然,但是它受到马林沃和德布罗的老师、1988 年的诺贝尔经济学奖得主阿莱①的强烈批评. 关于这一点，我们放到后面介绍.

现在我们指出，在上述假设下有以下定理：

冯·诺伊曼-摩尔根斯顿定理　如果 $(\mathscr{L},\succeq)$ 满足上述三条公理，那么在 $\mathscr{L}$ 上存在（在至多相差一个仿射变换意义下）唯一的效用函数 u，满足

$$u((x,y,p)) = pu(x) + (1-p)u(y) \tag{9.1}$$

证明　这条定理的证明并不难. 但是为了避免一些烦琐的技术细节，我们再做两个实际上是不必要的假定：

(1) 在 $\mathscr{L}$ 中存在 b 和 w，使得 L 中的任何 w，都满足 $b \succeq x \succeq w$.

(2) $(b,w,p) \succ (b,w,q)$ 当且仅当 $p > q$.

这里的 b 和 w 分别是 $\mathscr{L}$ 中的"最好（未定）商品"和"最坏（未定）商品". 有了假定(1)后，我们实际上只需考虑有界的效用函数.

令 $u(b) = 1, u(w) = 0$. 与前面我们在讨论连续性公理 2 时一样，由上述假定(1)，我们对于任何 $\mathscr{L}$ 中的 x 都可求得概率 p_x，使得

$$x \sim p_x b + (1-p_x)w$$

同时，由上述假定(2)，我们还可指出这个 p_x 是唯一的.

现在我们定义 $u(x) = p_x$，则由公理 1(iii)，容易验证，

$$(x,y,p) \sim ((b,w,p_x),(b,w,p_y),p)$$
$$\sim (b,w,pp_x + (1-p)p_y)$$
$$\sim (b,w,pu(x) + (1-p)u(y))$$

因此式(9.1)成立.

还需验证这样定义的 u 是效用函数，即 $x \succeq y$ 等价于 $u(x) \geq u(y)$. 这是因为由上述假定(2)，我们显然有 $x \succeq y$ 等价于 $p_x \geq p_y$.

最后，还要验证唯一性. 设 u_1 是另一个满足式(9.1)的效用函数. 那么它必定满足

$$u_1(x) = p_x u_1(b) + (1-p_x)u_1(w)$$
$$= (u_1(b) - u_1(w))u(x) + u_1(w)$$

即 u_1 与 u 只相差一个仿射变换. 定理得证.

这样，我们就证明了冯·诺伊曼-摩尔根斯顿效用函数的存在定

---

① Maurice Allais(1911—2010)，法国经济学家. 1988 年诺贝尔经济学奖获得者.

理.在他们的书中特别指出,丹尼尔·伯努利的"道德期望"实际上就是这种效用函数.历史上,冯·诺伊曼和摩尔根斯顿在这个问题上继承了他们的师友小门格尔的研究.正是小门格尔首先认识到丹尼尔·伯努利对圣彼得堡悖论提出的"道德期望"与效用函数的关系,以及这种关系在带不确定性的经济学上的重要意义.

冯·诺伊曼-摩尔根斯顿效用函数存在定理引起了许多人的兴趣.萨缪尔森、弗里德曼、马林沃等这些大经济学家都对它做过研究.这些人还曾被冠以"新伯努利主义者"的称号.200多年前的丹尼尔·伯努利的论文则因此被翻译重印,1954年发表在《计量经济学》杂志上.这些"新伯努利主义者"的研究都着眼于简化冯·诺伊曼-摩尔根斯顿的叙述和证明,提出一些新的公理表达形式.其中最著名的是弗里德曼和萨菲奇[1]1948年的论文以及赫斯坦(Israel N. Herstein)和米尔诺[2]1953年的论文.我们这里的叙述实际上更接近于赫斯坦-米尔诺的公理体系.

对于本书的主题来说,使我们大感兴趣的这个米尔诺不是别人,正是那位既得过菲尔兹奖(1962年),又得过沃尔夫奖[3](1989年)的数学大师约翰·米尔诺.在他普林斯顿的学生时代,无疑受到过冯·诺伊曼和摩尔根斯顿的影响,促使他曾在对策论研究方面也发表过多篇颇有影响的论文.他与赫斯坦合作的论文发表于1953年.这正是他获得博士学位的前一年,时年22岁.由于米尔诺的名字与微分拓扑的联系过分紧密,他的这些研究成就在数学界反而鲜为人知.赫斯坦也不是经济学家,而是一位在代数学上颇有建树的纯数学家.后来他还曾和德布罗有过合作.此外,我们还可注意到,上面提到的与弗里德曼合作的萨菲奇曾经是微分几何专家.

我们已说过,冯·诺伊曼和摩尔根斯顿提出他们的效用函数公理体系的原意,是企图指出,在带不确定性的环境下,人们是有可能来"测量"基数效用函数的.然而,1952年阿莱在一次关于冯·诺伊曼-

---

[1] Leonard Jimmie Savage(1917—1971),美国数学家、经济学家和统计学家.
[2] John W. Milnor(1931年生),美国数学家.
[3] Ricordo Wolf(1887—1981),古巴籍德裔化学家、慈善家和外交家.他在1975年设立总部在以色列的沃尔夫基金会.1978年起颁发沃尔夫数学奖.它与菲尔兹奖一起目前被国际数学界视为最高奖.与只奖给40岁以下的数学家的菲尔兹奖不同,它没有年龄限制.本丛书的题词者陈省身教授是1983年沃尔夫奖获得者.

摩尔根斯顿的书的讨论会中提出的责难,使得人们不得不进一步深思. 现在我们在文献中可以看到,人们都很注意把冯·诺伊曼-摩尔根斯顿效用函数的概念和通常的效用函数概念区分开来. 前者常用的名称是期望效用. 这就是说,期望效用并非是消费者真正的效用,它还包含着消费者对不确定环境的考虑,比通常的效用有更多的主观因素. 这种谨慎的做法在很大程度上是阿莱的功劳.

阿莱的贡献主要在于指出:独立性公理不符合实际. 阿莱构造了一个例子,并用这个例子广泛征求了意见,其中包括许多"新伯努利主义者". 结果绝大多数人都做出了与独立性公理相反的判断. 连把独立性公理用另一种形式写进了他的名著——《统计学基础》(1954)的萨菲奇都不得不承认阿莱是有理的. 从此,阿莱的这个例子就以"阿莱悖论"著称.

阿莱的例子十分简单. 每位读者也都可以不带偏见地做出自己的判断,看是否与阿莱所设想的一致. 我们在前面讨论连续性时实际上也已提出了一个略带阿莱悖论色彩的例子. 但是在那里还能勉强自圆其说,而在这里对于独立性公理来说,则是致命的.

阿莱悖论的例子如下:假设有以下两组事件,需要做出判断.

$$\begin{cases} A_1 = \text{肯定得到 100 万法郎} \\ A_2 = \begin{cases} \text{以 10\% 的概率得到 500 万法郎} \\ \text{以 89\% 的概率得到 100 万法郎} \\ \text{以 1\% 的概率不得利} \end{cases} \end{cases}$$

$$\begin{cases} A_3 = \begin{cases} \text{以 10\% 的概率得到 500 万法郎} \\ \text{以 90\% 的概率不得利} \end{cases} \\ A_4 = \begin{cases} \text{以 11\% 的概率得到 100 万法郎} \\ \text{以 89\% 的概率不得利} \end{cases} \end{cases}$$

对于一般人来说,在 A_1 和 A_2 之间总是会选择 A_1,而在 A_3 和 A_4 之间总是会选择 A_3. 这样的选择自然可以说出很多理由来,其中最主要的无非是要在得利和冒险之间做一番权衡. 因此,在阿莱对上百个了解概率论的人所做的调查中,绝大多数的人都做了这样的选择,连萨菲奇都没有例外.

但是这样的选择恰好是违背独立性公理的. 事实上,我们令

$$L_1 = (1, 1, 0.11), \quad L_2 = (5, 0, 10/11)$$

其中单位取作百万法郎. 那么显然有

$$L_1 = A_1$$

而
$$(L_2, 1, 0.11) = ((5, 0, 10/11), 1, 0.11) = A_2$$

另一方面, 我们又有

$$A_4 = (1, 0, 0.11)$$
$$(L_2, 0, 0.11) = ((5, 0, 10/11), 0, 0.11) = A_3$$

这样, 由独立性公理, A_1、A_2 之间和 A_3、A_4 之间的偏好选择问题, 将完全取决于对 1 与 L_2 的选择. 如果 $1 \sim L_2$, 那么由独立性公理应该也有 $A_1 \sim A_2, A_3 \sim A_4$. 而如果认为 $A_1 \succ A_2$, 则应该有 $1 \succ L_2$, 从而导致 $A_4 \succ A_3$. 也就是说, $A_1 \succ A_2$ 只能与 $A_4 \succ A_3$ 相容. 这就是所谓阿莱悖论.

人们对于阿莱悖论有各种态度. 一种认为阿莱悖论的例子太特殊, 独立性公理一般来说还是成立的. 于是他们还是继续用冯·诺伊曼-摩尔根斯顿效用函数做各种研究. 另一种态度是认为阿莱悖论的出现是因为一般的人们都不太明事理, 所以无意中做了错误判断. 于是独立性公理变成了经济决策指导, 而不是普通人的经济决策的反映. 还有一种态度是认为必须放弃独立性公理. 那首先是阿莱本人的态度. 阿莱在为英国出版的 1987 年版《帕尔格雷夫[①]经济学辞典》所写的"阿莱悖论"条目上就认为, 过去 40 年来许多建立在独立性公理基础上的研究, 尤其是建立在追求期望效用最大基础上的研究, 都是不符合实际的. 因为它们都忽略了人的心理因素对概率分布的影响. 无论是圣彼得堡悖论, 还是阿莱悖论, 其实都是这个原因.

近年来有一位美国经济学家玛辛纳(Mark Machina)颇为走红, 因为他对没有独立性公理的理论做了细致的研究. 从 1983 年起, 连续发表了多篇论文. 他发现情况可能并不如阿莱想象的那么严重, 因为原来的许多理论结果仍是成立的. 他的论证自然相当深奥. 每一个做过数学证明题的人都知道, 同样的问题, 少一个条件, 其难度就要大大增加.

---

① Robert Harry Inglis Palgrave(1827—1919), 英国经济学家和银行家. 1894—1908 年编纂了一本政治经济学词典. 以后两次被后人更新出版.

尽管如此,直到现在为止,在带不确定性的经济学问题的研究中,承认冯·诺伊曼-摩尔根斯顿效用函数的还是主流.尤其是在例如"决策理论""保险理论""金融经济学"等实用学科中,更是视冯·诺伊曼-摩尔根斯顿效用函数的存在为理论基础.这就像新古典主义微观经济学虽然已被发现有许多不足,但在代替它的理论还没有得到充分发展以前,多数人还接着用它来处理各种经济学问题.与新古典主义经济学一样,数学上的简单和传统(这里又是"最优化原理"!)又是使大家不愿放弃它的主要原因.

我们已经在圣彼得堡悖论、冯·诺伊曼-摩尔根斯顿效用函数等问题上花了相当多的篇幅.这无疑是触及了带不确定性的经济学中的一个根本问题,试想,如果对带不确定性的环境下的人们的经济行为都刻画不清楚,那还能研究什么问题呢?而要在逻辑上把这个问题分析透彻,我们在这里可以看到,数学公理化的方法显示了多大的威力.

不过,如果我们认为这里讨论的问题就是带不确定性的经济学中的中心问题,那一定会引起以研究带不确定性的经济学著称的奈特[①]教授的不满.这位先生在他 1921 年出版的《风险、不确定性与利润》(*Risk*, *Uncertainty and Profit*)一书中说道:

> "风险和不确定性这两个范畴的实际区别在于:前一情形中对一组可能的状态的收入分布是已知的(或者通过先验的计算,或者根据以前的经验的统计),而对不确定性的情形则并非如此……"

这就是说,我们上面讨论的仅仅涉及了经济学中的风险问题,而尚未真正涉及经济学中的不确定性问题.这倒与当年丹尼尔·伯努利的认识是一致的.至少那篇探讨圣彼得堡悖论的论文的名称是《风险度量的一种新理论的阐述》(*Exposition of a New Theory on the Measurement of Risk*).奈特的提法也在经济学界得到普遍承认.例如,上面提到的弗里德曼-萨菲奇的论文也明确称为《包含风险的选择的效用分析》(*The Utility Analysis of Choices Involving Risk*).在奈特看来,有风险的经济学问题与确定性的经济学问题并无多大区别.

---

① Frank Hyneman Knight(1885—1972),美国经济学家.

因为在对不确定因素已有一定的了解的情况下,人们采取一定的措施,就能使它转化为确定性的问题. 例如,对于一个有风险的生产问题来说,通过保险,并把它计入成本,那么它与没有风险的问题确实区别不大. 如果承认冯·诺伊曼-摩尔根斯顿效用理论,这种问题在数学上就更为简单. 有时甚至只需把"确定商品空间"改为"未定商品空间",其他事项几乎都不需做多大改动. 这又是数学公理化方法显示了其优越性. 当然具体做起来还会有些特殊问题要处理,我们将在下面再结合"真正的"带不确定性的经济学问题来较详细介绍它. 这里既然谈起了风险,我们顺便来谈谈一个与风险有关的数学问题.

我们在社会上可以观察到,人们对风险的态度并非都是一样的. 有人胆大包天,有人谨小慎微. 于是有一个如何度量对风险的态度的问题. 目前文献中通常采用阿罗和普拉特(J. W. Pratt)所提出的所谓风险厌恶度量(risk aversion measure). 它实际上是对单变量的冯·诺伊曼-摩尔根斯顿效用函数的弯曲程度的一种刻画. 这里效用函数的自变量通常取作收入的概率组合. 我们下面来谈谈为什么效用函数的弯曲程度反映了人们对风险的态度,以及什么是阿罗-普拉特风险厌恶度量的具体定义.

设某经济活动者的效用函数为 $u(x)$. 我们不妨设这里自变量的含义就是收入. 假设 $x, y \geqslant 0$ 为两种可能的收入;得到 x 的概率为 p,而得到 y 的概率为 $(1-p)$. 那么由冯·诺依曼-摩尔根斯顿效用函数的定义,并仍用原来的记号,可得这一事件的效用为

$$u((x,y,p)) = pu(x) + (1-p)u(y)$$

此人对 (x,y,p) 这一事件中所包含的风险的态度可由这个值与 $u(px+(1-p)y)$ 的比较来刻画. 如果

$$u(px+(1-p)y) = u((x,y,p))$$

那么称该经济活动者为"对风险无所谓者". 如果

$$u(px+(1-p)y) > u((x,y,p))$$

那么称该经济活动者为"对风险厌恶者". 如果

$$u(px+(1-p)y) < u((x,y,p))$$

那么称该经济活动者为"对风险爱好者". 请注意,这些提法都依赖于 x、y 和 p.

为什么要这样说呢？这可以如下来解释.

一般总认为 u 是收入的连续递增函数. 于是对于对风险厌恶者来说, 使 $u(x')=u((x,y,p))$ 的 x' 当 $x>y$ 时, 应该比 $px+(1-p)y$ 小, 而当 $x<y$ 时, 应该比 $px+(1-p)y$ 大 (图 9.1, 其中画出了 $x>y$ 的情形); 对于对风险爱好者来说, 情况正相反; 而对于对风险无所谓者来说, 两者总相等.

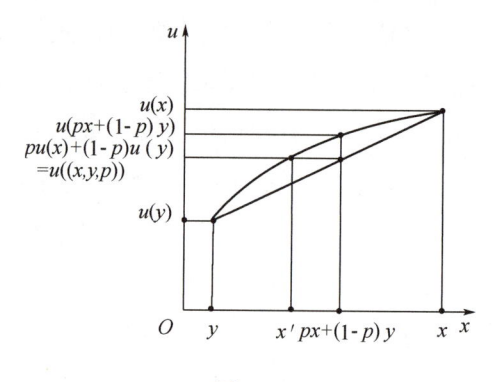

图 9.1

这样说, 还是比较抽象. 我们再进一步把 x 解释为正常收入, 即可得到它的概率 p 较接近于 1. 如果 y 是一场灾难, 即 y 远小于 x, 那么 $x-x'$ 可以看作经济活动者为灾难 y 愿意支付的保险费用. 这时我们可以看出: 对风险厌恶者愿意支付较高的费用, 而对风险爱好者则不愿意. 反之, 如果 y 是一笔巨大的彩票收入, y 远大于 x, 那么 $x'-x$ 可以看作经济活动者愿意购买的彩票价格. 这时有: 对风险爱好者愿意购买价格较高的彩票, 而对风险厌恶者则不愿意.

这两个例子足以说明上面这些名称的含义.

那么怎样来刻画厌恶风险的程度呢？如果从函数的图像来看 (再参看图 9.1), 自然是曲线向上弯得越厉害, 对风险就越厌恶. 曲线的弯曲程度自然可以用函数的二阶导数来刻画, 但光是二阶导数还不行, 因为它不是对仿射变换不变的量. 虽然二阶导数不受效用函数换零点的影响, 但是要受效用函数换单位的影响, 从而不同的人之间的风险厌恶程度就无法比较. 为了使这个量不受换单位的影响, 阿罗和普拉特建议风险厌恶程度用

$$r_u(x)=-\frac{u''(x)}{u'(x)}$$

来衡量.这就是所谓阿罗-普拉特风险厌恶度量.目前几乎在每一本微观经济学的教科书中都要提到它.

然而,从数学的要求来看,这样定义似乎理由不太充分.于是后来又有一些人来论述其合理性.但是那些道理往往也很令人费解.我们在这里要提醒人们注意的是,其实这个问题早被数学家考虑过.以下这个结果至少在 20 世纪 50 年代数学家就已经知道.

定理[①] 设 f,g 为 (a,b) 上的单调函数.那么
$$\forall x,y\in(a,b), \forall p\in[0,1]$$
$$f^{-1}(pf(x)+(1-p)f(y))$$
$$\leqslant g^{-1}(pg(x)+(1-p)g(y)) \tag{9.2}$$

等价于
$$\forall x\in(a,b), \quad \frac{f''(x)}{f'(x)}\leqslant\frac{g''(x)}{g'(x)} \tag{9.3}$$

这个结果的经济意义是明显的.事实上,当 $f(x)=x$(它是对风险无所谓者的效用函数),$g(x)=u(x)$,且
$$r_u(x)=-u''(x)/u'(x)>0=r_x(x)$$

那么上述定理指出
$$\forall x\in(a,b), u(px+(1-p)y)>pu(x)+(1-p)u(y) \tag{9.4}$$

即 u 是对风险厌恶者的效用函数.在一般情形中,上述定理刚好就能说明,阿罗-普拉特风险厌恶度量确实可用来衡量风险厌恶的程度.但数理经济学家似乎至今尚未意识到这点.通常在一些文献中所采用的亚里[②]的解释[③]比这要复杂得多,尽管普拉特的定义是 1964 年出现的,亚里的论文是 1969 年发表的.

以上算是一段插曲.我们再回到本题上来.既然我们说了半天只讨论了风险问题,那么什么是奈特所说的不确定性问题呢?那就是涉

[①] 参看:肖盖(Gustave Choquet)(1914—2006),法国数学家,《分析与拓扑》(上册),史树中、白继祖译,高等教育出版社,1988 年,188 页.这条定理的证明很简单.事实上由式(9.2)可以得到 $g\circ f^{-1}$ 是凸函数,从而其二阶导数 $\geqslant 0$,由此即得式(9.3).

[②] Menachem E. Yaari(1935 年生),以色列经济学家.

[③] 参看例如,凡里安(Hal R. Varian),《微观经济分析》(*Microeconomic Analysis*),诺尔顿(Norton)出版社,1978 年,第 109-110 页.

及事先无法充分估计其随机事件概率的问题. 例如, 在气候变化无常时, 一个农民无法预先知道老天爷会给他带来什么天气; 在激烈的商业竞争中, 一个经营者很难确切了解其对手的经营策略. 从数学上来看, 这类问题不再能像上面那样归结为求效用函数的期望值最大的最优化问题, 而成了典型的对策论问题. 或是与天斗, 或是与人斗. 不过有时人们又会把自己的猜测带入问题. 这样问题中就又会出现所谓主观概率. 与客观概率的不同在于它是因人而异的, 并且所涉及的有时并非是真正的随机现象. 例如, 丢硬币出现正面的概率就是个客观概率, 因为硬币一共只有两面, 人们还可通过实验来验证其两面出现的可能性是一样的. 但估计明天是否下雨的概率就很难客观, 任何人都可以有自己的看法. 这样的概率就是主观概率. 实际上明天是否下雨并非是随机事件, 因为到了明天就一切都清楚了, 不像丢硬币那样可多次重复. 系统叙述主观概率理论的公理化体系的不是别人, 就是那位萨菲奇. 我们不难理解, 在经济学中主观概率的概念是十分重要的.

作为本章的结束, 我们来阐述带不确定性的一般经济均衡问题. 它首先也是阿罗和德布罗在 20 世纪 50 年代的工作. 我们的出发点仍与过去一样: 有 l 种商品, 有 m 个消费者和 n 个生产者; 但是现在还有 τ 个不测事件. 这 τ 个事件可理解为气候变化、时尚转换、技术进步、天灾人祸等. 我们下面来陈述, 在这种情况下, 一般经济均衡模型应如何变换形式.

每个消费者的消费除了像以前那样要考虑其自身的偏好和经济能力外, 现在还要看是否发生了某个不测事件. 于是对于他来说, 所采取的经济行动将不再是一个简单的消费, 而将是一项消费计划. 用数学符号来表示, 第 i 个消费者的消费计划可记为

$$x_i = (x_{i1}, x_{i2}, \cdots, x_{i\tau})$$

这里, $x_{it} \in X_i \subset \mathbf{R}^l (t=1,2,\cdots,\tau)$, 都是 l 维商品空间中的消费集 X_i 中的元素, 它表示在第 t 个事件发生时第 i 个消费者的消费活动. 消费者原来只会用他的偏好关系 $\succeq_i$ 来比较两项消费活动 (X 中的元素) 的优劣, 现在需要把他的偏好 $\succeq_i$ 扩充到消费计划的集合上去. 而由于这 τ 个不测事件都是以一定的概率发生的, 上述的消费计划恰好相当于我们前面所说的 "未定商品". 因此, 偏好关系的扩充在承认冯·诺

伊曼-摩尔根斯顿公理体系的条件下,就是构造一个冯·诺伊曼-摩尔根斯顿效用函数.消费者现在将追求其消费计划对他的新效用函数的最大.不过其中对各不测事件的发生的概率将是主观的,即每个消费者都有自己的看法,都会对每一不测事件的发生赋以自以为是的主观概率;而消费计划加上这一主观概率,就构成了消费者的"未定消费集"上的一项"未定消费".

对于生产者来说,情况是完全类似的.代替生产者原来的生产活动的将是生产者的生产计划.它可记为

$$y_j = (y_{j1}, y_{j2}, \cdots, y_{j\tau})$$

其中,$y_{jt} \in Y_j \subset \mathbf{R}^l (t=1,2,\cdots,\tau)$,表示第 t 个事件发生时第 j 个生产者的生产活动.生产者追求的将是其生产计划的"利润"最大,而生产计划作为一个"未定商品"的"利润",也就是它的价值的数学期望.与消费者情形一样,计算数学期望时的概率同样是采用生产者的主观概率.

除此以外,模型就不需再做什么改变,除非人们认为有必要假设消费者的初始持有 e_i 和利润份额 θ_{ij} 也是依赖于不测事件的.但是那也无妨,我们仍可像前面一样照章办理.这样一来,原来的一般经济均衡的理论都可照搬.所不同的只是原来的"确定商品空间"被代替为"未定商品空间",但由于其中的概率仅在计算效用和利润时有用,去掉概率后,这个"未定商品空间"就成了 r 个"确定商品空间" $\mathbf{R}^l$ 的乘积.于是理论的结构上除了空间的维数扩大外,其他没有多大区别.当然,最后得到的一般经济均衡状态是不确定的,它回答的将是:在第 t 个不测事件发生时,将有怎样的一般均衡价格以及由此引起的需求和供给.

这样来处理带不确定性的一般经济均衡问题是阿罗和德布罗一开始就意识到的.在德布罗的诺贝尔奖演说中,这还被德布罗用来说明"在原始概念被发现有新解释时,公理化也可以对新问题轻易地做出回答"的典型例子.只是我们现在的解释已经与阿罗-德布罗原来的解释有所不同.在那里,他们并未引进经济活动者的主观概率,也没有引进冯·诺伊曼-摩尔根斯顿效用函数,但他们却把动态变化也通过

扩大维数的办法包含了进去.引进主观概率的是拉德纳①(此人又是一名在考尔斯基金会中工作过的数学博士).由此特别是可以把经济体中的信息结构考虑进去.它可以反映各人有各人的信息来源.有人情报灵通,对事件发生的概率估计较准;有人消息闭塞,对事件发生的概率估计就较差.能把问题的这一方面考虑进去,显然是极有意义的.拉德纳对此做了相当深刻的研究,其中尤其是能用来解释市场怎样起信息传递的作用.这类研究对进一步认识证券市场、保险市场都是很有好处的.

当然,我们不能希望阿罗-德布罗模型通过各种解释而包罗万象.在什么交易都没有做以前,就有一项最优经济活动的企图或最优经济活动的计划,无论如何都是它最易受攻击的一个弱点,而这是无法通过重新解释来消除的.

---

① Roy Radner(1927—),美国经济学家.

十 宏观经济模型

一般经济均衡模型虽然说的也是整个经济体的状况,但它还是从每个经济活动者个体出发来考虑问题的,因此仍属于微观经济学的范畴.在这章中我们来谈谈宏观经济学与数学的关系.

通常认为真正的宏观经济学研究是以凯恩斯在 1936 年发表《就业、利息和货币通论》(*The General Theory of Employment, Interest and Money*)(有中译本)一书为标志的.正如我们在前面多次提到,在此以前,由于西方经济学界多数人信奉以亚当·斯密的"看不见的手"或萨伊的"供给自身创造需求定律"为代表的自由放任主义,因而也就不太需要从一国的国民经济的角度来考虑经济学问题. 20 世纪 30 年代前后西方资本主义社会出现了严重的经济危机,使自由放任主义几乎受到毁灭性的打击,因为它既不能解释生产过剩,也不能说明为什么有大规模失业,更不能为资本主义政府提供对策.这时凯恩斯主义就应运而生.这个主义可以笼统地说成是"政府干预主义".它把生产过剩和失业归咎于"有效需求不足",并认为这一不足可通过政府的财政干预来解决;从而就需要从政府的角度来考察经济,导致"宏观的"国民经济的总量分析.由于凯恩斯的理论迎合了西方资本主义国家的需要,在西方经济学界引起了一场"凯恩斯革命",尤其是掀起了广泛的宏观经济学研究.

虽然凯恩斯理论也有一定的理论框架,但总的来说它缺乏一种机理性的内涵.于是形形色色的观点都能与凯恩斯理论相"结合".试图用一般经济均衡理论建立(凯恩斯)宏观经济学的微观基础的叫作"新古典综合派"(代表人物是萨缪尔森);试图用李嘉图的劳动价值论补充凯恩斯主义的叫作"新剑桥学派"(代表人物是罗宾逊夫人和斯拉法);主张政府的货币政策比财政政策重要得多的叫作"货币主义"(代表人物是弗里德曼);认为经济活动者会对政府的政策做出"合理期望"的叫作"合理期望学派"(代表人物是卢卡斯[①]);还有要从供应方面来考虑的"供应学派",曾几何时甚至是美国前总统里根的御用经济学……虽然如弗里德曼所说:"我们(所有这些人)都是凯恩斯主义者",实际上他们之间始终争吵不休,互相讥讽挖苦,甚至经常都是处于你死我活的地步.

我们这些简短的叙述当然既代替不了对这些经济理论的介绍,更不能触及对他们的评价和批判.这不是本书的任务,也超出了作者的能力.我们感兴趣的只是这里所涉及的数学模型.尽管这些模型中所涉及的经济思想绝大部分是我们所不能接受的,但是从方法论的角度来看,仍有许多值得我们借鉴之处.

虽然我们在上面提及了不少流行的西方学派,但是总的来说,其中的大多数还是脱胎于凯恩斯的框架.只是由于基本经济假设不同,而给这个框架带来各种变化.把各种理论表达为数学方程后,更是显得大同小异.因此,我们还是要从凯恩斯说起.根据克莱因的看法,完整的凯恩斯体系考察的是商品市场、货币市场和劳动力市场三方面的均衡.

商品市场的均衡是考虑总需求与总供给的均衡.在无政府的时候,总需求等于总消费与总投资之和.写成数学形式为

$$Y = C + I \qquad (10.1)$$

这里 C 是总消费需求,I 是总投资需求.而总供给等于总消费与总储蓄之和.写成数学形式为

$$Y = C + S \qquad (10.2)$$

这里 C 仍是总消费,不过是从供给方面来考察它,S 是总储蓄.在总需求与总供给相等时,它们就全等于国民生产总值[②] Y,并且由此可得到所谓凯恩斯均衡方程

[①] Robert E. Lucas Jr.(1937 年生),美国经济学家.

[②] 如果不计资本消耗,那么在凯恩斯体系中国民生产总值与国民收入是同义词.如果考虑资本消耗,两者大致差 10%.但是在我国目前的统计体系中,国民生产总值与国民收入间并无这种关系,主要因为在后者中没有考虑第三产业.

$$I = S \tag{10.3}$$

在这个简单的模型中,如果我们再假定

$$C = c_0 + cY \tag{10.4}$$

这里 c_0 是不受国民生产总值影响的必要的消费;而 c 是一个 0 与 1 之间的常数,它称为边际消费倾向(我们记得,自从边际效用学派出现以后,"边际"这个词就成了经济学中的常用词,它的含义就是数学上的求导数,这里是指 c 为 C 对 Y 的导数),那么由式(10.1)和式(10.4)我们得到

$$Y = C + I = c_0 + cY + I \tag{10.5}$$

因此,

$$\Delta Y = (1-c)^{-1} \Delta I = \Delta I + c\Delta I + c^2 \Delta I \cdots + c^n \Delta I + \cdots \tag{10.6}$$

这里 Δ 表示增量,$(1-c)^{-1}$ 称为凯恩斯(投资)乘数.乘数是又一个经济学家专用的数学名词.据凯恩斯说,这个概念是卡恩[1]首先采用的[2].虽然数学家也用 multiplier(乘数,不过数学书上常见的汉译是乘子)这个词,但意义很不一样;经济学家的乘数与边际有点类似,也是求导数的意思,不过其中的自变量与因变量的次序颠倒.例如在这里,边际消费倾向是指消费 I 对国民生产总值 Y 的导数[式(10.6)],而投资乘数是指国民生产总值 Y 对投资 I 的导数.

式(10.6)中的展开是由高中数学中熟知的几何级数的求和公式而来的,但在常见的一些经济学教科书中却对此大做起文章来.这一展开称为凯恩斯乘数效应.它被解释为:如果投资量增长了 ΔI,则它将引起国民收入也增长 ΔI,但收入的增长又引起消费要增长 $c\Delta I$,这些消费需求又会引起新的投资 $c\Delta I$,新投资 $c\Delta I$ 又引起新的国民收入增长 $c\Delta I$,它又引起新的消费增长 $c^2 \Delta I$ 和新的投资增长 $c^2 \Delta I$……就引起一系列连锁反应,最终合成上述公式.我们不知道谁是这种叙述方式的第一作者,因为凯恩斯本人在他的书中并没有这样说.在他看来,不把此式展开已经充分说明问题,即:边际消费倾向 c 越接近于 1,投资增加所引起的国民收入的增加就越大.无须再做进一步说明.而不习惯数学思维的人则还需更进一步的解释.这种说法或许是给这个

---

[1] Richard Ferdinand Kahn(1905—1989),英国经济学家.
[2] 参看:凯恩斯,《就业、利息和货币通论》,徐毓枬译,商务印书馆,1988年,第98页.

几何级数求和公式一个形象的表达.联系本书的主题,值得在此一提.

总需求一般不会自动等于总供给,即总投资 I 一般不等于总储蓄 S.这时就要靠政府的干预来进行调节.在有政府的时候,总需求式(10.1)就变为

$$Y=C+I+G \tag{10.7}$$

这里 G 是政府开支(包括政府投资).总供给式(10.2)就变为

$$Y=C+S+T \tag{10.8}$$

这里 T 是政府的收入,即税收.于是凯恩斯均衡方程式(10.3)将变为

$$G+I=S+T \tag{10.9}$$

这样,政府就可以通过调节开支和税收的办法来使国民经济达到均衡.不过进一步分析说明这两个调节手段的作用是不一样的.设 $Y_d=C+S$,它称为可支配收入.前面所说的消费与收入的关系在目前的情况下应该变为

$$C=c_0+c_d Y-c_d T \tag{10.10}$$

这是因为这里的消费只是居民的消费,它自然只能与除去税收的可支配收入有关,其中 c_d 仍称为边际消费倾向.由式(10.8)、式(10.10)和 Y_d 的定义,立即可解得

$$Y=\frac{c_0-c_d T+I+G}{1-c_d} \tag{10.11}$$

因此,

$$\frac{\partial Y}{\partial G}=\frac{1}{1-c_d}, \quad \frac{\partial Y}{\partial T}=-\frac{c_d}{1-c_d} \tag{10.12}$$

因为 c_d 总是小于 1 的,这说明税收对国民生产总值的影响比政府开支的影响要小,并且它们的作用是相反的,即增加政府开支会提高国民生产总值,而增加税收则要降低国民生产总值.它们的变化幅度都取决于边际消费倾向 c_d.于是由"凯恩斯乘数原理"可得出的一个"结论"就是增加政府开支(自然包括政府的投资)可以增加国民生产总值.为此甚至可以搞"赤字预算".

以上就是凯恩斯的商品市场的均衡.进一步研究自然还应在总需求和总供给中分别加上进口和出口.为了更好地刻画消费与收入的关系自然更应考虑一般的非线性关系,由此就引起大量的所谓消费函数的研究.此外自然还应考虑税收、储蓄与国民生产总值的关系等.这里就不再做进一步讨论.

货币市场的均衡同样是货币的供给与货币的需求之间的均衡. 货币有作为价值尺度、流通手段、贮藏手段、支付手段等职能. 对于这点,不管是哪一派的经济学家都没有多大分歧. 但是凯恩斯主义特别强调货币的贮藏职能,并由此提出货币的需求理论.

如果不考虑货币的贮藏职能,那么货币作为流通手段和支付手段,社会上的货币数量完全是因为交易的需要. 设国民生产总值为 Y,货币量假设为 M. 则

$$V = \frac{Y}{M} \tag{10.13}$$

称为货币的流通速度. 如果以 Q 表示总商品量,P 表示总价格水平(它们的计算自然很有讲究,因为社会上不知有多少种商品,因而也就不知有多少种价格. 经过适当的合并、分类、平均等,就可定出有适当单位的这两个量.),那么应该有

$$Y = PQ \tag{10.14}$$

由式(10.13)和式(10.14),我们就得到下列著名的货币数量方程:

$$MV = PQ \tag{10.15}$$

这是个在门派林立的经济学界中极为难得的大家都承认的方程. 尤其是它居然既能称为马克思货币流通方程,又能叫作欧文·费歇尔货币交换方程;同时它还和马歇尔、庇古、凯恩斯以至弗里德曼等人的名字连在一起. 当然,其中对各个概念的理解还有很大的不同. 不过不管在何种情形下,研究货币问题总离不开这种形式的数量方程. 这里不妨顺便说一下,我国从 20 世纪 50 年代到 70 年代,金融部门所采用的 V 的正常值始终是 8. 这就是说,每增发 1 元人民币,就要保证有 8 元人民币的商品投放市场. 目前,随着经济体制改革的深入,这一经验值已不适用. 尤其是近几年中出现了通货膨胀现象,更是使货币流通速度 V 处于一种不稳定的状态.

凯恩斯认为除了交易需要引起的货币需求外,还有一种所谓因投机动机所引起的货币需求;或者说得好听些,由货币的贮藏职能所引起的货币需求. 货币需求在凯恩斯的术语中有个怪名称,叫作流动偏好(又译灵活偏好). 其原文是 Liquidity preference. 其实 Liquidity(源出于 liquid,流体)在这里是双关语,它的另一个含义是现金. 因而若

把它译为"现金偏好",或许还更确切些. 这时即使我们望文生义地去理解它,也不会与凯恩斯的原意有多大偏差. 现金是相对于股票、债券等有价证券而言的. 而后者在凯恩斯看来是"固定的"(fixed)货币,不是"流动的"(liquid)货币. 凯恩斯在这里多少有点搞文字游戏. 汉译就只能顾此失彼了.

凯恩斯认为因交易需要引起的货币需求 M_1 与因"投机需要"引起的货币需求 M_2 可以认为基本上是相互独立的. 它们分别由两个"流动偏好函数"L_1 和 L_2 来决定. L_1 是国民生产总值的函数. 由前面的式(10.13)可知

$$M_1 = L_1(Y) = \frac{Y}{V} \tag{10.16}$$

L_2 则是利率 R 的函数,这里的利率是广义的,它除了指银行的长期利率外,还可以指证券(股票、债券等)的利率. 在一般情况下,当利率 R 较高时,人们就(出于"投机心理")会把现金(流动货币)存入银行(指长期存款,短期存款通常认为与现金无区别)或买证券,使它变为"固定"(广义的处于贮藏状态的)货币,从而减少了"流动"货币需求;反之,则现金货币的需求会增加. 因此,可以认为在一定范围内,M_2 是与 R 成反比的,从而

$$M_2 = L_2(R) = \frac{a}{R} \tag{10.17}$$

不过凯恩斯又认为,当利率低到一定程度,这样的关系不会再成立,因为这时人们会感到现金与证券已无多大区别. 函数形式自然又要做变化,即 M_2 这时会取常值. 这常被称为凯恩斯的*流动陷阱*(Liquidity Trap).

这样一来,货币市场的均衡方程应该是

$$M = M_1 + M_2 = L_1(Y) + L_2(R) = \frac{Y}{V} + \frac{a}{R} \tag{10.18}$$

其中,M 是货币的供给量.

把商品与货币联系在一起考虑,我们可以构造如下一个简单的模型,它似可用来说明:如果社会生产已达到最大产出 Q_f,那么继续增加消费、投资或政府开支,就会引起物价上涨. 其基本方程为

$$Y = a + bY + I_0 - cR + G \tag{10.19}$$

$$M = dY + eR^{-1} \quad (10.20)$$
$$Y = PQ_f \quad (10.21)$$

这里在式(10.19)中,$C=a+bY$ 是消费;$I=I_0-cR$ 是投资,其含义是利率的提高会因增加储蓄而减少投资;a、b、c、d、e 都是正的常量,其他符号的含义都与原来的一样. 由式(10.19)和式(10.21)立即可得

$$(1-b)Q_f P = a + I_0 - cR + G \quad (10.22)$$

由此可见,在利率 R 不变的情况下,增加投资 I 或增加政府开支 G 都会引起物价水平 P 的提高,增加消费 C 时,由凯恩斯乘数效应会引起 Y 的增加,其结果也是 P 的提高. 这种物价上涨称为需求拉上型通货膨胀. 不过我们只能说这些方程"似可说明". 实际上我们可以看出这个模型过分简单,非常容易受到种种批评. 例如,它完全不考虑时间因素,不考虑投资能促进生产,等等. 而且事实证明,用凯恩斯的理论来论述通货膨胀,已被弗里德曼断定为"完全失败的". 于是其他学派就有机会登场. 其做法无非是对上述模型做各种修改. 而那些模型也许能说明某些问题,但又经不起另一些层出不穷的实际的考验和理论上的攻击. 于是又有更新的学派问世,如此等等.

至于劳动力市场的均衡可由以下三点来概括:

(1)产出(国民生产总值)是就业量的函数;

(2)就业量是工资率的函数(劳动力供给);

(3)工资率等于物价水平乘上边际产出.

具体的数学表达就不再写出.

以上是凯恩斯宏观经济理论的大框架. 这里虽有一点数学,但没有什么大不了的数学. 因此也就没有较深入的数学道理可言. 宏观经济学的数学主要体现在:有了计量经济学,尤其是有了大型电子计算机以后,人们开始有能力来把这个模型进一步具体化、细致化,并以此来模拟宏观经济的运行. 一个有实用意义的宏观经济模型至少要有 50 个以上的变量. 在本书中介绍这样的模型就显得太累赘了. 但是我们可以介绍一个变量不多的、有"教学"意义的宏观经济模型,来说明这种模型究竟是怎么一回事. 以下这个模型取自邹至庄[①]教授的《中

---

① 邹至庄(Gregory C. Chow)(1929 年生),美籍华裔经济学家.

国经济》一书①. 邹教授声称这个模型由于不考虑就业的问题而适用于中国经济. 其实这是个地道的凯恩斯模型, 从体系上来说首先就较难与我国的经济统计协调. 不过这种方法还是可被我们改造使用的. 在这个模型中共有 7 个"内生变量"和 2 个"外生变量"(在计量经济学的模型中, 因变量称为内生变量, endogenous variable, 而自变量, 或更确切地说, 可控制的变量, 称为外生变量, exogenous variable).

7 个内生变量为

- Y_t: 国民生产总值;
- X_t: 净收入;
- C_t: 消费;
- J_{1t}: 企业净投资;
- R_t: 利率;
- B_t: 公债的利息(这里实际上假定债息与利率无关, 从而将有债券的面值与利率有关, 即它的面值将是 B_t/R_t);
- R_t: 物价水平.

外生变量为

- J_{2t}: 政府净投资;
- M_t: 货币供给量.

此外, 还有资本总量 K_t 作为辅助变量. 所有的下标 t 都是指年份.

模型的方程共有 8 个:

(1) $Y_t = C_t + J_{1t} + J_{2t}$

(2) $X_t = \tau_0/P_t + \tau Y_t - B_t/P_t + \tau B_t/P_t$

(3) $C_t = \gamma_1(Y_t - X_t) + \gamma_2 M_t/P_t + \gamma_3 B_t/P_t + \gamma_4 C_{t-1}$

(4) $J_{1t} = \alpha_0(Y_t - X_t) - \alpha_1(Y_{t-1} - X_{t-1}) + \alpha_2 R_t^{-1} + \alpha_3 J_{1,t-1}$

(5) $M_t/P_t = \lambda_0 + \lambda_1 Y_t + \lambda_2 B_t/P_t + \lambda_3 R_t^{-1}$

(6) $J_{2t} = X_t + (M_t - M_{t-1})/P_t + (B_t - B_{t-1})/R_t P_t$

(7) $P_t - P_{t-1} = \delta_0 - \delta_1(\theta K_{t-1} - Y_t)$

(8) $K_t = J_{1t} + J_{2t} + K_{t-1}$

这里方程(1)是国民生产总值的定义(严格来说, 它仅是一个恒等式,

---

① 邹至庄,《中国经济》, 南开大学出版社, 1984 年, 第 310-311 页. 我们用了不同的符号, 并改正了其中的印刷错误.

而不是一个方程).方程(2)说明按不变价格来计算的净税收.其中 τ_0 是以货币表示的税收额,它与国民生产总值无关;第 2 项 τY_t 是以折实单位表示的税收额,它与国民生产总值有关,τ 就是税率;第 3 项是指政府有 B_t 个单位的债息要还,从而需在税收项内支出;第 4 项是指政府从居民所得到的债息中所抽的税,这项也可能是零;所有这些项中的 P_t 的作用是使这些有关项化为用不变价格来计量.方程(3)和(4)的意义容易理解.方程(5)是货币需求方程.方程(6)是政府预算约束方程.这个方程在宏观经济学中很重要,它的含义是指政府的净投资来源由三方面组成:一是净税收,二是靠发行货币,三是靠发行债券.货币实际上也是一种债券,只是这种债券是无息的,而通常的债券是有息的.方程(7)中假定物价水平的上升(通货膨胀)与可能产出 θK_{t-1} 和实际产出 Y_t 之差有负相关的关系.这里完全没有考虑劳动力的因素.而实际上目前我国的物价上涨在很大程度上是由工资和奖金的提高的所谓"成本推进型"通货膨胀.最后一个方程(恒等式)是资本总量的定义.

如果要把这个模型投入实际应用,那么首先要根据以往的实际数据,利用数理统计的方法来定出上述方程的各个常数.即使对于这个相当简单的模型来说,其计算量也是十分浩大的.熟悉数理统计而没接触过计量经济学的人们还会发现,一般的数理统计教程中只讨论一个方程的回归分析问题,而很少讨论这种多个联立方程的回归分析问题.它在数学上自然要难得多.这也是数理统计教科书与计量经济学教科书的主要区别之一.在这方面,计量经济学并不接近于狭义的数理统计理论,倒是较接近于系统控制理论中的系统辨识理论.把这个方程组中的常数确定以后,人们就可用它来模拟宏观经济的运转.这里所有内生变量是人们无法控制的,但是两个外生变量:政府净投资 J_{2t} 和货币供给量 M_t 则完全可由政府来决定.这样,至少在理论上,政府可以用这个模型来模拟各种不同的政策所引起的不同后果.

不过说到底,我们所举的这个例子仍然只是象征性的.真要投入使用,还必须把这个模型大大复杂化.例如,认为整个国民经济只有一个生产部门,那无论如何是太粗糙了.至少总应把工业、农业、商业、建筑业、运输业等分开考虑.而工业中又可分出重工业、轻工业、冶金、化工、能源、建材等. 在这方面分得更细,并认为各部门的投入量和产出量间的关系都是线性关系,由此构成的模型就是所谓投入产出模型. 通常的投入产出模型中的部门可有几十个、甚至几百个之多. 为搜集所需要的数据和计算投入产出系数,其工作量都是十分惊人的. 目前许多大型的计量经济模型中,由于部门分得很多,实际上都常常包含了一个投入产出模型作为子模型. 除了生产和消费外,税收、金融等自然也都可分作许多更接近实际的部门.

我们在第一章中已经提到,宏观经济模型的研究是从丁伯根开始的. 他在 1939 年提出的荷兰宏观经济模型有 31 个状态方程,17 个恒等式. 当时也没有明确内生变量和外生变量的区别,但据克莱因等人的鉴别,其中只有 5 个外生变量. 虽然丁伯根用普通的最小二乘法也估计了模型的系数,限于当时的计算条件,这个模型实际上从未解算过. 到了二次大战以后,随着大型电子计算机的出现,宏观经济模型开始有可能实算. 当时的克莱因是个在考尔斯基金会工作的初出茅庐的年轻人. 他在哈维尔莫等人的影响下,就投入了这方面的研究. 克莱因在 1950 年提出的美国经济模型只有 6 个方程,其中有 6 个内生变量和 4 个外生变量. 与我们这里举的例子一样,只有教学意义. 但目前已成为经典的模型. 1955 年他与他的学生戈尔德柏格[1]一起提出的模型有 15 个方程和 5 个恒等式,包含 20 个内生变量,14 个外生变量. 这个模型后来发展成 1958 年开始研制的一系列沃顿[2]模型. 如沃顿季度短期预测模型有 400 多个方程,约 1300 个变量;沃顿工业年度长期预测模型包含一个有 63 个部门的投入产出表、700 多个方程以及约 2100 个变量. 目前在美国运转的宏观经济模型有上百个. 除沃顿模型外,有名的例子还有:布鲁金斯[3]模型,它有 400 多个方程,克莱因也参加了研制;埃克斯坦[4]为美国数据资料(Data Base)公司研制的 DRI 模型,它包含一个有 51 个工业部门的投入产出表、700 多个方程以及近 900 个变量.

---

[1] Arthur Stanley Goldberger(1930—2009),美国经济学家.
[2] 沃顿(Wharton)是克莱因所在的美国宾夕法尼亚大学的研究所和"计量经济预测公司"的名字.
[3] 布鲁金斯(Brookings)是一个学会(Institution)的名称. Robert S. Brookings(1850—1932)是该学会前身的发起人.
[4] Otto Eckstein(1927—1984),美籍德裔经济学家.

20 世纪 60 年代末,克莱因创导一个把世界各国的模型联在一起的林克(Link,联结的意思)计划. 1981 年,林克计划已包含 18 个发达市场经济国家(美、英、法、日等),8 个计划经济国家(中、苏、匈、波等)和 4 个发展中国家和地区.变量总数近万.到 1989 年,参加林克计划的国家和地区已达 70 多个.这个计划每年都要根据各国提供的数据,召开会议,对世界经济的形势做出中、短期预测.据 1989 年 11 月 20 日的《经济日报》报道:林克计划的秋季会议预测,1989 年的世界国民生产总值的年增长率可达 2.8%,低于 1988 年的 3.9%;1990 年将继续回落,预计年增长率仅 2.6%;然后从 1991 年起复苏,1991 年可达 2.9%;1992 年升至 3.1%.发达国家的年增长率大致与此同步而略低,发展中国家则远超过这些增长率(5%上下),但苏联和东欧国家的年增长率则仅在 1%~2%.是否如此,在 1992 年前读到本书的读者都有机会来逐年验证.

研制一个宏观经济模型是耗资巨大的,也是收益巨大的.沃顿公司、布鲁金斯学会等虽是非盈利机构,但是它们也靠出售预测结果来贴补学术研究.有的预测公司因此而大发横财.像埃克斯坦的 DRI 模型在 1979 年竟卖了 1 亿美元!这当然也说明这些模型并非是些无足轻重的东西.事实上,像沃顿模型在相当长的时间内对商业状况的分析一直有很好的声誉.美国政府也始终运用宏观经济模型来制定其各项政策,其中甚至包括外交政策.

宏观经济模型的作用是不能抹杀的,至少它不会去支持那些完全不切实际的空想,因为模型能很快告诉你这些空想在经济上究竟意味着什么.但作用究竟有多大则始终是个争论的问题.20 世纪 70 年代以前,经济学界曾相当热衷于通过宏观经济模型来研究经济理论. 1976 年卢卡斯对此提出了致命的批判.他认为宏观经济模型对研究政策是无用的,因为政策的改变会导致人们的经济目标的改变,以至整个模型的结构也会因此引起改变.这一批判真是击中要害,竟使一段时间内学术界对研究宏观经济模型理论的兴趣大减.而卢卡斯等人提出的合理期望理论则乘虚而入.另一个严重的打击则是在 80 年代初,由于沃顿模型和 DRI 模型都断言减税会导致国民生产总值下降(其实这是个典型的凯恩斯式的结论),不合当时的华盛顿当局的口味.经过激烈的论战,克莱因和埃克斯坦都败退,而学术上尚未成体系的供应学派则登堂入室,成了官方宠爱的经济学①.

其实,一个国家的整个国民经济实在是一个过于复杂的系统.与生物系统中最高级的人体系统相比,其复杂性恐怕也是有过之而无不及.人们对这个系统的认识至今仍然十分肤浅.不管是哪一种学说都提不出一种像力学中的牛顿定律那样的、深层的、统帅一切的规律.或许正如某些学者所认为的那样,去寻求这种规律是一种错误的决定论思想;对于宏观经济系统似乎不可能有、也不应该有这种牛顿式的图景.在宏观经济学中的不确定性也确实是本质的,它既不是一种简单的随机干扰的结果,也不像量子力学中那样的可用概率波来刻画.对于后面所述的不确定性,人类已经有足够多的办法去对付它们,最终总能说出相当确定的结论来.而对于宏观经济学中的不确定性,人类似乎至今没有找到很成功的科学的方法,因为这里发生的不确定性往往凌驾于确定性之上.政治动荡、风尚变迁、科技进步、自然灾害都会给经济带来意想不到的甚至会起决定作用的影响.目前,一些经济"实践家"倒是从中摸到不少经验.股票行市早已被人看作政局的风雨表;有见识的企业家都会对广告、教育、科技大量投资.而经济理论家们则远没有考虑得那么周到,结果他们最后抓到的往往都只是一些表层的数量关系.表层的数量关系就不太需要高层次的数学,但计量经济学家为了充分利用这种表层数量关系,却超大规模地来运用低层次的数学.这就出现了这类耗费巨资的投入产出模型和宏观经济模型.

然而,正因为缺乏深层的机理,这类工作往往带有浓厚的艺术色彩、甚至迷信色彩.说其中有迷信色彩并不夸张.现在国内外都流行"电子计算机算命".细究一下这些算命的计算机程序,会使你感到它与某些宏观经济模型是多么相像.它根据星象的周期、历史的周期、人体的生理周期、人体的心理周期等,就对被算命人的一生做出了预测.很难说它一定比有些臆想成分很多的经济模型的预测更无道理.而对人的经济行为的各种假设也并不比算命家的各种假设高明多少.因此,在宏观经济学的学术界,人们越来越不太重视宏观经济模型,而是

---

① 参看:罗伯茨,《供应学派革命》,杨鲁军,虞虹,李捷理译,上海译文出版社,1987年.

努力去寻求更深层的机理.这样一来,像微观经济学中那样的数学化倾向正在显露.这在我们后面介绍经济增长和经济控制理论时,可以略见一斑.

尽管如此,投入产出模型与宏观经济模型在处理无突发性事件时的状况,尤其是对只涉及物与物、钱与钱的关系的问题,它还是相当有效的.因此,它们在学术界虽然逐渐受到冷落,但利用模型搞经济预测的买卖依然十分兴旺.

我国从20世纪70年代末开始,也有不少单位研制宏观经济模型.有全国范围的,也有省市地区的.规模都不很大,也没有连续修改、更新和运转,实际应用情况更是不够理想[①].在我国研制宏观经济模型首先会遇到的问题是经济理论基础问题.不过这实际上并不很影响模型的建立.虽然美国的宏观经济模型总离不开凯恩斯理论的基本框架,但对模型的影响只是取哪些经济变量、建立哪些恒等式.大部分方程原本是由研制者来设计的.在方法上不会有因为经济理论基础不同而模型就无法建立的问题.事实上极大部分方程都是一些人们设想的线性(回归)方程.真正成问题的是我国的统计数据的数量和质量.历史数据、部门数据不完整,样本数少,可靠程度差,等等,使得常常根本无法建立一个有参考意义的经济模型.这些情况虽然近年来有很大改进,但与需要相比还有很大的差距.进一步加强统计工作应该说是当务之急.对我国来说,在条件许可时搞一些小规模的实用计量经济模型也较有意义.至于那种需要巨资才能建立的宏观经济模型至少在目前还只能看作一件奢侈品.可能在相当长的一段时间内它只能停留在研究阶段.

苏联和东欧国家虽然也有不少类似于宏观经济模型的研究:例如,波兰的国家计划委员会曾建立过一个有41个内生变量和20个外生变量的宏观经济模型[②].但总的来说,他们用电子计算机建立起来的各种系统主要用来计划和管理,而不是用来预测和政策模拟.即使不考虑两种制度和经济理论基础上的根本差异,就实证经济学方面来说,这在观念上也是很不一样的;也就是说,社会主义国家认为政府有

---

① 参看:乌家培,周方主编,《经济模型及其应用》,经济科学出版社,1986年.
② 参看:莫里斯·博恩斯坦编,《东西方的经济计划》,商务印书馆,1987年版,第313页.

能力把整个国民经济完全管起来,而不是仅仅像凯恩斯主义那样,政府只能起点引导性的干预作用.因此,他们的模型主要是一些会计统计系统、投入产出表、资源最优配置管理系统等,而不是西方经济学意义上的宏观经济模型.不过目前随着他们的经济改革的深入,这样的"一切都管起来"的观念正在不断改变,看来以后他们的模型也会逐渐向宏观经济模型的等价物靠拢.

十一　经济增长理论和经济控制论

与宏观经济模型紧密相连的是所谓经济增长理论和经济控制论. 照理说,建立了一个宏观经济模型以后,人们应该能从这个模型中研究出如何来控制经济,使其最优增长. 理论上探讨这类最优经济控制的研究也不少. 但目前在国内外出现的大规模宏观经济模型实际上都起不了这个作用. 人们至多只能模拟在一定的政策条件下,宏观经济如何运转;能由此比较出谁优谁劣或断言对某些倾向有所抑制就已不错了,还谈不上能由此去控制什么,或达到什么最优. 因此,所谓经济增长理论和经济控制论并非是宏观经济模型的进一步深化,而是另一种理论数学模型. 它在很大程度上像一般经济均衡理论,只能帮助人们去理解现实,而很难由此去精细刻画现实和付诸实践.

在诺贝尔经济学奖得主中因经济增长理论而于 1987 年得奖的是索洛. 有不少人认为,与其说是索洛得了奖,不如说是经济增长理论得了奖. 因为单凭索洛本人的贡献,他与其他得奖诸君相比,似乎还有差距;但是要给经济增长理论授奖,他却是当时最合适的代表. 从 20 世纪 40 年代开始热闹起来的经济增长理论的研究与一般的宏观经济学研究一样,派别也很多. 以标准凯恩斯主义为依据的以哈罗德[①]和多马[②]为代表;标榜为"后凯恩斯主义"的新剑桥学派中以罗宾逊夫人、卡尔多[③]为代表;卡莱茨基[④]在英国时的工作也与他们的相近,但战后他回到波兰,又把他的数学模型改造为适用于社会主义国家的经济;

[①] Roy Forbes Harrod(1900—1978),英国经济学家.
[②] Evsey D. Domar(1914—1997),美籍波兰裔经济学家.
[③] Nicholas Kaldor(1908—1986),英籍匈牙利裔经济学家.
[④] Michal Kalecki(1899—1970),波兰经济学家.

新古典主义的增长理论以索洛、米德①为代表；此外，还有数学味更重的从拉姆赛②、冯·诺伊曼开始的"最优经济增长理论"的研究，在这方面，康托罗维奇、库普曼、萨缪尔森、希克斯等人都有重要贡献，以及数学味极少的熊彼特的从"创新"和经济结构演变的角度来研究的经济增长理论，库兹涅茨③的从历史演变的角度来研究的经济增长理论等.可以看出，这些代表人物中，或是已作古，或是已得奖，或是比索洛更弱.于是索洛就沾光了.

凯恩斯主义的哈罗德-多马模型现在已成了每本经济学教科书都要一提的内容.在数学上，哈罗德用的是差分方程，而多马用的是微分方程，但他们所刻画的经济学结论却是一样的.比较一下这两个形式上不一样、但实质上一样的模型是很有意思的.

哈罗德的模型是 1939 年提出的，后来又总结在他 1948 年发表的名著《动态经济学导引》(Towards a Dynamic Economics)（有中译本）.在他的模型中有以下几个变量：

- Y_t：t 期的国民收入；
- K_t：t 期的资本总额；
- S_t：t 期的储蓄；
- $I_t = \Delta K_t = K_t - K_{t-1}$：$t$ 期的净投资.

有以下几个基本假设：

(1) 平均储蓄倾向 $\sigma = S_t/Y_t$ 为常数；

(2) 预期资本系数 $\nu = \Delta K_t/\Delta Y_t = I_t/\Delta Y_t$ 为常数；

(3) 凯恩斯均衡条件成立：$I_t = S_t$.

在这些假设下，容易导得国民收入的增长率

$$G = \frac{\Delta Y_t}{Y_t} = \frac{\sigma}{\nu} \tag{11.1}$$

多马的论文则发表于 1946 年，后来收集在他 1957 年出版的论文集：《经济增长理论》(Essays in the Theory of Economic Growth)（有中译本）中.在他的模型中，时间 t 将连续变化，上述的经济变量都被

---

① James Edward Meade(1907—1995)，英国经济学家.1977 年诺贝尔经济学奖金获得者.
② Frank Plumpton Ramsey(1903—1930)，英国数学家和经济学家.
③ Simon Kuznets(1901—1985)，美籍俄裔经济学家，1971 年诺贝尔经济学奖金获得者.

看作 t 的可微函数. 其基本假设为

(1) 从需求方面来看,边际储蓄倾向 $\sigma=\dfrac{\mathrm{d}S}{\mathrm{d}Y}$ 不变,从而由凯恩斯均衡条件 $I=S$ 可得投资乘数

$$\frac{\mathrm{d}Y}{\mathrm{d}I}=\frac{1}{\sigma}$$

因此,国民收入的增长速度

$$\frac{\mathrm{d}Y}{\mathrm{d}t}=\frac{1}{\sigma}\frac{\mathrm{d}I}{\mathrm{d}t}$$

即与投资增长速度成正比;

(2) 从供给方面来看,假设产出(Q)-资本(K)比 $\beta=Q/K$ 为常数,从而可得

$$\frac{\mathrm{d}Q}{\mathrm{d}t}=\beta\frac{\mathrm{d}K}{\mathrm{d}t}=\beta I$$

即产出增长速度与投资(资本增长速度)成正比;

(3) 均衡条件成立:

$$\frac{\mathrm{d}Y}{\mathrm{d}t}=\frac{\mathrm{d}Q}{\mathrm{d}t}$$

由此可导得

$$\frac{\mathrm{d}I}{\mathrm{d}t}=\beta\sigma I$$

从而

$$I(t)=I_0 \mathrm{e}^{\beta\sigma t}$$

其中,$I_0=I(0)$. 再由 $S=I=\sigma Y$,又可得

$$Y(t)=Y_0 \mathrm{e}^{\beta\sigma t}$$

其中,$Y_0=Y(0)$. 由此可见,多马模型中的经济增长率为

$$G=\beta\sigma \tag{11.2}$$

比较式(11.1)与式(11.2)可知,哈罗德模型与多马模型的结论实际上是一样的,因为在多马模型中,$Y=\beta K$,从而 $\nu=\dfrac{\Delta K}{\Delta Y}=\dfrac{1}{\beta}$. 于是目前在教科书中就常把式(11.1)或式(11.2)称为哈罗德-多马相容条件,或(不太恰当地)称为哈罗德-多马模型. 这个条件中的 $\beta=1/\nu$ 是一项反映资本效益的量,通俗地说,可以是以:每增加 1 元资本可增加 β 元的经济效益;而 σ 则相当于我们常说的积累率. 于是哈罗德-多马

模型的结论变得像是一项"常识"：资本效益越好，积累率越高，经济增长率就越高；并且人们还能根据这个结论对经济增长率或"资本效益"做粗糙估计．例如，积累率 $\sigma=0.30$，"资本效益" $\beta=0.20$（每 1 元资本只能得到 2 角收益），增长率就应该是 0.06；或者已知积累率为 0.30 和经济增长率为 0.06，那么"资本效益"就是 0.20 等①．但实际上这里远不是像"常识"那样简单，因为这个结论是以一系列均衡条件为前提的．而在均衡条件不满足时，这一结论就不成立．经济增长常有波动和周期现象、高积累率不一定有高增长率等似乎同样是"常识"．这就需要更一般的模型来刻画．"常识"就无济于事了．数学在这里又将起到不可替代的重要作用．

值得注意的是多马在他的文集中，特别提到苏联经济学家的马克思主义经济学的增长模型．得到的结论几乎是完全一样的．其实在这里只涉及物与物的关系，不管采用什么框架，只要基本假设大致相同，所得到的结论应该是一致的．

我们在上面看到，不管是用差分方程还是用微分方程，并不影响最后得到的经济学结论．但上面都只涉及一阶线性方程，其解总是指数函数形式．因此，为说明波动、周期现象，就至少需要引进二阶线性方程．在这方面，萨缪尔森和希克斯用二阶差分方程形式，菲利普斯②用二阶微分方程形式，提出过所谓乘数-加速数模型．这里的乘数仍是指投资乘数，它是 $\dfrac{\mathrm{d}I}{\mathrm{d}t}$ 对 $\dfrac{\mathrm{d}Y}{\mathrm{d}t}$ 的比值（更确切地说是偏导数，以下同）；而加速数则是指 $\dfrac{\mathrm{d}I}{\mathrm{d}t}$ 与 $\dfrac{\mathrm{d}^2 Y}{\mathrm{d}t^2}$（国民收入增长的加速度）的比值．其相应的差分形式就是 ΔI_t 与 $\Delta^2 Y_t$（或 I_t 与 $\Delta Y_t = Y_t - Y_{t-1}$）的比值．如果这项加速数不为零，对投资 I 或 Y 提出的方程就将是一个二阶方程．众所周知，不管是二阶差分方程还是二阶微分方程，只要它们的特征方程有复根，其解就会有波动形式．这些数理经济学家就企图这样来用"乘数和加速数的相互作用"解释经济波动现象．

虽然在形式上来看是差分方程较为合理，但微分方程用起来更为

---

① 这些数字大致与我国目前的状况相当，它从一个侧面反映我国的资本效益还较差，β 为 0.30 以上较正常．
② Alban William Housego Phillips(1914—1975)，英籍新西兰裔经济学家．

方便,既然最后得到的定性结果基本上是一致的,何不选用更方便的工具呢? 这样就在某种程度上为经济学上运用微分方程找到了理由. 因此,在经济学中对于理论问题往往更多地采用微分方程的形式. 当然,有时还会引起"差分-微分方程",或者说"带时滞的微分方程",著名的卡莱茨基模型就是一个例子. 他的模型最后归结为下列方程:

$$\frac{\mathrm{d}K(t)}{\mathrm{d}t}=\frac{a}{\tau}K(t)-\left(k+\frac{a}{\tau}\right)K(t-\tau)$$

这里 K 仍是资本,a、k、τ 都是常数,其中 τ 是指从投资开始到投资见效的时间间隔. 关于这方面的讨论都被艾伦很好地总结在他的《数理经济学》一书中. 有兴趣的读者不但在那里可以发现有关各种经济增长模型的讨论,还能找到有关线性微分方程和线性差分方程的必要知识的叙述. 人们很容易在数学教科书中找到有关线性微分方程的材料. 但是线性差分方程的材料却并不好找,而艾伦的书同时也可以作为线性差分方程方面的一本极好的参考书.

更进一步的经济增长模型就要更多的经济变量,得到的方程常常是非线性的. 我们先介绍新剑桥学派的模型①. 为推广哈罗德-多马模型,卡尔多引进了技术进步函数:

$$\omega=\frac{\dot{Q}}{Q}-\frac{\dot{E}}{E}=\phi\left(\frac{\dot{K}}{K}-\frac{\dot{E}}{E}\right)$$

其中,"."表示对时间 t 的导数,Q 是产出,E 是就业量(人数). 带点的与不带点的比恰好就等于该变量的增长率. 产出的增长率减去就业人数的增长率自然可以看作技术进步的标志,而它被看作资本的增长率与就业人数的增长率之差的函数. 如果产出-资本比 $\beta=Q/K$ 总是常数,则对此两端求对数导数,就得 $\dot{Q}/Q=\dot{K}/K$. 于是将有 $\omega=\phi(\omega)$,即技术进步将成为常数 ω^*,且它是技术进步函数的不动点. 再引进

$$\varepsilon=\frac{E}{L},\quad \theta=\frac{WE}{Q}$$

其中 L 是劳动力总数,从而 ε 是就业率;W 是工资率(平均工资),从而 θ 是工资总量-产出比. 假定下列关系成立:

---

① 以下的材料主要根据:范·德尔·普劳格(Frederick van der Ploeg)编,《经济学中的数学方法》(*Mathematical Methods in Economics*),Wiley,1984 年.

$$\frac{\dot{W}}{W}=\mu_1\varepsilon-\mu_2;\quad \mu_1>0,\mu_2>0 \tag{11.3}$$

它常被称为菲利普斯曲线. 此菲利普斯即上面提到的菲利普斯. 他在 1958 年曾利用英国的 1861—1957 年的数据指出, 工资率增长率与失业率有某种反比关系, 于是与就业率就有这种近似的正比关系. 这样,

$$\frac{\dot{\theta}}{\theta}=\frac{\dot{W}}{W}+\frac{\dot{E}}{E}-\frac{\dot{Q}}{Q}=\mu_1\varepsilon-\mu_2-\omega^*=g(\varepsilon) \tag{11.4}$$

即工资总量-产出比的增长率是就业率的函数. 类似的经济学讨论也可得出就业率的增长率是工资总量-产出比的函数, 即

$$\frac{\dot{\varepsilon}}{\varepsilon}=-h(\theta) \tag{11.5}$$

于是由式(11.4)和式(11.5), 我们就得到如下微分方程组:

$$\begin{cases}\dot{\varepsilon}=-\varepsilon h(\theta)\\ \dot{\theta}=\theta g(\varepsilon)\end{cases}$$

熟悉微分方程的读者一眼可以看出, 这是非线性的伏尔特拉①方程组. 这类方程最初是伏尔特拉为一个鱼群生态问题提出的. 其中的两个变量分别是大鱼量和小鱼量; 大鱼靠吃小鱼而增加繁殖, 但吃得太多影响了小鱼的繁殖, 会变得找不到小鱼可吃, 又影响大鱼的繁殖; 大鱼吃小鱼少了, 小鱼就繁殖多了, 于是大鱼又有小鱼可吃, 又能增加大鱼的繁殖如此等等, 在一定条件下, 大鱼与小鱼就能达到某种生态平衡. 现在在这个新剑桥学派的模型中, 工资总量-产出比与就业率的关系恰好相当于这种大鱼与小鱼的关系, 工资总量份额像条"大鱼", 它会吃掉就业率这条"小鱼", 但吃得太多它自身也会降下来, 于是就业率"小鱼"又会多起来……新剑桥学派的经济学家甚至认为他们构造的这种"大鱼""小鱼"模型是刻画了某种"阶级斗争". 对此我们无法苟同. 但是我们感兴趣的是这里又体现了数学的妙处, 它经常能把完全不相干的事物联系在一起. 顺便说一句, 虽然在经济增长问题上伏尔特拉没有直接的贡献, 但由于伏尔特拉与帕累托的私交不错, 他在数理经济学方面对帕累托最优状态倒很有研究.

以索洛为代表的新古典主义的经济增长研究与新剑桥学派的主

---

① Vito Volterla(1860—1940), 意大利数学家.

要分歧在于前者不同意把产出-资本比 $\beta=Q/K$ 假设为常数,而是引进了生产函数. 但新剑桥学派则是生产函数这个概念的竭力攻击者. 这又涉及我们在前面提到过的"两个剑桥之争". 对此我们不去深究,我们来看看,如果按照新古典主义的主张,数学模型会有什么变化.

生产函数在这里可以通过卡尔多技术进步函数来引进. 在上面的新剑桥学派的模型中,技术进步函数取它的不动点常值. 而在新古典主义的模型中,它将是一次函数,即

$$\frac{\dot{Q}}{Q}-\frac{\dot{E}}{E}=\omega=\omega_1\left(\frac{\dot{K}}{K}-\frac{\dot{E}}{E}\right)+\omega_2 \tag{11.6}$$

其中,ω_1 在 0 和 1 之间,由此可得

$$\frac{\dot{Q}}{Q}=\omega_1\frac{\dot{K}}{K}+(1-\omega_1)\frac{\dot{E}}{E}+\omega_2$$

对两端积分则得

$$Q=AK^{\omega_1}E^{(1-\omega_1)}e^{\omega_2 t} \tag{11.7}$$

其中,A 为常数. 式(11.7)恰好有柯布-道格拉斯生产函数的形式,但多了一项刻画技术进步的指数函数项 $e^{\omega_2 t}$. 另一方面,按照新古典主义的主张,由利润 ($\Pi=Q-WE$) 最大化原则,立即可得

$$W=\frac{\partial Q}{\partial E}=(1-\omega_1)\frac{Q}{E} \tag{11.8}$$

即所谓工资率等于边际产出(假定物价水平为常数). 从而再由式(11.3),可得

$$\omega=\frac{\dot{W}}{W}=\frac{\dot{Q}}{Q}-\frac{\dot{E}}{E}=\mu_1\varepsilon-\mu_2 \tag{11.9}$$

令资本-产出比 $\alpha=K/Q=1/\beta$. 则由式(11.6)和式(11.9)可得

$$\frac{\dot{\alpha}}{\alpha}=\frac{\dot{K}}{K}-\frac{\dot{Q}}{Q}=\frac{1-\omega_1}{\omega_1}(\mu_1\varepsilon-\mu_2)-\frac{\omega_2}{\omega_1} \tag{11.10}$$

另一方面,还可导得就业率的增长率 $\dot{\varepsilon}/\varepsilon$ 是资本-产出比的增长率的一次函数,即

$$\frac{\dot{\varepsilon}}{\varepsilon}=-\gamma_1\frac{\dot{\alpha}}{\alpha}+\gamma_2 \tag{11.11}$$

其中,$\gamma_1=\frac{1}{1-\omega_1}>0$. 于是由式(11.10)和式(11.11),我们得到如下形式的微分方程组:

$$\begin{cases} \dfrac{\dot{\varepsilon}}{\varepsilon} = -\gamma_1 \dfrac{\dot{\alpha}}{\alpha} + \gamma_2 \\ \dfrac{\dot{\alpha}}{\alpha} = \delta_1 \varepsilon - \delta_2 \end{cases} \tag{11.12}$$

其中,δ_1、δ_2 是适当的常数. 这个方程组与前面得到的伏尔特拉型的方程组不大一样. 事实上, 我们把后一个方程代到前一个方程中去, 就可得到

$$\dot{\varepsilon} = \varepsilon(-\gamma_1\delta_1\varepsilon + \gamma_1\delta_2 + \gamma_2) = a\varepsilon(b-\varepsilon)$$

其中 a、b 是适当的常数. 它的解为

$$\varepsilon(t) = \frac{b}{1 + ce^{-abt}}$$

其中, c 是由 $\varepsilon(0) = b/(1+c)$ 来确定的常数. 当 $t \to +\infty$ 时, $\varepsilon(t) \to b$. 而整个函数的图像呈拉长了的 S 形. 这种曲线就是著名的生成曲线, 又称逻辑斯蒂(logistic)曲线. 它常被用来刻画一个生物种群的繁殖状况. 我们在第五章中曾提到经济效益增长也常呈类似形态(参看图 5.1). 联系到我们的问题, 这就是说, 在适当的条件下, 就业率总会随时间的增长而增长, 但是有一个极限. 而在新剑桥学派的模型中, 就业率可能是一个周期函数. 这样, 两种理论所给出的两种数学模型就给出了两种不同的经济图景.

我们不准备在这里去评判它们谁是谁非. 但是我们应该说, 这些研究都是有一定深度的, 即使它们都有一定的片面性, 也都能从一个侧面来帮助我们对经济增长的理解. 对它们进行空洞的批判是没有说服力的. 真正有力的批判应该是提出另外的符合实际的经济假设, 并由此刻画出新的能被实际所证实的经济增长数学图景来. 其实这也正是近些年来许多经济学家在继续努力探索的事.

常微分方程理论在经济增长理论中用得很深. 从稳定性理论直到分歧理论都被用来说明经济增长的形态. 而各种经济模型也就无非是提出各种不同的微分方程. 看来这里为常微分方程理论的应用提供了一片广阔的天地. 但经济增长理论本身并不是单靠常微分方程理论就能解决的. 它更多的是要承受实践的检验. 20 世纪 40—50 年代所掀起的经济增长理论研究的热潮现在似乎冷了下来. 可能是这样的不考虑不确定性、只考虑少量总量因素的数学模型能说明的问题过分

有限.

众所周知,常微分方程组经常与控制系统联系在一起.一个常微分方程系统常可以用一个控制系统的方框图来表示.于是用常微分方程组描述的经济增长理论就很容易摇身一变而成为"经济控制论",并且耦合、反馈、输入、输出①、开环、闭环之类的控制理论的名词都可以立即变为所谓经济控制论的名词.在艾伦的书中,把几个重要的经济增长模型都画出了方框图,于是就可用控制论的观点来理解这些模型的异同.

把一些变量间的带微分、积分、延迟、叠加、放大等运算的数量关系用方框图来表示,最初大概是电工工程师的发明.后来无线电、自动控制等分支的工程师也广泛采用.这是一种很有效的方法.这些方面的工程师们,在长期实践中掌握了大量的典型方框(器件)的性能以及它们间各种耦合后的结果.于是为了设计一个有适当功能(跟踪、自动调节、报警等)的整机,他们只要把这些方框(器件)像孩子搭积木似的把它们用包括信息传递在内的各种方法连起来.从20世纪40年代起,这类方法的成功自然会使人们去进一步扩大其应用范围.尤其是1948年维纳②的《控制论》(*Cybernetics*)一书的出版,更是在学术界引起一股把生物、医学直到经济、社会都分解为由一系列"方框"组成的控制系统的研究热潮.我们知道,维纳控制论的问世原本是一群不同领域的科学家经常在一起无拘束地讨论的结果.在他们当时的这群学者中,就有冯·诺伊曼和摩尔根斯顿.但是这两位当时最大的数理经济学家并没有因此去研究经济控制论.对冯·诺伊曼的影响可能只是使他晚年去致力于"设计一个脑"③.

在经济学界最早认真引进控制论方法的就是这位艾伦,后来有菲利普斯.再后来是兰格在战后波兰的大力创导.兰格晚年写的《经济控制论导论》一书的中译本在国内于1981年出版,引起了很多人的兴趣.前几年,社会科学界一度风行过用"三论"(系统论、控制论、信息

---

① 这两个词在英文中与投入、产出是完全一样的,都是 input,output.
② Norbert Weiner(1894—1964),美国数学家.
③ "设计一个脑"是冯·诺伊曼所写的一本小册子(有中译本)的题目.

论)来进行研究的说法①.其实从兰格的书的导言中可以看出,兰格并不认为控制论的语言使原来的经济学起了质的变化.兰格说:

"当莫里哀②喜剧中的主人公约旦先生被他的老师告知他在一生中所说的都是散文时,非常吃惊.在经济学和控制论中也发生了类似的事.从政治经济学开始发展起,经济学家就从事了我们今天称之为控制论问题的课题的研究."③

兰格在后面还列举了亚当·斯密的"看不见的手"是把经济看作一个"自动调节系统";马克思是把价值规律看作一个"调节器"等.但这些都是用词上的不同.兰格既不像有些人认为的那样,亚当·斯密、马克思等都成了控制论的先驱者,更不认为用控制论的语言把这些大经济学家的话重说了一遍就是发展了经济学.可是现在常有一些"约旦先生",在吃惊之余,就以为自己就是"散文家"了.于是说话作文都开始咬文嚼字起来,经常把一些人人都明白的话用他们自己并不很懂的术语说得莫名其妙.例如,"这是一项艰巨的任务",非要说成"这是一项复杂的系统工程";"要正确处理局部与整体的关系",非要说成"要搞好子系统与大系统的调节",如此等等,不胜枚举.偶尔为之,当未尝不可;但以此来冒充科学,那就可恶了.

我们来举一个简单的例子,看看经济学是如何变成控制论的方框图的.以最简单的凯恩斯关系为例:

$$Y=C+I$$

它立即可画成方框图 11.1,其中的 ⊕ 是一个叠加器;方框是一个乘法器("放大器"),方框中的"1"是所乘的因子,

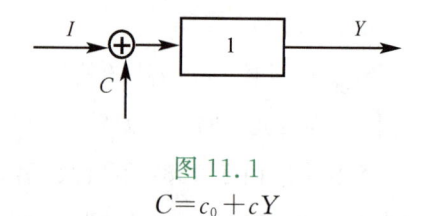

图 11.1

如果 $C=c_0+cY$

那么方框图 11.1 又变为方框图 11.2.这里我们就可以说,国民生产

---

① 后来走得更远的还有用"新三论"(协同论、耗散结构论、突变论)来"研究"的说法,对这些"论"稍有些常识的人都会发现,有些侈谈"新老三论"的大块著作的作者其实根本不懂其中的任何一"论".他们的"论"常常只是一些新名词游戏.
② Molière(1622—1673),法国剧作家.原名 Jean-Baptiste Poquelin.
③ 兰格,《经济控制论导论》,杨小凯、郁鸿胜译,中国社会科学出版社,1981年,第 9 页.译文稍有改动.

总值 Y 通过消费对自身有一个正反馈,其反馈量的大小,取决于边际消费倾向 c. 如果我们再认为

$$I = v\frac{dY}{dt}$$

那么方框图 11.2 又变了,于是我们又得到了一个很接近于哈罗德-多马模型的有两个反馈闭环控制的方框图 11.3.

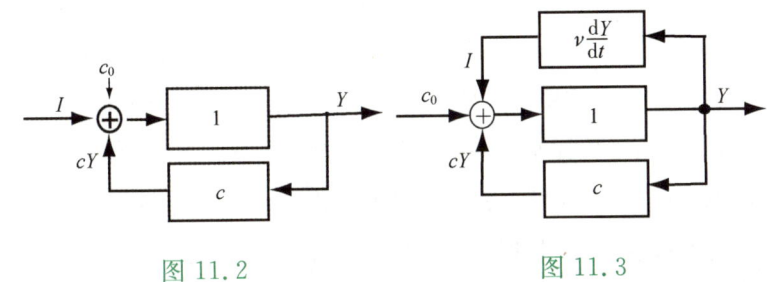

图 11.2

图 11.3

我们不能说这样的做法一点好处也没有. 至少它如兰格所说,给人以新的启发. 但是以为这样一来对问题的解决就起了本质的推动,那是说不通的. 因为它们仅仅是表达上的不同,所有数量关系并无任何深化,而在数量关系的分析上两者完全是一样的. 用方框图能得到的结果不用方框图、不用"反馈"之类的术语也都能得到. 在真正的数量分析过程中,方框图甚至不起任何作用.

那么艾伦、兰格等为什么要把经济学问题表达成控制论问题呢? 除了控制论的形式能帮助人们理解和思考外,他们当然是希望控制论的常用工具能发挥作用. 传递函数、频域分析、极点配置、稳定性和可靠性判别等在经典自动控制理论中常用的概念和方法,也确实可以为有些经济增长模型的讨论带来不少方便. 但是人们并没有看到这样做给经济学带来多大的好处. 尤其是对西方经济学,无论是亚当·斯密的"看不见的手",还是凯恩斯的政府干预,似乎都不能简单地归结为国民经济是否存在或是否需要设计一个自动调节器的问题,因为多方面的利害冲突和协调远不是一个自动调节器的问题.

经济控制论的提出主要是兰格等社会主义国家的一些经济学家的想法. 正如兰格在他的书的序言中所说,他希望经济控制论能对社会主义经济管理过程有用. 把整个国民经济看作一个控制系统,由国家的计划部门把它完全控制起来,使它以最优的状态去运转,这该是一个多么诱人的前景! 因此,这个前景就吸引了许多社会主义国家的

经济学家去研究它. 目前,我们在国内就可读到一本由罗马尼亚的前总理曼内斯库写的同样称为《经济控制论》的专著的中译本.

这里回顾一下苏联对控制论的态度是很有意思的. 当维纳控制论问世不久,立即受到苏联哲学界的猛烈攻击,在 1953 年的《哲学问题》杂志上被宣判为"资产阶级反动派反对马克思主义的工具". 这一看法不久还被带入 1954 年出版的《简明哲学词典》中. 但是到了 1956 年,控制论的这个罪名就被平了反,甚至开始受到比在西方国家中还要高得多的评价. 许多重要的苏联科学家投入了控制论的研究;一个直接成果就是作为现代控制论基础的邦德里雅金[1]最大值原理的出现. 更有趣的是开始出现了"经济控制论"的名称. 这个名称看来是他们最早广泛运用的. 在苏联,长期来都与计量经济学和数理经济学划清界限. 更早的时候连经济学中应用数学方法都受到批判. 1956 年以后,数学方法的应用开始受到重视. 1963 年还在莫斯科成立了中央经济数学研究所. 但是那两个学科的名称还是受到抵制. 其等价物的学科名称一个叫作经济数学方法,另一个就是经济控制论. 直到今天,莫斯科大学的经济系的近理科性的专业还是叫作计划与经济控制论.

20 世纪 60 年代开始,经典控制论发展成为现代控制论. 现代控制论与经典控制论在对控制论这门学科的基本观念上并没有区别,而只是一种数学方法上的区别. 它不再像经典控制论那样考虑一系列有输入、输出的"方框"的各种连接、组合,以达到系统的分析、设计和控制,而是用一个"状态空间"来刻画一个控制系统,并且常常对系统提出一个目标函数,要求该系统的运转能使这个目标函数达到最优. 这样的问题在数学上就非常接近数学规划问题(它是静态的最优控制问题)和变分学问题(它是对系统状态的速度进行控制的最优控制问题). 而对于经济学来说,由于传统的新古典主义的最优化思想,现代控制论显然比经典控制论更为有用. 不但如此,我们甚至可以说,在这方面经济学还远走在控制论的前面,因为在现代控制论出现的 30 年前的 1928 年,经济学家已经提出了最优控制型的问题,而且还是一个其一般情形使后来的控制理论家们都感到为难的"无限区间问题". 这

---

[1] Lev Pontriagin(1908—1989),苏联数学家.

个问题就是拉姆赛在一篇题为《储蓄的数学理论》的论文中提出的最优经济增长问题.

在具体介绍最优经济增长问题以前,我们先来说说拉姆赛其人. 这是一位 20 世纪 20 年代出现的一位伽罗华[①]、阿贝尔[②]和冯·诺伊曼式的奇才. 由于国内对他几乎没有介绍,也出于本书的主题,我们不妨在此多说几句.

说他是伽罗华和阿贝尔,是指他像伽罗华和阿贝尔一样,年方 20,就敢于去研究高次代数方程求解之类的经典难题. 他攻打的是著名的连续统假设和集合论悖论. 虽然连续统假设的基本解决还有待于几十年后哥德尔和科恩[③]的工作,集合论悖论的消除更是需要许多数学家的努力,但拉姆赛的贡献是历史性的,尤其是由于他对数学基础的研究,导致他对组合分析的所谓"拉姆赛理论"的发现. 就像"伽罗华理论"是伽罗华去世 14 年后的 1846 年才为人所知,"拉姆赛理论"是在拉姆赛去世 5 年后的 1935 年,才被厄多斯[④]等重新发现. 他虽然没有像伽罗华那样在 21 岁死于非命(决斗),但是却和阿贝尔一样在 27 岁被病魔吞噬.

然而,拉姆赛对于经济学来说还是另一个冯·诺伊曼. 这当然并非是指他与冯·诺伊曼一样生于 1903 年,而是说他与冯·诺伊曼一样,虽然一共只为经济学写了 3 篇论文,但每一篇都将永远铭刻在数理经济学的历史上. 冯·诺伊曼的 3 篇分别是有关对策论、一般均衡和经济增长以及效用函数和客观概率的;而拉姆赛的 3 篇分别是有关最优经济增长、最优征税以及效用函数和主观概率的. 这 6 篇文章竟极其相似. 冯·诺伊曼虽然在病魔威胁下并不长寿,但毕竟比拉姆赛多了二十几年焕发才华的时光,使他不但在许多诸如量子力学、统计力学、动力气象学、流体力学、电子计算机、原子弹等领域中都做出了划时代的贡献,尤其是能与摩尔根斯顿合作为经济学留下了他们的巨著. 可谁能预料,如果拉姆赛再多活 20 年,他将为人类留下多少成就?

---

① Évariste Galois(1811—1832),法国数学家.
② Niels Henrik Abel(1802—1829),挪威数学家.
③ Paul Joseph Cohn(1934—2007),美国数学家,1966 年菲尔兹奖得奖者.
④ Paul Erdös(1913—1996),匈牙利数学家,1984 年沃尔夫奖得奖者.

当年在剑桥,维特根斯坦[①]和斯拉法都是他的师友,他们 3 人一起演奏着哲学、经济学和数学的 3 重奏,而他是在这 3 个领域中都异常活跃的人. 我们甚至也可称他为哲学家,正是他把维特根斯坦的成名作《逻辑-哲学论》首先译成英文的……

凯恩斯曾为拉姆赛作传,称他的 1928 年的上述论文是"有史以来对数理经济学的最卓越的贡献之一". 尤其会使凯恩斯感到兴奋的是在这篇文章中甚至已包含日后的凯恩斯理论的框架. 拉姆赛的出发点也正是 $Y=C+I$. 但后人把此式的两端除以人口 L,于是使两端都有"人均"的意义. 我们以小写的对应英文字母来表示这些人均量,即

$$\frac{Y}{L} = y = \frac{C}{L} + \frac{I}{L} = c + i \tag{11.13}$$

假设人均国民收入 y 是人均资本总量 $k = \frac{K}{L}$ 的函数,$y = f(k)$,同时,净投资 $I = \frac{dK}{dt}$,故人均净投资 i 应为

$$\begin{aligned} i &= \frac{1}{L}\frac{dK}{dt} \\ &= \frac{dk}{dt} - K\frac{d}{dt}\left(\frac{1}{L}\right) \\ &= \frac{dk}{dt} + \alpha k \end{aligned} \tag{11.14}$$

这里,α 为人口增长率,即假设 $L = e^{\alpha t}$. 这样我们由式(11.13)和式(11.14)就得到下列微分方程[②]:

$$\frac{dk}{dt} = f(k) - \alpha k - c \tag{11.15}$$

我们这里没有考虑资本消耗. 假设资本折旧率为 θ,则上式的右端还应减去 θk. 但这并未使方程的形式有所改变. 我们只要把上面的 α 理解为人口增长率与折旧率之和即可.

拉姆赛认为最优经济增长问题是如何来决定最优(人均)消费,即在式(11.15)中如何来确定 $c = c(t)$. c 总是在 0 与国民收入 $y = f(k)$

[①] Ludwig Wittgenstein(1889—1951),英籍奥地利哲学家.
[②] 以下的讨论主要参考:英屈利格托(Michael D. Intriligator),《控制论对经济学的应用》(*The Applications of Control Theory to Economics*),《控制与信息科学讲座》(*Lecture Notes in Control & Information Science*),Springer-Verlag,1980 年,第 607-626 页.

之间的. 如果"吃光用光",眼前不错,但没有钱投资发展生产,今后的消费就无法提高. 如果一切为了下一代,这代人"勒紧裤带",几乎所有的钱都用来投资,这样做也应有个限度. 每一代都为下一代,结果也会变得不知为什么去勒裤带. 这就需要有个评价函数. 套用我们已用过的名词,应该有个社会福利函数. 拉姆赛提出的社会福利函数的形式为

$$W = \int_0^\infty e^{-\rho t} u[c(t)] dt \tag{11.16}$$

这里的 u 就是通常的效用函数. 它对人均消费取值的意义当然很明确. 但对它沿人均消费的路径 $c=c(t)$ 来积分就令人费解. 不过反正效用函数已是相当人为的东西,拉姆赛这样定义社会福利函数,只能看由此得到的分析是否合理,而不能在这里硬要明确它的意义. 我们在后面可以看到,事实上这样做还是很能自圆其说的. 式(11.16)中的 ρ 称为折扣(又译:贴现)因子. 当年的拉姆赛比较厚道,它取了 $\rho=0$. 这样一来,数学上还带来困难,因为式(11.16)中的积分一般不收敛. 但拉姆赛成功地克服了这个困难. 后人给加了这样一项,以体现人们更重视眼前,而对将来越来越不关心,或者在人口增长上找点借口. 不再像拉姆赛那样对眼前和将来一视同仁.

这样一来,我们由式(11.15)和式(11.16)就得到了下列最优化问题:

$$\begin{cases} \max W[c(\cdot)] = \int_0^\infty e^{-\rho t} u[c(t)] dt \\ \dfrac{dk}{dt} = f(k) - \alpha k - c, k(0) = k_0 \\ 0 \leqslant c(t) \leqslant f[k(t)] \end{cases} \tag{11.17}$$

这是一个典型的最优控制问题. 用最优控制理论的术语来说,其状态变量为 k,控制变量为 c,而目标函数则为 W. 要求在满足微分方程和不等式约束的条件下求出最优人均消费函数 $c(t)$ 来. 从最优控制理论的观点来看,这一问题还相当不寻常. 除了其中有个不等式约束外,目标函数的积分区间是无限的.

由所谓"邦德里雅金最大值原理"可以知道,最优人均消费控制必须使下列哈密尔顿函数在每一时刻达到最大值:

$$H = e^{-\mu}\{u(c) + q[f(k) - \alpha k - c]\} \tag{11.18}$$

其中,q 在最优控制理论中称为协状态变量①.由极值必要条件 $\dfrac{dH}{dc} = 0$,可得

$$q = u'(c) \tag{11.19}$$

即它是边际效用,在这里也起着影子价格的作用.同时,它还满足下列方程

$$\frac{dq}{dt} = -e^{\mu}\frac{\partial H}{\partial k} + pq = -q[f'(k) - \alpha - p] \tag{11.20}$$

对式(11.19)的两端关于 t 求导数,再代入式(11.20),即得

$$u''(c)\frac{dc}{dt} = -u'(c)[f'(k) - \alpha - p] \tag{11.21}$$

从而求得最优人均消费 $c(t)$ 应该满足下列微分方程组:

$$\begin{cases} \dfrac{dc}{dt} = \dfrac{1}{\sigma(c)}[f'(k) - (\alpha + p)]c \\ \dfrac{dk}{dt} = f(k) - \alpha k - c \end{cases} \tag{11.22}$$

其中

$$\sigma(c) = -c\frac{u''(c)}{u'(c)} \approx \frac{\Delta u'}{u'} \Big/ \frac{\Delta c}{c} \tag{11.23}$$

它通常取正值,称为边际效用的弹性.我们可以注意到,这里包含着一个刻画效用函数的弯曲程度的阿罗-普拉特风险度量.

由方程(11.23),我们可以得到什么经济学结论呢?由式(11.18)、式(11.19)可知,如果在经济增长过程中,边际效用总是常数(它反映了某种均衡),那么这时的人均收入 k^* 应该是满足下列方程的常数(从而不再有人均净投资,即吃光用光!):

$$f'(k^*) = \alpha + p \tag{11.24}$$

也就是说应使边际人均产出等于折旧率、人口增长率与折扣因子之和.而最优人均消费 c^* 将是常数

$$c^* = f(k^*) - \lambda k^* \tag{11.25}$$

一旦达到这一状态,如果 $p = 0$,粗糙地说,那时就是人们的生产的增长恰好与人口增长的消耗和资本的消耗抵消,不必再增加净投资;继

---

① 严格地说,这里应该是 $\hat{q} = qe^{-\mu}$ 为协状态变量.

续像以前一样过下去,仍然有同样的消费水平. 如果 $p>0$,那时还需生产的增长超过人口的增长与资本折旧,否则人们不能再维持以前的消费水平;实际上,这是因为人们已经"超前消费"了,后代必须为此付出代价.

然而,一般情况下式(11.24)并不成立,如果 $f'(k)>\alpha+p$,即生产的增长还能超过资本的消耗和人口的增长消耗(以及所考虑的"折扣"),那么由式(11.23)可知,$\frac{\mathrm{d}c}{\mathrm{d}t}>0$. 这就是说,人们的消费有所改善. 反之,则是入不敷出,就要让人们过紧日子. 而由于不断地进行这样的调整,到最后还是趋向于上述稳定状态. 这里我们还可注意到的是效用函数 u 与这一状态并无关系,而只与向这一状态调整的速度有关. 甚至还不是效用函数的值与此有关,而只是对应的边际效用弹性与此有关. 这当然是很合理的. 这一弹性恰好与阿罗-普拉特风险度量联系在一起. 这也很自然. 愿冒风险的可调整得快一些,不愿冒风险的就慢慢来.

当 $p=0$ 时,式(11.24)称为黄金法则. $p>0$ 的一般情形则称为修正黄金法则. 这一名称是因为在 1961 年索洛的一个年轻同事费尔普斯[①]写了一篇与索洛开玩笑的文章;他编造了一个叫"索洛维亚"(So-lovia)的王国的经济增长的故事,其中就有这样一条法则. 谁知从此这一戏语就流传开来.

以上已把后人的许多工作糅合了进去,但基本观念拉姆赛在 1928 年就已提出. 这里我们也可看出这位早逝的奇才是如何走在时代的前面的. 尤其是当我们在半个世纪以后,看到一个个诺贝尔经济学奖的得奖者,如康托罗维奇、库普曼、索洛等都要说自己是如何去步这个当年 25 岁的青年的后尘时,更是对他肃然起敬.

如果我们上面考虑的时间区间是有限的,即在式(11.16)中把 ∞ 改为有限值 T,那么我们还可顺便来谈谈所谓大道(turnpike)定理. 这时从最优控制的观点来看,我们还可对时刻 T 提出一个至少达到的人均资本水平 $k(T) \geqslant k_T$,它可看作上代人给下代人的"遗产". 在这种情况下,同样由邦德里雅金最大值原理,最优增长的人均消费和人均

---

① Edmund S. Phelps(1933 年生),美国经济学家.

资本仍要满足方程组(11.17),所不同的只是对这个方程组要另加上在时刻 T 的端点条件.于是由此得到的最优增长路径,在开始时会拐弯走到趋向于满足黄金法则的均衡状态的路径;但快到终点时,又会来个拐弯,以保证满足端点条件. turn 本是拐弯之意,pike 是"矛"; turnpike 原来是指英国的收路费的关卡,可能是大路与关卡相连像个"弯矛".但现在它已转意为"收费的高速公路"了.把这条定理命名为"turnpike"定理是把最优增长路径与高速公路相比:先把车开上高速公路,然后全速前进;快到终点时再从高速公路上拐弯下来.这确实十分形象.

关于大道定理自然也应从拉姆赛谈起,但现代的大道定理的理论通常都是认为从多夫曼-萨缪尔森-索洛 1958 年出版的那本名著《线性规划与经济分析》在讨论冯·诺伊曼经济增长模型时开始的.他们原来的证明还有点错,不过他们已经把这种"大道"性质刻画了出来.冯·诺伊曼的模型原先是为了用来证明一般经济均衡的存在.虽然它没有像拉姆赛的模型那样提出最优增长的问题,但它是一个多部门的模型.为了讨论某种均衡增长,最后竟得到与拉姆赛的很相像的均衡增长路径.对大道定理的贡献也成为萨缪尔森得诺贝尔经济学奖的一个原因.然而萨缪尔森并非是对这条定理贡献最大的人.人们更多地要提到拉德纳、森岛通夫[1]、麦肯齐[2]等.这几位都是颇有影响的人物.拉德纳在带不确定性的经济学上的贡献我们已经提过;森岛通夫更是一位学富五车的数理经济学家,他对马克思主义经济学和瓦尔拉斯经济学的数理经济学研究已成为这方面的经典;他对日本经济增长的研究更是独树一帜;至于麦肯齐,光就他与阿罗和德布罗几乎同时证明了一般经济均衡存在定理这点来说,就足以引人注目.可惜我们不能对他们(即使仅就他们对大道定理的贡献)做更多的介绍了.有兴趣的读者可以去读麦肯齐写的《最优经济增长、大道定理和比较动力学》[3].

最后,在这里还需提一句的是:虽然最优经济增长理论有典型的

---

[1] 森岛通夫(Morishima Michio)(1923—2004),英籍日本经济学家.
[2] Lionel Wilfred McKenzie(1919—2010),美国经济学家.
[3] 《数理经济学手册》(*Handbook of Mathematical Economics*),Ⅲ,北荷兰出版社,1986 年,第 26 章.

最优控制问题的形式,但其主要研究者的经济思想还是新古典主义式的,而不是"经济控制论式"的. 在他们看来,体现在此中的目标最优化是经济活动者的自发行为,并非出于政府或国家计委的控制. 另一方面,还要看到,企图用最优化(不管是哪一种最优化)来作为经济行为主要特征的观点正在越来越受到挑战. 西蒙、科尔内等就是其中的代表. 人们从他们的著作中看到了维纳控制论的语言,以为他们也是"经济控制论"派,其实他们至多是"经典经济控制论"派. 他们用"刺激-反应""信息流"等概念的主要目的就是要排除目标的最优化,从而也就排除了企图"最优控制经济"的"现代经济控制论". 对此是不应混淆的.

十二 结语·数学与经济学的共同未来

我们已经在经济学王国中转了很大的一圈.虽然是走马看花,不求深入,但已经发现了许多使数学工作者感兴趣、甚至流连忘返的胜地.对我们的叙述和议论,人们可以有各种不同的看法,但是对于"经济学需要数学,甚至是不寻常的数学"这样的结论,应该不再有异议,除非是对数学有极端的偏见或根本不知数学是什么的人才会对此不屑一顾.

近年来,人们经常引用一段据说是马克思的话:

"一种科学只有成功地运用数学时,才算达到了真正完善的地步."

作为一名数学工作者,可能是出于对数学的偏爱,对这样的话自然特别赞赏.

这句话由于是以马克思的名义说的,似乎还没有人明目张胆地反对.但不以为然的则大有人在.有人认为这句话并没有在马克思的著作中出现,而只出现在拉法格[①]的回忆录中,因而算不得数;还有人则十分聪明地说,成功地运用数学不必一定是高等数学,初等数学也行.或许写了一篇大文章,数了一下有多少张稿纸,估计有多少个字,大概都属"成功地运用数学"之类.于是也就不存在"不能成功地运用数学".

我们不是"凡是论"者.我们既不会仅仅因为马克思可能说过这样的话就表示坚决拥护,也不会由于康德[②]说过类似的话就要去与他划

[①] Paul Lafargue(1842—1911),法国工人阶级政治家,马克思的女婿.
[②] Emmanuel Kant(1724—1804),德国哲学家.

清界限.专门论述这一论断也不是本书的任务.本丛书中可能不止一本书会谈到这个问题.我们在这里想讨论的是有关本书的一方面:经济学研究是否需要成功地运用数学,才能说明经济学在走向真正完善?

一说得那么明确,回答就会是各种各样的.诸如"定性分析为主、定量分析为辅""成功地运用初等数学也行"等就是.更厉害些的还要反问,难道那么些不用数学的古今中外的经济学著作都没有"真正完善"? 还有非直接的回答:经济学刊物上对一些实证经济学问题(例如经济增长率高好还是"适度"好)还是连篇累牍地在进行既无实际数据又无数学模型分析的"论战";财经系科的数学教学始终步履维艰,课时常被压缩,后继课程又说数学无用;做成的不少投入产出表和经济数学模型很少被认真对待过,能体现"领导意图"的还好些,唱反调的则一律不信……当然,这里有历史原因和其他种种原因.但是从我国目前的经济学界的状况来看,真要人们对上述论断做出肯定的言论上和实践上的回答,看来还要走很长的路.

本书在第二章中已经专门讨论了经济学的哪些方面可用数学来研究,因此,我们在这里不再回答因为经济学中有道德规范、价值判断以至阶级立场,而不能运用数学的问题,以及在现有的成功地运用数学的经济学很多都是"资产阶级庸俗经济学"的问题.在我们看来,实证经济学只有成功地运用了数学才能认为是开始达到真正完善,并且由于数学运用上的不断深入而越来越完善.但是怎样才算是"成功"呢?这里当然不包括在算豆腐账上的成功.为了说明这个问题,我们来回顾一下这本书的"环游路线".

我们的起点是"生产最优化".由于经典数学中的变分原理的研究和后来数学规划理论的发展,这方面的数学相当成熟.而生产最优化至少局部来看是实证经济学中的一个重要问题,它在数学上又恰好能归结为熟知的问题,从而数学就得到了非常成功的运用.其成功的标志之一是光线性规划就已经为人类节约了上千亿美元.但是在宏观经济学情形,由此得出利率是资本的边际产出、工资率是劳力的边际产出等并未被实践证实,就算不得成功.接着,我们又讨论"消费最优化".在这里,数学上与生产情形是一样的,但成功程度要差些.效用最大分析、斯鲁茨基方程等用来说明有些消费现象是很有效的,但是群体的消费行为的刻画看来还有待深入.进一步的资源最优配置问题仍然是最优化问题.由于数学上可以利用拉格朗日乘子,因此能得出决策分散化型的结果.这里数学的运用是相当成功的.我们已经看到,离开了数学就根本无法说明其中的数量关系.然而,个体最优化数学到此可能也已走到了它的尽头.

经济学中更进一步的问题都要涉及多方利益的协调.于是经典的最优化数学就不够用了,从而有了导致冯·诺伊曼-摩尔根斯顿的对策论和阿罗-德布罗的一般经济均衡理论的出现.尽管它们能说明的问题至今还十分有限,但是人们对群体的经济行为和有利害冲突的经济问题的认识大大深化了.与此同时,还有福利经济学和社会选择问题的研究,同样是对个体和整体的利害关系的讨论.由于成功地运用了数学公理化方法,出现了阿罗不可能性定理.人们可以对它有不同的理解,但它所揭示的深刻关系非数学方法是无能为力的.接着我们又讨论了埃奇沃思猜想.经过了近百年的研究,人们开始对经济中的竞争与合作的关系有了较清晰的了解.为此成功地动用了数学武器库中的各种武器.

当需要在经济学问题中考虑不确定性时,随机数学就成为必要的数学工具.我们在这里没有谈论很多有关随机过程、数理统计在经济学上的成功运用,而着重谈了一个根本性的、人们在带不确定性的环境下的经济行为问题.这个问题人们争论了 200 多年,至今还在继续.但如果不能成功地运用数学,这一争论是进行不下去的.

宏观经济学中的数学不能认为很成功.那些宏观经济模型都只抓住了一些相当表面的数量关系,人为因素太多,而缺乏机理性的刻画.虽然投入产出和计量经济学的专家们常常超大规模地来利用这些表层关系,人们对宏观经济的运行机制的认识仍然不太深刻.经济增长理论和经济控制论希望能对宏观经济的运行在机理上有更多的了解,于是数学上就会出现各种微分方程.利用微分方程的理论,人们又可能描绘出一些经济图景,甚至可以试图来控制经济的最优运行.

以上就是对本书的"环游路线"的回顾.这样的"环游"自然不是深入的研究,但是对于什么叫作对基本上不涉及道德规范和价值判断的实证经济学问题"成功地运用数学"的描述还是清楚的.［这种成功首先以揭示了人们"常识"所不及的数量关系本质为标志.以阿罗不可能性定理为例,我们面临的是一个如何处理个体利益与整体利益的问题.笼笼统统地去论述自然也可写出多篇洋洋大文,但是那是"笔杆子"的工作:写来写去仍在人们的"常识"范围内,不过只是语作惊人、笔下生花而已;而不是"科学家"的工作:经过了科学的抽象,揭示"常识"不及的内在机理.］以完善的科学工作的要求来看,把它抽象成如同阿罗不可能性定理中那样几条公理的形式应该认为是一种典范.然后再通过严格的论证,来找出正确的回答.一旦变成完善的科学问题的形式后,就不再有什么"定性""定量"之分.试问像阿罗不可能性定理这样的结果,不在数量、逻辑关系上彻底弄清楚,有什么"性(质)"可供分析的?

有人总以为数学的工具作用是可有可无的,以至似乎不需要量的分析就能"定性".当然,也确有这样的学者或天才能凭他的经验或直觉就对许多问题给出其正确的判断,但这样的方法不是科学的方法,并且这样得到的论断绝不可能是十分准确的,必须要有进一步的科学论证,从而它们常常表现为科学史上的种种"猜想".所谓科学的论证,对于不涉及道德规范和价值判断的问题来说,"成功地运用数学"毫无疑问是一个主要特征.一般经济均衡和埃奇沃思猜想可以作为这样的例子.要说"定性",早在亚当·斯密那里已初步定了"性";但在瓦尔拉斯和埃奇沃思时代,因为有了数学形式,才使问题变得较为清楚;而只有最后到阿罗-德布罗定理和德布罗-斯卡夫定理的出现,这项论述才能认为比较完善.正如我们已经看到的,这里的进程表是以世纪来计的! 由此可以看出"成功地运用数学"所需要花的代价.

还有人认为,如果都要这样来研究经济学,那么经济学可以做的事太少了.现实的经济学问题有几个能完全被数学所把握的? 谁见过二人零和对策? 谁见过一般经济均衡? 这是事实.但这恰好说明经济学的落后.经济学中的绝大多数的研究对象都无法给出精确的定义,更不要说数学定义.就如罗宾逊夫人所说,谁都没见过只有位置、没有大小的(几何)点,但点可以明确定义;而谁都知道大象是什么,但谁也不知道怎样来定义一头大象[①]. 经济学这头巨象更是如此. 但是为了迫切需要对现实问题进行回答是一方面, 科学地进行研究是另一方面. 我们要研究大象不能靠小朋友在动物园中的印象, 还是要由动物学家来解剖几头大象, 分割成许多小部分, 有时还要拿到显微镜下去看看或进行各种生物化学分析, 最后还得对每一部分给出精确的定义, 搞清其各种机理, 才算有了一点科学研究成果. 尽管到最后动物学家还是回答不了为什么大象吃了香蕉会长肉, 但那只是因为动物学研究尚未发展到这一步, 并不能说明不需要解剖、显微镜、生物化学分析等. 一旦到了能像说几何上的点那样清楚地来刻画大象的一部分时, 我们才可以说这部分的研究是真正完善的.

我们不想再对"成功地运用数学"是(实证)经济学研究"真正完善"的标志作进一步论述. 再谈下去会涉及一系列什么是科学之类的认识论大问题. 或许这只是各人的信念不同, 各人的工作方式的不同, 不应强求一律. 社会也需要人们从各个不同的角度去认识事物. 就如小朋友对大象的观察也能说出不少大象的特征一样, 家庭主妇对市场的感受往往也能道出许多经济学的道理; 更如大象饲养员能了解许多大象学家所不知道的习性那样, 实际的经济工作者更掌握许多经济学家不懂的奥妙. 像凯恩斯那样既能掀起"凯恩斯革命", 又能在交易所里赚大钱的经济学家是绝无仅有的; 而像熊彼特那样的把财政部长和银行总经理当得一塌糊涂的经济学家倒是不在少数. 因此, 我们也不想进一步去说服对数学无好感的经济学家和其他人, 也不在乎别人指责我们不懂真正的经济和经济学. 反正对于经济学这头巨象谁也不能说他已完全能驾驭. 实践是检验真理的唯一标准, 历史的大浪自会淘尽一切无价值的伪科学.

我们的信念仍然是数学将越来越精细地来刻画实证经济学. 我们可以看到, 经典的数学主要是伴随着力学和物理发展起来的. 从牛顿到拉格朗日, 再从拉格朗日到哈密尔顿、庞加莱, 基本上是一个世纪一个阶段. 牛顿方程、拉格朗日方程和哈密尔顿方程可以看作它们的标志. 20 世纪进入了一个或许可以说是庞加莱开创的新阶段. 这一新阶

[①] 参看: 罗宾逊夫人,《经济哲学》(*Economic Philosophy*), Pelican Book, 1983 年(1962 年), 第 7-8 页.

段的标志之一或许可以以线性的麦克斯韦[1]方程向非线性的杨(振宁)-米尔斯(Mills)方程的转化为代表. 这里数学和力学、物理学的发展几乎是完全共生在一起的. 经济学与数学远没有这样密切的关系. 但是我们可以看到,从亚当·斯密到马克思是一个世纪,从马克思至今又是一个世纪. 经济学发展理应进入一个新的阶段(请勿给我们扣"马克思主义过时论"的帽子,我们是说马克思主义经济学经过 100 年的发展理应进入一个新阶段). 这是就整个经济学而言. 如果仅就实证经济学及其数学方法的应用而言,从亚当·斯密的基本上没有像样的数学的经济学到古诺、瓦尔拉斯是一个世纪,而从古诺、瓦尔拉斯到冯·诺伊曼、德布罗又是一个世纪. 现在也应是进入一个新的时期. 虽然这里以一个世纪为一个阶段的说法没有任何更深层的理由可言,但是至少可以促使我们来观察一下学科的发展动向.

对于整个经济学,尤其是规范经济学,将如何发展,不属于我们讨论范围,也超出作者的能力所及. 但是也不妨谈几句感受. 如果在将来的某一天,经济学的基本假设将是:生产企业追求消费者利益最大,消费者追求他人利益和国家利益最大,个体自觉服从整体,整体处处为个体着想,人人都自觉追求经济高效率,那当然谢天谢地. 不过可能那时也就不需要经济学了. 道德规范和价值判断的发展看来是无法预料的. 理想的社会主义经济原来以为一切都会和谐发展,但现实的社会主义经济却带来另一些问题,如不追求利润最大的企业却也不怕破产,带私心的企业领导会去争取效益不高的投资最大,等等. 社会主义经济体制经过半个多世纪的实践才发现刚进入初级阶段,成熟的社会主义经济学还有待人们进一步在改革浪潮中去"摸石头过河". 经济预测已经是一个非常困难的问题. 一般的经济学发展的预测大概更为不可能.

我们可能较具体讨论的将是经济学研究中的数学和可用数学研究的经济学该如何发展. 把我们上面列出的简单的时间表作一比较,或许可以说经济学中的数学比力学和物理学中的数学的成熟程度要晚近两个世纪. 如果再从其研究基础来看,这个差距或许还应看得更

---

[1] John Clark Maxwell(1831—1879),英国物理学家和数学家.

长些.冯·诺伊曼和摩尔根斯顿在他们的巨著中早已正确地指出,刻卜勒[1]和牛顿不是凭空产生的,而先要有第谷·布拉赫[2]的大量的天文观测.而经济学中至少在他们的书问世时,还没有一个相当于第谷·布拉赫的人;于是没有任何理由希望经济学能得到顺利的发展[3].今天,电子计算机和克莱因可能正在起着经济学的天文望远镜和第谷·布拉赫的作用,但是由于经济学远比天文学来得复杂,可能还远没有达到提出刻卜勒定律和牛顿万有引力定律的地步.或许就根本没有这样的定律.这是经济学(至少是宏观经济学)的根本落后之处.

不过这可以认为是仅就宏观经济学而言的.对于微观经济学来说,情况可能要好些.这是因为对于个别企业、消费者、市场的观测比较容易进行.单个企业的生产最优化问题可能比一般生产技术中的力学和物理问题解决得还要好.这方面的数学应该说是完全成熟的.但那是因为这些数学基本上是从为力学和物理学所准备的武器库中借用来的,至多只需略作修补和改进.数学规划理论从整体而言,没有在深度上超出经典数学的内容.

但是超出单个函数的最优化问题的范围后,经济学可向经典数学借用的武器就不多了.在这不多的可用武器中,经典数学在发展最优化(变分)原理的同时所提出的不动点理论算是一件,它能为经济均衡问题效劳.数理经济学家费尽心机地使不动点有个经济均衡解释,或者说反过来把经济均衡问题尽可能表达成不动点理论能处理的形式.我们在第六章中已经看到一般经济均衡存在定理与布劳维不动点定理是如何相互转换的.另一种更使数学家激动的转换是:把瓦尔拉斯律 $p \cdot Z(p) = 0$ 看成两个向量正交,从而当把价格向量 p 限制在一个球面上时,可把超需映射 $Z(p)$ 看作球面上的切向量场,以至可用庞加莱-霍普夫[4]指标定理来断定 $Z(p)$ 的零点存在.这是德布罗的诺贝尔奖演说中颇为得意的一段,可惜因涉及过多的数学概念,我们未及作

---

[1] Johannes Kepler(1571—1630),德国天文学家.
[2] Tycho de Brahe(1546—1601),丹麦天文学家.
[3] 参看:《对策论与经济行为》(英文版),第 4 页.
[4] Heinz Hopf(1894—1971),瑞士数学家.

较详尽的介绍.

对策论的研究可以看作经济学自行铸造武器的开始,因为在力学、物理学中,以至在经典数学中,从未考虑过这样的问题.虽然其中仍有最优化,但是这是涉及多个方面的多个目标的最优化.这类问题不要说在经典数学中找不到解法,在其开创时期,甚至连什么是一个问题的解都说不清楚.直至把一般经济均衡问题与非合作对策问题联系起来,埃奇沃思猜想与合作对策问题联系起来,局势才越来越明朗起来.

从此数学与经济学的关系也开始像与力学、物理学一样密切.经济学已不再满足于拿现成的数学武器往上套,而是同样像力学和物理学那样,要向数学索取或定制原来的武器库中所没有的武器.为了便于新问题的提出和新型武器的铸造,经济学还逐渐采用了数学公理化方法.从冯·诺伊曼-摩尔根斯顿的巨著算起,数学与经济学的这种共生关系也已有半个多世纪了.这半个多世纪来,虽然经济学中似乎还没有出现过像杨-米尔斯方程那样的需要最前沿的一流数学家才能使它前进的成果和问题,但是收获已经非常不小.它不但直接促使人们去研究一系列新的数学研究方向,例如,在德布罗的报告中提到的集值映射的不动点理论、集值映射的积分理论、不动点的计算等,以及在德布罗的报告中没有提到的非光滑分析、微分包含理论等,还直接形成了一些新的应用数学分支,例如,社会选择理论、计划理论、组织理论,其中尤其是马尔夏克[①]和拉德纳在 1971 年提出的"团队理论"(Theory of teams)、激励理论、次最优理论、决策理论等.这些研究方向和新分支都以崭新的面貌出现在数学家和经济学家的面前.或许主流数学家会对它兴趣不大,因为其中没有多少代数拓扑和微分拓扑、代数几何和微分几何等的用武之地;或许经济学家会感到所涉及的经济思想和方面不够丰富,但是应该看到这仅仅是半个世纪的收获,甚至主要是近 20 年的收获.如果与力学、物理相比,这还没有到达拉格朗日时代.如果让经济学和数学再共生上一个半世纪,那谁能想象它将产生什么样的变化.

---

① Jacob Marschak(1898—1977),美国乌克兰裔经济学家.

基于上述估计,我们可对(实证)经济学更成功地运用数学的发展作这样的展望:

在宏观经济学方面,由于历史数据的长期积累,林克模型之类的宏观经济模型的长期运转,人们对宏观经济的运行机理有越来越多的了解,这就越来越可能提出更深层的宏观经济的数学模型.这种模型不一定像牛顿方程,经济学中看来确实不应该有牛顿式的微分方程;也就是说,人们看来永远不可能根据目前的经济初值,就能算出100年内的经济运行轨线.但目前的上千个变量的宏观经济模型无论如何应该有实质性的改进.这种实质性的改进必须建立在一种新的思想上,总体最优化、经济最优控制论、甚至对策论看来都不是方向,耗散结构论、协同论、突变论之类是否会在宏观经济学上有所突破,现在还不好说.但至少它们包含了不同于最优化和对策论的思想.当然,这种突破是指实质性的,而不是指搞文字游戏.合理期望理论、非均衡理论等可能都是值得深入的领域.

在微观经济学方面,新古典主义退出历史舞台的日子可能不远了.一般经济均衡理论也就会得到根本的改观.生产最优化理论作为一种实用的经营管理方法当然还会得到不断的应用,但是消费理论和市场理论可能会有较大的改变.上面提到的一些理论以及更实际的最优征税理论、企业家理论、金融经济学、保险理论、广告理论等原来就很勉强地塞入新古典主义的框架里,或者一开始就以新古典主义的对立面的面貌出现,都会得到越来越深入的发展,对数学也就会提出越来越高的要求.当非最优化(包括次最优、满意、刺激-反应、生存、进化等)和非确定性(包括随机性、多值性、模糊性等)数学以及更为深入的系统理论(包括分级、自组织、自学习、认知过程、信息传递、人工智能等)随之发展得足够完整、建立在最优化数学上的新古典主义微观经济学也就不需要再存在.同时,由于更多的斯梅尔那样的主流数学家卷入经济学的研究,以及新一代的数理经济学家的更好的数学修养,经济学中的数学水平终于也进入了数学的最前沿.以揭示变与不变的关系、局部与整体的关系等为主要特征的拓扑、几何、代数等现代数学工具会更多地进入经济学,而不再像现在那样主要还是分析和少量的一般拓扑……

写下这样一段,心中未免有点惶恐.因为凭作者的浅学疏才,无论是对数学还是经济学,都不足以作这样的展望,所以很可以说是妄加猜测,胡作评论.但是姑且提出这样的粗浅的认识仅供有兴趣的读者参考,可能也不是完全无用的.反正作者自己在后半生还要学习数学与经济学,甚至还要继续招收一些青年与自己一起工作,总也要有个自以为是的努力方向.特在此恭请读者批评指教.

最后作者想以两个简短的笑话来结束本书.这两个笑话一半是听来的,一半是自编的.一个笑话原来是这样说的:

> 什么是科学家?科学家就是在黑屋子里逮黑猫的人.什么是哲学家?哲学家也是在黑屋子里逮黑猫的人,但是那个黑猫并不在屋里.什么是大哲学家?大哲学家就是在没有黑猫的黑屋子里逮黑猫的,而且不断宣称"我逮住了!我逮住了!"的人.

作者想为它再添上一段:

> 什么是经济学家?经济学家是要在黑屋子中逮黑猫的人,但他走出黑屋子到路灯底下来逮.①

另一个笑话是这样说的:

> 有人提出这样一个命题:凡是奇数都是质数.数学家见到这个命题后去找了一个反例,回答说:这个命题是没有根据的;物理学家见到这个命题后去做实验,回答说:这个命题有时是正确的,有时是不正确的;工程师见到这个命题后就去试用,回答说:这个命题有用!

作者想为经济学家添一段:

> 经济学家见到这一命题后苦苦思索,回答说:我们假设这一命题成立……②

这两个笑话似不必多做解释,它们自然发人深思.不过希望读者不要理解为作者在这里故意抬高科学家和数学家,而贬低哲学家和经

---

① 这一段并非完全自编,原来的说法是:经济学家像是在黑胡同丢了钥匙却到路灯下来找的醉汉,据说这是有人用来讽刺托平的.

② 这一段也并非完全自编,其原型和上述笑话的原型都可在下列书中找到:阿兰·兰德尔,《资源经济学》,施以正译,商务印书馆,1989年版,第95页.

济学家.笑话终究是笑话,它讥讽的只是这一行中的畸形人物.何况这原本是脱胎于经济学家用来自嘲的笑话.类似的笑话还有:经济学家是干什么的?是研究解决经济问题的.他们解决了什么问题?什么问题也解决不了.那么要他们干什么?正因为解决不了才要他们,能够解决就更不要他们了.如此等等.

其实所有这些讥讽都抵不上罗宾逊夫人在她的名著《论马克思经济学》(有中译本)中写下的下列"名言":

"学习经济学的目的,并不在于获得一系列关于经济问题的现成答案,而是为了懂得如何不被经济学家所蒙骗."[1]

应该说,人们还是有不少的理由希望今后的经济学家少一点脱离实际的假设和猜测,多一点实事求是的思索和推理,以减少对己和对人的"蒙骗",虽然这绝不是真诚的经济学家自身的过错;而在经济学家探索前进的崎岖黑暗的小路上,"成功地运用数学"将永远可以作为经济学家手中的一盏照亮周围的小灯.

---

[1] 转引自日本现代经济学研究会编,《三十个世界大经济学家》,李柱锡、鱼金涛等译,上海译文出版社,1989年版,第202页.

诺贝尔经济学奖获得者名单

年份	姓名	生卒年份	国（原）籍
1969	弗瑞希（Ragnar Frisch）	1895—1973	挪威
	丁伯根（Jan Tinbergen）	1903—1994	荷兰
1970	萨缪尔森（Paul A. Samuelson）	1915—2009	美国
1971	库兹涅茨（Simon Kuznets）	1901—1985	美国（乌克兰）
1972	希克斯（John R. Hicks）	1904—1989	英国
	阿罗（Kenneth J. Arrow）	1921—2017	美国
1973	列昂节夫（Wassily Leontief）	1906—1999	美国（俄罗斯）
1974	缪尔达尔（Gunnar Myrdal）	1898—1987	瑞典
	哈耶克（Friedrich August von Hayek）	1899—1992	英国（奥地利）
1975	康托罗维奇（Leonid Vitaliyevich Kantorovich）	1912—1986	苏联
	库普曼（Tjalling C. Koopmans）	1908—1985	美国（荷兰）
1976	弗里德曼（Milton Friedman）	1912—2006	美国
1977	俄林（Bertil Ohlin）	1899—1979	瑞典
	米德（James E. Meade）	1907—1995	英国
1978	西蒙（Herbert A. Simon）	1916—2001	美国
1979	舒尔茨（Theodore W. Schultz）	1902—1998	美国
	刘易斯（Sir Arthur Lewis）	1915—1991	英国（圣卢西亚）
1980	克莱因（Lawrence R. Klein）	1920—2013	美国
1981	托宾（James Tobin）	1918—2002	美国
1982	斯蒂格勒（George J. Stigler）	1911—1991	美国
1983	德布罗（Gerard Debreu）	1921—2004	美国（法国）
1984	斯通（Richard Stone）	1912—1991	英国
1985	莫迪利阿尼（Franco Modigliani）	1918—2003	美国（意大利）
1986	布坎南（James M. Buchanan Jr.）	1919—2013	美国
1987	索洛（Robert M. Solow）	1924—	美国

年份	姓　　名	生卒年份	国(原)籍
1988	阿莱(Maurice Allais)	1911—2010	法国
1989	哈维尔莫(Trygve Haavelmo)	1911—1999	挪威
1990	马科维茨(Harry M. Markowitz)	1927—	美国
	米勒(Merton H. Miller)	1923—2000	美国
	夏普(William F. Sharpe)	1934—	美国
1991	科斯(Ronald H. Coase)	1910—2013	英国
1992	贝克尔(Gary S. Becker)	1930—2014	美国
1993	福格尔(Robert W. Fogel)	1926—2013	美国
	诺斯(Douglass C. North)	1920—2015	美国
1994	海萨尼(John C. Harsanyi)	1920—2000	匈牙利
	纳什(John F. Nash Jr.)	1928—2015	美国
	泽尔腾(Reinhard Selten)	1930—	德国
1995	卢卡斯(Robert E. Lucas Jr.)	1937—	美国
1996	莫里斯(James A. Mirrlees)	1936—2018	英国
	维克瑞(William Vickrey)	1914—1996	美国(加拿大)
1997	默顿(Robert C. Merton)	1944—	美国
	斯科尔斯(Myron S. Scholes)	1941—	美国(加拿大)
1998	森(Amartya Sen)	1933—	印度
1999	蒙代尔(Robert A. Mundell)	1932—2021	加拿大
2000	赫克曼(James J. Heckman)	1944—	美国
	麦克法登(Daniel L. McFadden)	1937—	美国
2001	阿克尔洛夫(George A. Akerlof)	1940—	美国
	斯宾塞(A. Michael Spence)	1943—	美国
	斯蒂格利茨(Joseph E. Stiglitz)	1943—	美国
2002	卡赫尼曼(Daniel Kahneman)	1934—	美国(以色列)
	史密斯(Vernon L. Smith)	1927—	美国
2003	恩格尔(Robert F. Engle III)	1942—	美国
	格兰杰(Clive W. J. Granger)	1934—2009	英国
2004	基德兰德(Finn E. Kydland)	1943—	挪威
	普雷斯科特(Edward C. Prescott)	1940—2022	美国
2005	奥曼(Robert J. Aumann)	1930—	以色列和美国(德)
	谢林(Thomas C. Schelling)	1921—2016	美国
2006	菲尔普斯(Edmund S. Phelps)	1933—	美国
2007	赫维奇(Leonid Hurwicz)	1917—2008	美国(俄国)
	马斯金(Eric S. Maskin)	1950—	美国
	迈尔森(Roger B. Myerson)	1951—	美国

年份	姓　　名	生卒年份	国（原）籍
2008	克鲁格曼（Paul Krugman）	1953—	美国
2009	威廉姆斯（Oliver E. Williamson）	1932—2020	美国
	奥斯特罗姆（Elinor Ostrom）	1933—2012	美国
2010	戴蒙德（Peter A. Diamond）	1940—	美国
	莫滕森（Dale T. Mortensen）	1939—2014	美国
	皮萨里德斯（Christopher A. Pissarides）	1948—	塞浦路斯
2011	萨金特（Thomas J. Sargent）	1943—	美国
	西姆斯（Christopher Sims）	1942—	美国
2012	罗斯（Alvin E. Roth）	1951—	美国
	沙普利（Lloyd S. Shapley）	1923—	美国
2013	法玛（Eugene Fama）	1939—	美国
	汉森（Lars Peter Hansen）	1952—	美国
	希勒（Robert J. Shiller）	1946—	美国
2014	梯若尔（Jean Tirole）	1953—	法国
2015	迪顿（Angus Stewart Deaton）	1945—	英国

人名中外文对照表

阿贝尔/Niels Henrik Abel
阿伯拉罕·罗宾逊/Abraham Robinson
阿莱/Maurice Allais
阿罗/Kenneth Joseph Arrow
埃克斯坦/Otto Eckstein
埃奇沃思/Francis Ysidro Edgeworth
艾伦/Roy George Douglas Allen
爱伦贝格/Samuel Eilenberg
安德逊/Robert Anderson
奥曼/Robert J. Aumann
巴罗纳/Enrico Barone
邦德里雅金/Lev Pontriagin
贝纳西/Jean-Pascal Benassy
庇古/Arthur Cecil Pigou
边沁/Jeremy Bentham
波尔达/Charles de Borda
伯格森/Abram Bergson
泊松/Siméon Denis Poisson
布坎南/James Magill Buchanan
布朗/Donald F. Brown
布劳维/Luitzen Egbertus Jan Brouwer
布鲁金斯/Brookings
达尔文/Charles Darwin
丹尼尔·伯努利/Daniel Bernoulli
但泽/George B. Dantzig
道格拉斯/Paul Howard Douglas
德布罗/Gérard Debreu
第谷·布拉赫/Tycho de Brahe
丁伯根/Jan Tinbergen
多夫曼/Robert Dorfman
多马/Evsey D. Domar
厄多斯/Paul Erdös
范·德尔·普劳格/Frederick van der Poeg
菲尔兹/John Charles Fields
菲利普斯/Alban William Housego Phillips
费马/Pierre de Fermat
费尔普斯/Edmund S. Phelps
冯·诺伊曼/John von Neumann
弗兰西斯·培根/Francis Bacon
弗里德曼/Milton Friedman
弗瑞希/Raynar Frisch
伏尔特拉/Vito Volterla
伽罗华/Évariste Galois
戈尔德柏格/Arthur Stanley Goldberger
戈森/Hermann Heinrich Gossen
哥德尔/Kurt Gödel
贡多赛/Condorcet
古诺/Antoine Augustin Cournot
哈肯/Hermann Haken
哈罗德/Roy Forbes Harrod
哈密尔顿/William Rowan Hamilton
哈维尔莫/Trygve Haavelmo
哈耶克/Friedrich August von Hayek
赫斯坦/Israel N. Herstein
赫维茨/Leonid Hurwicz
霍普夫/Heinz Hopf
加尔布雷思/John Kenneth Galbraith
角谷静夫/Kakutani Shizuo
杰文斯/William Stanley Jevons
卡恩/Richard Ferdinand Kahn
卡尔多/Nicholas Kaldor
卡莱茨基/Michal Kalecki
凯恩斯(父)/John Neville Keynes
凯恩斯(子)/John Maynard Keynes
康德/Emmanuel Kant
康托尔/Georg Cantor
康托罗维奇/Leonid Kantorovich

考尔斯/Alfred Cowles
柯布/Charles W. Cobb
柯西/Agustin Cauchy
科恩/Paul Joseph Cohn
科尔内/Kornai János
克拉克/John Bates Clark
克莱因/Lawrence Robert Klein
刻卜勒/Johannes Kepler
库普曼/Tjalling Charles Koopmans
库兹涅茨/Simon Kuznets
拉德尔/John T. Rader
拉德纳/Roy Radner
拉法格/Paul Lafargue
拉格朗日/Joseph Louis Lagrange
拉姆赛/Frank Plumpton Ramsey
拉普拉斯/Pierre Simon Laplace
莱布尼茨/Issac Newton
兰格/Oscar Lange
勒纳/Abba P. Lerner
雷诺兹/Lloyd G. Reynolds
李嘉图/David Ricordo
列昂节夫/Wassily Leontief
卢卡斯/Robert E. Jr. Lucas
罗宾斯/Lionel Robbins
罗宾逊夫人/Joan Robinson
罗纳德·费歇尔/Ronald Aylmer Fisher
罗素/Bertrand Russell
马尔夏克/Jacob Marschak
马林沃/Edmond Malinvaud
马歇尔/Alfred Marchall
玛辛纳/Mark Machina
麦克斯韦/John Clark Maxwell
麦肯齐/Lionel Wilfred McKenzie
麦斯考莱尔/Andreu Mass-Colell
门格尔/Carl Menger
蒙克莱斯钦/Antoine de Montchrestien
蒙莫尔/Pierre Rémond de Montmort
米德/James Edward Meade
米尔诺/John W. Milnor
米赛斯/Ludwig Edler von Mises
摩尔根斯顿/Oscar Morgenstern
莫迪利阿尼/Franco Modigliani
莫里哀/Molière
莫培督/Pierre Louis Moreau de Maupertuis
穆勒（父）/James Mill
穆勒（子）/John Stuart Mill
纳什/J. F. Jr. Nash
奈特/Frank Hyneman Knight
尼古拉/Nicolaus
诺尔顿/Norton
欧文·费歇尔/Irving Fisher
帕累托/Vilfredo Pareto
帕斯卡/Blaise Pascal
潘塔莱奥尼/Maffeo Pantaleoni
庞巴维克/Eugen von Böhm-Bawerk
庞加莱/Henri Poincaré
配第/William Petty
皮尔逊/Karl Pearson
普拉特/J. W. Pratt
普利戈津/Ilya Prigogine
切克/Edward Cech
萨菲奇/Leonard Jimmie Savage
萨缪尔森/Paul Anthony Samuelson
萨伊/Jean-Baptiste Say
森岛通夫/Morishima Michio
史坦因豪斯/Hugo Steinhauss
舒比克/Martin Shubik
斯蒂格勒/George Joseph Stigler
斯卡夫/Herbert E. Scarf
斯拉法/Piero Sraffa
斯鲁茨基/Eugen Slutsky
斯梅尔/Stephen Smale
斯泰克尔贝格/Heinrich von Stackelberg
斯通/John Richard Nicholas Stone
索洛/Robert M. Solow
泰勒/Fred Manville Taylor
托姆/René Thom
托平/James Tobin
瓦尔拉斯/Antoine Auguste Walras
瓦尔拉斯/Léon Walras
威克塞尔/Knut Wicksell
维纳/Norbert Weiner
维特根斯坦/Ludwig Wittgenstein
魏尔斯特拉斯/Karl Weierstrass
魏赛尔/Friedrich Freiherr von Wieser
沃尔德/Abraham Wald
西蒙/Herbert A. Simon
西尼尔/Nassau William Senior
希尔伯特/David Hilbert
希尔登布兰德/Werner

Hildenbrand
希克斯/John Richard Hicks
肖盖/Gustave Choquet
熊彼特/Joseph Alois Schumpeter

雅科布·伯努利/Jacob Bernoulli
亚当·斯密/Adam Smith
亚里/Menachem E. Yaari
亚里士多德/Aristotle

英屈利格托/Michael D. Intriligator
约翰·伯努利/Johann Bernoulli
邹至庄/Gregory C. Chow

数学高端科普出版书目

数学家思想文库	
书 名	作 者
创造自主的数学研究	华罗庚著;李文林编订
做好的数学	陈省身著;张奠宙,王善平编
埃尔朗根纲领——关于现代几何学研究的比较考察	[德]F.克莱因著;何绍庚,郭书春译
我是怎么成为数学家的	[俄]柯尔莫戈洛夫著;姚芳,刘岩瑜,吴帆编译
诗魂数学家的沉思——赫尔曼·外尔论数学文化	[德]赫尔曼·外尔著;袁向东等编译
数学问题——希尔伯特在1900年国际数学家大会上的演讲	[德]D.希尔伯特著;李文林,袁向东编译
数学在科学和社会中的作用	[美]冯·诺伊曼著;程钊,王丽霞,杨静编译
一个数学家的辩白	[英]G.H.哈代著;李文林,戴宗铎,高嵘编译
数学的统一性——阿蒂亚的数学观	[英]M.F.阿蒂亚著;袁向东等编译
数学的建筑	[法]布尔巴基著;胡作玄编译

数学科学文化理念传播丛书·第一辑	
书 名	作 者
数学的本性	[美]莫里兹编著;朱剑英编译
无穷的玩艺——数学的探索与旅行	[匈]罗兹·佩特著;朱梧槚,袁相碗,郑毓信译
康托尔的无穷的数学和哲学	[美]周·道本著;郑毓信,刘晓力编译
数学领域中的发明心理学	[法]阿达玛著;陈植荫,肖奚安译
混沌与均衡纵横谈	梁美灵,王则柯著
数学方法溯源	欧阳绛著
数学中的美学方法	徐本顺,殷启正著
中国古代数学思想	孙宏安著
数学证明是怎样的一项数学活动?	萧文强著
数学中的矛盾转换法	徐利治,郑毓信著
数学与智力游戏	倪进,朱明书著
化归与归纳·类比·联想	史久一,朱梧槚著

数学科学文化理念传播丛书·第二辑

书　名	作　者
数学与教育	丁石孙,张祖贵著
数学与文化	齐民友著
数学与思维	徐利治,王前著
数学与经济	史树中著
数学与创造	张楚廷著
数学与哲学	张景中著
数学与社会	胡作玄著

走向数学丛书

书　名	作　者
有限域及其应用	冯克勤,廖群英著
凸性	史树中著
同伦方法纵横谈	王则柯著
绳圈的数学	姜伯驹著
拉姆塞理论——入门和故事	李乔,李雨生著
复数、复函数及其应用	张顺燕著
数学模型选谈	华罗庚,王元著
极小曲面	陈维桓著
波利亚计数定理	萧文强著
椭圆曲线	颜松远著